한 권으로 읽는
코메니우스

한 권으로 읽는

코메니우스

김선아 지음

머리말

　코메니우스(J. A. Comenius, 1592~1670)는 교육학 분야에서 '교
수학의 대가', '민족들의 교사'라는 명예로운 칭호를 얻고 있을 뿐
아니라 대다수의 기독교교육 학자에 의해 '최초의 기독교교육 이론
가'로 평가되고 있으며, 오늘날 일반 교육사에서도 '현대 교육학의
아버지'라 불리고 있다. 그런데 한국의 교육학계에 코메니우스와 그
의 사상이 소개된 것은 코메니우스 사후로부터 거의 300년이 지난
1950년대에 이르러서였다. 실로 안타까운 일이 아닐 수 없다.

　1969년에 최초로 코메니우스에 관한 체계적인 소개와 연구가 박
종렬의 석사학위 논문에서 다루어진 이후로 코메니우스에 관한 연
구 및 학술활동이 활발해지게 된 것은 1987년, 이숙종이 박사학위를
받고 한국에 귀국한 후부터였다고 해도 과언이 아닐 것이다. 이숙종
은 그의 학문적 업적을 인정받아 2001년 유네스코에서 제정한 코메
니우스 메달을 수상하는 등 코메니우스 연구에 큰 족적을 남겼다.

　필자는 그에게서 박사학위 논문지도를 받고 학위를 취득한 후,
2009년 소천한 그의 뒤를 이어 코메니우스 연구에 매진하고 있다.
그러던 중 교육학의 뿌리가 되는 코메니우스의 방대한 교육사상을

일목요연하게 보여줄 수 있는 책이 필요함을 절감하게 되어 본서를
집필하게 되었다.

코메니우스가 활동하던 시기는 중세기를 마감하고 종교개혁과 문
예부흥, 그리고 새로운 과학사상이 태동하던 전환기였다. 또한 유럽
을 지배하던 기독교의 신구교 간의 갈등이 30년 전쟁으로 표면화되
어 정치적·사회적 혼란을 가져왔던 시기이기도 하였다. 이러한 종
교적 갈등이 가져온 혼란 속에서 코메니우스는 참된 교육만이 인간
의 사고와 의식을 새롭게 변화시키고, 사회를 전반적으로 개혁시킬
수 있다는 희망으로 평생 동안 그의 교육적 노력을 기울였다. 이러한
교육적 노력은 '인간 사물(rerum humanarum)'의 제반 과정들과 현
상을 분석하기 위한 지성적인 통찰력을 얻기 위해 베이컨(Francis
Bacon, 1561~1626)의 귀납적 철학과 새로운 과학의 합리적 주지주
의를 그의 교육사상으로 새롭게 재구성하는 작업으로 나타났다.

코메니우스 교육사상의 독창성은 기독교적 세계관을 담은 '판(Pan)'
의 개념으로 교육을 재해석한 것에서 드러난다. 이러한 사상의 근저
에는 후스(J. Huss, 1347~1415)의 종교개혁 사상을 계승한 형제교
단(Unitas Fratrum)의 신앙이 있었다. 새로운 개념인 '판(Pan)'을 기
독교적으로 옷 입혀 그의 전체적인 사상을 새롭게 구성하고, 교육을
총체적·전인적 교육행위로 재해석한 코메니우스의 교육사상의 특
징을 크게 세 가지로 요약해보면 다음과 같다:

첫째로, 그의 사상은 '범지혜(Pansophie)'적 특징이 드러난다. '범
지혜'는 하나님, 인간, 사물세계 전체에 대한 온전한 모든 지식을 말
한다. 코메니우스는 독일 유학시절, 그 당시 시대적 유행이었던 지

식의 단순한 나열에 그치는 백과사전식 지식의 한계를 절감하고 하나님과 세상과 인간을 서로 연결시켜 세상을 본래의 창조질서에로 회복시킬 수 있는 통일된 원리를 발견하고자 학문적 노력을 경주하였다. 그는 수많은 지식을 유기체적으로 연결하고 그 중심을 꿰뚫는 통일된 원리, 곧 '범지혜'의 원리를 발견하였다. 그는 이 '범지혜'의 원리를 그의 평생의 교육과제로 삼아 '범지혜'의 이론적 정립과 더불어 교육적 실천을 위한 노력을 아끼지 않았다.

둘째로, 전인적 인간성 교육을 지향하는 '범교육(Pampaedia)'의 특징이 드러난다. 당시에 희랍철학에 기초를 둔 이원론적 교육론을 극복한 코메니우스의 범교육적 입장은 전인성 계발을 위한 교육의 가능성을 제시해주었다. 전인적 인간성 교육을 위해 모든 인간은 다른 피조물과의 관계개선을 위해 '지성'을 연마해야 하고, 인간과의 관계개선을 위해서는 '도덕과 예절'을 훈련해야 하고, 하나님과의 관계개선을 위해서는 '경건성'을 함양해야 한다는 것이 코메니우스의 범교육적 입장이다.

셋째로, 인간 사물의 개선을 통해 세계의 개혁을 이루고자 하는 '범개혁(Panorthosia)'적 특징이 드러난다. 이것은 코메니우스가 그의 『인간 사물의 개선을 위한 포괄적 제언』 후반부에서 전체 세계의 '범개혁'에 관한 큰 비전을 설계한 것에서 볼 수 있다.

실로 코메니우스는 17세기라는 격동의 역사적 현실 속에서 새로이 등장한 과학사상을 접목하고 과거의 사상적 유산을 재해석하여 독창적인 교육사상으로 재구성한, 시대를 뛰어넘어 오늘날까지 계속 영향을 미치며 재해석되는 교육학자로 평가되고 있다.

본서에서는 한 권으로 코메니우스의 생애 및 교육사상과 그의 교육론의 특징, 그리고 그의 대표적 저술들과 교육적 공헌 등을 살펴보고 있다. 마지막 장에서는 필자의 학문 스승이신 '한국 최초의 코메니우스에 관한 종합적이며 체계적인 연구자 이숙종'을 소개하고, 2008년도에 출판한 필자의 책을 '한국을 비롯한 여러 나라의 학계에서 최초'라고 인정해주신 스승의 격려에 힘입어 최근 학제 간 연구 동향을 코메니우스 연구에 적용하여 발표한 필자의 논문들을 수록하고 있다.

필자의 논문들은 국내외 코메니우스 연구에 최근 신학과 기독교교육의 학제 간 연구 동향을 적용하고자 시도하고 있다. 이러한 학문적 시도로, 코메니우스의 유아와 어머니 이해 및 그의 교육사상을 대상관계이론적으로 재해석하였으며(2007, 2008), 코메니우스의 8단계 학교론과 에릭슨의 8단계 발달이론을 연계하여 전 생애를 통한 전인성교육의 모델을 제시하였다(2009). 또한 기독교 가정교육의 효시가 되는 코메니우스의 『어머니 학교의 소식』(*Informatorium Maternum*)과 『부쉬넬의 기독교적 양육』(*Christian Nurture*)을 비교하여 두 저서에서 드러나는 기독교 가정교육의 유사점과 공통점을 제시하였다(2011). 최근에는 포스트모던 시대에서 과연 코메니우스의 교육사상이 가능한가를 탐색하고 포스트모던 시대에서의 전인성을 위한 새로운 교육 패러다임 형성을 모색하였다(2013).

필자의 졸저가 스승의 학문적 업적에 누가 될까 두려우면서도 용기를 내어 출판할 수 있도록 격려해준 남편과 두 아들 한솔, 한별에게 감사한다.

끝으로, 이 책이 예쁘게 단장되어 나오게 해주신 한국학술정보 출판사업부 지성영, 손영일, 박일송, 김예화 선생님의 수고에 감사를 드린다.

　한국의 교육학계에, 그리고 전 세계에 코메니우스의 계절이 오기를 희망하며……

2013년 아름다운 가을에.

김선아

목차

제 1 장

코메니우스의 생애와
사상의 형성

코메니우스는 비록 17세기에 활동하였던 사람이었지만 그의 교육사상은 21세기에도 여전히 깊은 영향력을 끼치고 있다. 코메니우스를 연구하는 수많은 학자에 의해 코메니우스는 부단하게 그의 교육사상을 신학적 주제와 관련하여 체계화하고자 노력한 사상가요, 그의 시대보다 300여 년 앞서서 교육학에서 위대한 업적을 남긴 교육학자로 평가되고 있다.

코메니우스 연구가들은 코메니우스의 교육사상을 바르게 이해하기 위해서는 코메니우스가 살았던 역사적 상황을 고려해야 하고, 그 당시 전체 유럽의 사상사적 맥락에서 그의 교육사상을 폭넓게 이해해야 한다고 강조하고 있다.

따라서 제1장에서는 코메니우스의 성장기와 사상의 형성기, 망명생활시기를 통해 그가 살았던 17세기 유럽의 시대적·역사적·사상사적 상황을 살펴본다.

성장기

코메니우스는 1592년에 체코 남
동쪽에 위치한 모라비아(Moravia)
지방의 니브니체(Nivnice)라는 마을
에서 3월 28일에 태어났다. 그는 농
장을 경영하는 부농 출신의 형제단
신도였던 아버지 마틴 코멘스키와
어머니 안나의 영향으로 평화롭고
유복한 어린 시절을 보냈다. 그러나
10대 초반에 전염병으로 부모·형
제를 잃는 비극을 체험하게 되었고,
모라비아 지역의 가톨릭 정부와 형

코메니우스 초상화

제교단 사이의 정치적 갈등과 종교적 전쟁이라는 비운을 겪게 되었다.
그는 스트라츠니체(Straznice)에 있는 고모의 집에 옮겨와 살면서 보헤
미아 형제단의 초등학교를 다니다가 전염병과 전쟁, 기아로 인해 잠시
학업을 중단하고 열여섯 살이 되어서야 프레라우(Prerau)에 있는 모
라비아에서 가장 우수한 문법학교인 형제단의 라틴어 학교를 다니게
되었다.

1608년에서 1611년까지 코메니우스는 이곳에서 라틴어를 배우
며 폭넓은 학문의 세계와 접촉할 수 있게 되었고, 교장 라네치우스
(J.Lanecius, 1550~1626)의 눈에 띄어 독일의 헤르보른(Herborn)으
로 유학을 갈 수 있는 길이 열리게 되었다. 더욱이 코메니우스는 라
네치우스에게서 그의 학문적 열정과 재능을 인정받아 '별처럼 떠오

니브니체의 코메니우스 생가

르는 학생'으로 칭송받고, '아모스(Amos, loving of knowledge)'라는
이름을 부여받게 되었다. 그는 후에, "라네치우스는 내가 목회준비를
위해 학업을 계속하기로 결단하게 하고, 교육에 대한 나의 깊은 관심을
표방하는 길로 갈 수 있도록 막대한 영향을 미쳤다"[1]고 술회하였다.

사상의 형성기

독일의 헤르보른에 있는 낫소 아카데미(Nassau Academy)에서 2년

---

1) E. M. Eller, House of Peace, N. Y.:Fleming H. Revell Company, 1971, p.7(이숙종, 1996, p.38에
   서 재인용).

(1611~1613) 동안 수학할 수 있는 기회를 가지게 된 코메니우스는 요한계시록 주석으로 유명했던 피셔 피스카토르(J. Fischer-Piscator, 1546~1625) 교수와 백과사전적 지식으로 유명했던 알스테트(J. H. Alsted, 1588~1638) 교수로부터 큰 영향을 받았다.

피셔 피스카토르 교수에게서는 당시의 교육학의 흐름에 대해 소개받을 수 있었고, 성서의 번역과 주석방법을 배울 수 있었다. 알스테트 교수로부터는 새로운 교수방법, 교사와 학생과의 관계, 교재의 활용, 훈육의 중요성 등 교육개혁의 필요성을 배우게 되었다. 그는 알스테트 교수의 백과사전식 지식에 감명을 받아 체코의 백과사전 편찬을 위한 계획을 가지게 되었고, 2년(1616~1618)에 걸쳐 『모든 사물 전체의 극장』(Theatrum universitatis rerum)이라는 백과사전을 저술하였다. 그러나 지식에 대한 그의 이해는 백과사전적인 다양한 앎에 대한 나열식의 지식을 강조한 그의 스승과는 전혀 다른 것이었다. 코메니우스에게 있어서 지식은 우주를 창조한 하나님의 창조원리에 의해 유기체적으로 연결되는 전체에 관한 것이었고, 이것은 그의 범지혜(Pansophie) 사상에 영향을 끼쳤다.

칼뱅주의 신학의 거성인 하이델베르크에서 코메니우스는 2년(1613~1614) 동안 신학연구에 몰두하게 되었다. 코메니우스는 라트케(W. Ratke, 1571~1635)로부터 그 당시 유럽에서 가장 앞선 교수방법론을 배웠는데, 이것은 후에 그의 교수학 정립에 큰 영향을 끼쳤다.[2]

그는 "어떻게 하면 학문의 종합과 통일을 가능케 하는 세계관을 얻을 수 있는가?"라는 물음에서 한 걸음 더 나아가 "학문과 신학은

---

2) 양금희, 2001, pp.21~22; 최진경, 2012, pp.195~202 참조.

어떻게 서로 연관되는가?"라는 물음을 묻게 되었다. 코메니우스는 신학자요, 인문주의자인 페트루스 라무스(Petrus Ramus)의 사상을 통해 대답을 얻게 되었다. 라무스는 하나님에게서 얻게 되는 선한 삶의 도덕이 중요함을 강조하여 그것들이 무엇인지, 그것들이 어떻게 밝혀질 수 있는지에 대한 원인을 질문할 뿐 아니라 그것들이 어떤 목적으로 존재하는지, 그것들은 창조의 전체 계획 안에서 어떤 목표를 가진 것인지에 대한 최종적인 목적을 물었다. 이러한 라무스의 신학적이며, 철학적인 사상은 하나님의 창조와 구원계획 안에서 우주적이고 총체적인 모든 것을 포함하는 지혜의 가르침을 위한 근본바탕을 그에게 제시하였다(Gossmann/Schröer, 1992, pp.37~38).

하이델베르크에서의 학업이 코메니우스에게 가져다준 가장 큰 수확은 스승 파레우스(David Pareus, 1548~1622)로부터 배운 평화주의적 사고였다. 헤르본의 피셔 교수의 추천으로 만나게 된 파레우스는 기독교 내에 만연해 있는 교파분열과 교리의 이질성을 통합하려는 교회일치주의자며 평화주의자였다. 평화란 신앙과 앎이 서로 범지혜 안에서 하나로 관통될 때만 이룩될 수 있다는 파레우스의 평화사상은 코메니우스에게 중요한 과제를 안겨주었다.[3] 또한 세계 평화를 실현하기 위해 범세계적인 공용어의 중요성을 강조한 파레우스의 영향으로 코메니우스는 『인간 사물의 개선을 위한 포괄적 제언』의 제5권 「범언어학」에서 이 주제를 포괄적으로 다루었다.

그 당시의 신학은 역사의 계속적인 경과와 그 미래에 대한 물음을

---

[3] 코메니우스의 평화사상에 대한 연구로서 2004년 5월에 "코메니우스의 평화사상과 교육"이라는 주제로 열린 제2회 코메니우스 국제 학술대회(한국–체코 코메니우스 연구소 주최) 자료집이 있다. 또한 양금희, 2001, p.21; Spinka, 1943, p.30 참조.

다루었는데, 이것이 천년왕국(Chiliasmus) 사상이다. 그 당시 시대적·역사적 상황은 억압과 고통 속에 있었던 그리스도인들로 하여금 육체적 혹은 정신적 안식과 도피처로 예수 그리스도의 재림을 기다리게 하였다. 코메니우스도 그 당시 국내외 정세를 보면서 그의 스승 알스테트의 천년왕국에 대한 가르침과 후스의 후예들인 형제단 교회의 전통을 따라 예수 그리스도의 재림을 확신하였다(Gossmann/Schröer, 1992, p.38).

모든 사물의 우주적 개혁의 근원이 되는 천년왕국 사상과 관련된 그의 저서『세상의 미로와 영혼의 낙원』에는 세속 권력의 통치로 인한 불의와 부패, 무질서와 혼돈, 전쟁과 파괴의 모습들이 적나라하게 묘사되어 있다. 그는 그 와중에서도 세상의 어두움과 극단적 상황을 인내로 견디고 극복하려는 그리스도인들에 대해서 "그들의 고통이 더욱 새롭게 증가될수록 그들 속에는 하나님의 평화가 새롭게 확장되고 있었다"[4]고 설명하였다. 즉, 그리스도인들은 그들의 눈을 오로지 하나님께 돌림으로써 그들의 마음속에 예수 그리스도의 재림을 기대하고 소망하면서 참 평화와 즐거움을 누릴 수 있었다는 것이다. 체코 문학사에서 보석처럼 여겨지고 있는 이 저서가 얼마나 높게 평가되고 있는지는 체코 망명자들의 시에서도 나타난다. "우리는 아무 것도 우리를 위하여 가진 것이 없다. 우리는 모든 것을 잃었다. 우리에게 남은 것이라곤 오직 다 해어진 성경과『세상의 미로와 마음의 낙원』뿐이다."[5]

---

4) Comenius, *The Labyrinth of the World and the Paradise of the Heart*, ed. by The Count Lutzow. London: Aldine House, 1900, p.244(이숙종, 1996, p.175에서 재인용).

5) Lochman, *Comenius*, Freiburg/Hamburg, 1982, p.14(양금희, 2001, p.23에서 재인용).

1614년에 코메니우스는 프레라우로 돌아와 옛 프레라우 학교의 교사가 되어 자신이 배웠던 라트케의 교수방법론에 따라 학생들을 가르쳤다. 이러한 경험은 그가 라틴어 교수방법론6)을 저술하는 데 많은 도움을 주었다. 1616년에 목사안수를 받은 코메니우스는 1618년에 풀넥(Fulnek) 시에서 처음으로 교회를 담임하게 되었고, 같은 해 그 지역 시장의 딸인 막달레나 비초브스카(Magdalena Vizovska)와 결혼을 하였다.

그러나 그해에 30년 전쟁이 발발되었다. 신구교 간의 30년 전쟁으로 영원히 사라지게 된 보헤미아는 선거에 의해 왕을 뽑는 나라였다. 1617년에 보헤미아의 왕으로 선출된 페르디난트 2세(Ferdinand Ⅱ)는 가톨릭교도로서 반종교개혁을 행하였고, 모든 국민에게 완전한 종교의 자유를 보장한 1609년의 '칙허장(Majestätsbrief)'의 규정들을 지키지 않았다. 개신교도인 보헤미아 귀족들은 1618년에 페르디난트에 대항하여 봉기를 하였는데, 이것이 30년 전쟁의 시작이 되었다. 이 전쟁에서 보헤미아는 오스트리아 합스부르크가의 속령으로 떨어졌다.

1621년 6월, 프라하 형사재판에서 페르디난트에 대항하여 봉기를 일으켰던 인사들이 처형되었는데, 그중에 보헤미아-모라비아 형제단 교인들도 포함되어 있었다. 이런 와중에 코메니우스와 형제단 설교자들에게 체포령이 내려 이들은 풀넥(Fulnek)을 떠나 주변 숲 속과 모라비아의 지도자였던 카를 폰 체로틴(Karl von Zerotin)의 브란디스 성 지하실에서 숨어 살게 되었다. 이때 풀넥에 두고 온 그의

---

6) 1616년 프라하에서 출판된 『알기 쉬운 문법』(*Grammatica facilioris praecepta*), 1631년 레슈노(Leszno)에서 초판이 출판된 『열린 언어의 문』(*Janua Linguarum reserata*), 1649년에 레슈노에서 출판된 『새로운 언어습득 방법론』(*Methodus Linguarum novissima*) 등이 있다.

아내는 막 두 번째 아이를 낳게 되었으나, 1622년에 흑사병으로 그
의 아내와 두 자녀는 모두 병사하였다. 1623년에는 풀넥에 있던 그
의 서재가 불타버려 그의 책과 원고들은 한 줌의 잿더미로 변했다.

이러한 시련과 고난 속에서도 코메니우스는 좌절하지 않고 세 편
의 글[7])을 1623년과 1625년 동안에 체코어로 저술하였다. 1624년에
코메니우스는 형제단 교회의 감독 얀 키릴(Jan Cyrill, 1569~1632)
의 딸 도로타 키릴로파(Dorota Cyrillova)와 두 번째 결혼을 하고 형
제단의 재건을 모색하기 위해 고향을 떠나 폴란드와 베를린, 작센
등지를 여행하였다.

망명을 떠나다

> 나의 인생은 떠돌이 삶이었다. 나는 고향도 안식도 없이, 여기저
> 기 쫓겨 다녔고, 결단코 한 번도 어디서도 안정된 안식처를 가져
> 본 적이 없었다(Comenius, 1668/1964, p.151).

노년기에 접어든 코메니우스가 자신의 삶을 회고하며 기록한 이
글들은 특별히 1621년에서 1628년에 걸친 그의 생활이 얼마나 고난
에 찬 생활이었는지를 짐작하게 한다. 그 당시 유럽의 국제정세는
형제단 교회에 불리하게 전개되어 갔다. 1627년에 황제 페르디난트
2세는 반종교개혁적인 '갱신된 국가법(Verneuerte Landesordnung)'

---

7) 이성과 신앙 사이의 대화를 시도하는 『위로의 글: 슬픔에 슬픔을 - 위로에 위로를』(Trostschriften:
   Trauern über Trauern-Trost über Trost), 철학적 명상집인 『안전의 중심』(Centrum Securitatis), 소설 형
   식의 『세상의 미로와 마음의 낙원』(Das Labyrinth der Welt und Paradies des Herzens) 등이다.

종교적인 이유로 추방당하고 있는 보헤미아 성직자와 그의 가족

이라는 새로운 헌법을 제정하여 공포하였다. 이로 인해 모든 개신교도들은 가톨릭교로 개종하거나 아니면 국외로 추방당하거나 둘 중 하나를 선택하여야만 하였다. 같은 해에 수천 명의 보헤미아인들이 조국을 떠나야 했고, 보헤미아-모라비아 형제단도 마찬가지 운명에 처하였다. 이 시기에 코메니우스는 개신교도들이 처한 상황에 대한 정확한 보고들을 수집했고, 『보헤미아 교회의 박해 역사』(*Historia persecutionum ecclesiae bohemicae*)를 집필하였다.

1차 레슈노(Leszno) 체류 시기(1628~1641)

신앙을 끝까지 지킨 형제단 교회의 남은 신도들을 위한 새로운 망명지를 물색하던 코메니우스는, 1628년에 1,000여 명의 형제단 교회의 신도들과 함께 폴란드의 레슈노(Leszno)로 망명하여 1641년까지 약 13년을 지내게 되었다.[8] 그곳에서 인문 고등학교에서 교사 생

---

8) 코메니우스는 이곳에서 형제단 교회의 지도적 역할을 하면서 라틴어 학교의 교사로, 음악지휘

추운 겨울, 망명을 떠나기 전 보헤미아-모라비아 형제단 교우들을 위해
축복기도 하는 코메니우스

활을 시작한 코메니우스는, 1636년에 이 학교의 교장이 되었다.

팔츠(Pfalz)의 프리드리히 왕(Friedrich, 1596~1632)의 죽음으로 고
국에 돌아가는 일이 더 어렵게 된 상황에 처하게 되자 코메니우스는
레슈노를 형제단의 중심부로 삼고 교회와 학교의 개혁 계획에 더 매진
하였다. 1632년에 형제단 교회의 장로로 선출되고, 1648년에 형제단
교회의 마지막 감독으로 임명된 그는 형제단의 장래를 위한 구체적인
방법은 교육을 바로 세워서 자라나는 세대들이 형제단을 재건하는 길
뿐이라고 판단하여 그의 교육사상을 저술하는 데 온 힘을 쏟았다.9)

영국 체류 시기(1641~1642)

1641년 9월, 코메니우스는 그의 절친한 친구 하틀립(Samuel Hartlib,

자로 일하였으며, 여러 저서를 저술하는 데 힘을 쏟았다.

9) 이 시기에 쓰인 대표적인 교육학 저서로『어머니 학교의 소식』(*Informatorium der Mutterschul*, 체코
어판 1628, 독일어판 1633)과 1628년과 1632년 사이에 체코어로 완성된 『보헤미아 교수학』
(*Didactica*) 초고와 1636년에 라틴어로 저술되어 1657년에『교수학 대전집』(*Opera didactica omnia*)
에 포함된 『대교수학』(*Didactica magna*) 등이 있다.

1600~1662/70)의 초청으로 영국 런던에 갔다. 그는 하틀립을 비롯한 그의 영국 친구들, 즉 듀리(John Dury, 1596~1680), 휘브너(Joachim Hübner, 1611~1666) 등과 함께 학자들의 국제적인 연합단체를 구성하고, 지금까지 라틴어가 했던 역할과 유사한 세계 공통 언어를 만들어 모든 영역의 책들을 포괄적으로 교육하는 학교를 설립하여 범지혜를 실현하고자 하였던 것이다.[10] 그러나 1642년에 일어난 영국 시민혁명으로 국제적인 무대에서 그의 범지혜 사상과 학교 개혁, 국제적인 학자들의 연합 단체 창설, 새로운 세계 공통 언어의 제정, 교회 종파 간의 평화 등을 발전시키고자 했던 그의 계획은 무산되고 말았다.

코메니우스는 그의 국제적 명성으로 인해 프랑스와 미국으로부터도 초청 제의를 받았다. 특별히 미국의 하버드 대학으로부터 초대총장직을 제의받았으나 거절하고, 스웨덴의 학교 개혁에 협력해달라는 스웨덴 궁정의 청빙을 받도록 스웨덴 정부와 자신을 연결시켜 준 네덜란드의 대부호 드 기어(De Geer) 가문을 만나기 위해 네덜란드를 방문하였다.

이 여정에서 코메니우스는 네덜란드의 라이덴 근처 엔데게스트(Endegeest) 성에서 은둔생활을 하며 거의 방문객을 맞지 않았던 근대철학의 아버지라 불리는 데카르트(R. Descartes, 1596~1650)를 만나 4시간여 대화를 나누었다.[11] 이들은 대화 중에 상대방 학자의 위대한 점을 발견하게 되었으나, 이성에 대한 근본적인 차이를 확인

---

10) 이러한 일련의 범지혜를 실현하기 위한 계획들은 1642년에 저술하여 1668년에 비로소 출판한 『빛의 길』(*Via Lucis*)에 기록되어 있다. Dieterich, 1991, p.31 참조.

11) 이들의 만남은 코메니우스와 데카르트 양쪽의 친구였던 하틀립(Samuel Hartlib, 1600~1662/70)의 주선으로 이루어졌다. 데카르트는 코메니우스와 작별하면서, "나는 당신이 말하는 전체 중에 단지 한 부분인 철학의 영역을 넘어가지 않을 것이다(Dieterich, 1991, p.81)"라고 말했다.

하고 헤어지게 되었다. 즉, 데카르트는 코메니우스의 '범지혜' 사상과 세계 공용어에 대한 그의 창의적 아이디어를 인정했고, 코메니우스는 데카르트의 수학적인 사고방식과 엄격한 논증에 감탄하였으나, 이성에 대한 생각의 차이는 그들의 사상의 간격을 좁혀주지 못하였다. 이 두 사람의 근본적인 차이는, 데카르트가 그의 사고 체계를 오직 이성에 의해 구성한 반면에 코메니우스는 사물에 대한 온전한 지식을 획득하기 위해서는 이성과 더불어 인간의 감각과 하나님의 계시의 증거가 필요하다고 본 점이다.

코메니우스는 그의 생애 말년에 데카르트 철학의 '나는 생각한다. 고로 나는 존재한다(cogito ergo sum)'의 일방성을 비판하였다. 즉, 그는 인간이 생각하지 않고 잠자면서 꿈꾸고 있다고 할지라도 인간은 인간이라면서 '나는 꿈꾼다. 그러므로 나는 존재한다(somnio ergo sum)'라는 말로 반박하였다. 특별히 코메니우스는 데카르트 자신의 철학보다 데카르트주의자들의 철학을 비판하였다. 그 이유는, 데카르트주의자들은 그들의 스승 데카르트가 비록 하나님의 계시에 대한 가치를 철학적으로 숙고하지는 않았으나 개인적으로는 인정했음을 망각하였다는 것이다. 즉, 데카르트주의자들에게는 하나님과 세계와 인간과의 통일성, 그리고 인간 자신이 하나님과 세계와 관련이 있다는 점이 근본적으로 깨어져 있다는 것이다.

엘빙(Ellbing) 체류 시기(1642~1648)

1642년, 50세의 코메니우스는 루이 드 기어(Louis de Geer, 1587~1652)의 재정적인 후원 아래 스웨덴의 학교 개혁과 학교 교재 및 교육 서적을 편찬해달라는 스웨덴 궁정의 요청을 받아들여 가족들과 함께 스웨덴의 엘빙(Ellbing)으로 이주하여 그곳에 6년간 거주하였다.

엘빙에서의 거주 기간 동안 코메니우스는 루이 드 기어와 스웨덴 정부가 그의 교육학 작업을 재촉하여 매우 힘든 시기를 보내었으나, 『열린 언어의 문』(*Janua linguarum reserata*)과 『새로운 언어습득 방법론』(*Methodus linguarum novissima*)을 완성하였고, 『인간 사물의 개선을 위한 포괄적 제언』(*De rerum humanarum emendatione consultatio catholica*)[12]이라는 모두 일곱 권으로 된 방대한 저서를 구상하여 집필 작업을 진행하고 있었다.

2차 레슈노 체류 시기(1648~1650)

1648년에 다시 레슈노로 돌아온 코메니우스는 얼마 지나지 않아 그의 두 번째 부인이 네 자녀를 남겨두고 병으로 세상을 떠나게 되자 깊은 슬픔에 빠지게 되었고 병이 들고 말았다. 더욱이 베스트팔렌조약[13]으로 말미암아 형제단 교회는 몰락이라는 선고를 받게 되자 형제단 교회의 마지막 감독[14]이었던 코메니우스는 1650년, 『죽어 가는 어머니, 형제단 교회의 유언』(*Das Vermächtnis der sterbenden Mutter, der Brüder Unität*)이라는 감동적인 글을 썼다.

---

12) 라틴어로 된 일곱 권의 저서 이름은 다음과 같다: *Panegersia*(범각성학), *Panaugia*(범조명학), *Pansophia*(범지학), *Pampaedia*(범교육학), *Panglottia*(범언어학), *Panorthosia*(범개혁학), *Pannunthesia*(범훈계학). 그는 일곱 권의 책 중에서 그의 범지혜의 원리를 인간 삶의 모든 단계에서 교육적으로 실천하기 위해 네 번째 책인 *Pampaedia*(범교육학)를 저술하였다.

13) "각 지역의 영주의 종교가 그 지역의 종교가 된다(cuius regio, eius religio)"는 아우크스부르크 종교회의(1555)의 원리에 입각한 베스트팔렌조약의 체결로 폴란드에 망명 중이던 보헤미아와 모라비아 형제단에게는 개신교를 선택할 자유가 인정되지 않았다.

14) 코메니우스는 1648년에 레슈노에서 형제단 교회의 감독으로 선출되었다.

베스트팔렌 평화조약 체결 장면

　이러한 안팎의 고난에 찬 환경에도 불구하고 코메니우스는 1649
년, 요한나 가유소바(Johanna Gajusová)와 세 번째 결혼을 하고, 헝
가리로부터 샤로슈퍼턱에 있는 라틴어 학교를 '범지혜' 사상으로 개
혁해달라는 제안을 받아 가족들과 함께 샤로슈퍼턱으로 이주하였다.

샤로슈퍼턱(Sárospatak) 체류 시기(1650~1654)

　오스만제국과 오스트리아 중간에 위치한 지벤뷔르겐(Siebenbürgen)
영주령은 작은 영토에도 불구하고 유럽의 정치적·종교적 판도에 중요
한 영향력을 행사하였다. 코메니우스는 이곳의 샤로슈퍼턱(Sárospatak)
성에서 약 5년간 체류하면서 그의 교육학 작업에 몰두하는 황금 시
기를 보내었다.

코메니우스는 11월에 샤로슈퍼턱에서 <인간정신의 교육에 관하여>(*De cultura ingeniorum*)라는 학교 취임 연설을 통해 자신의 교육적 입장을 밝혔다. 그는 "모든 인간은 사람이다. 그들은 동일한 본성을 지니고 있다. 만일 우리가 한 사람에 대해 알게 되면 우리는 모든 사람에 대해 알게 된다. 만일 우리가 한 사람을 교육시킬 수 있다면 우리는 모든 사람을 교육시킬 수 있다"고 강조하면서 "국가는 국민들에게 학교를, 학교에는 교사들을, 교사들에게는 학생들을, 학생들에게는 책들과 그 밖에 필요한 물건들을 모자라지 않도록 모든 사람에게 무엇보다도 고요하고 조용하며 공공의 평화가 부족하지 않도록 돌보며, 필요한 원조를 제공해야 한다"고 국가의 교육적 책임을 역설하였다(Dieterich, 1991, pp.89~90).

이 시기에 코메니우스는 샤로슈퍼턱 학교에서 그의 범지혜 사상을 실천하기 위해 <샤로슈퍼턱의 학교계몽을 위한 구상>(*Entwurf zu der erleuchteten Schule zu Patak*), <범지학교의 개요>(*Scholae pansophicae Delineatio*) 등의 글들을 썼다. 이 글들은 '인간성의 작업장(officina humanitatis)'이 될 새로운 범지학교를 위한 구상안이었다. 그는 모든 배움의 기간을 일곱 학급으로 나누었는데 라틴어 수업을 위한 학급으로 세 학급,15) 그리고 철학, 논리학, 정치학, 신학의 네 학급이었다. 샤로슈퍼턱에서는 1651년에 라틴어 수업을 위한 첫 학급이 개설되었고, 그다음 해에 세 학급으로 구성된 라틴어 학교가 운영되었다.

코메니우스는 이곳에서 이전보다 훨씬 더 적극적이고 다양한 교육방법을 도입하여 학생들이 공부에 흥미를 느끼고 공부를 놀이처

---

15) 첫 번째 학급인 Vestibulum(현관), 두 번째 학급인 Janua(문), 세 번째 학급인 Atrium(응접실)이 있었다.

럼 즐겁게 할 수 있는 교육적 시도를 아끼지 않았다. 세계적인 명성을 얻은 『그림으로 이해하는 세계』(*Orbis sensualium pictus*)와 『놀이학교』(*Schola ludus*)라는 실제적인 교재들이 이 시기에 저술되었다.

3차 레슈노 체류 시기(1654~1656)

코메니우스는 1654~1656년 동안 레슈노에 머물렀다. 1656년에 스웨덴 왕 칼 10세 구스타프(Karl Ⅹ Gustav, 1622~1660)가 이끄는 스웨덴 군대가 터키의 공격으로 폴란드에서 물러나고 가톨릭교도들인 폴란드 군대가 레슈노를 점령하기 전까지, 코메니우스는 레슈노에서의 마지막 체류기간을 안락하고 풍족하게 지냈다.

폴란드 군대가 레슈노를 공격하여 도시 전체를 불바다로 만들어 코메니우스는 그때까지 온 힘을 기울여 저술했던 그의 모든 책과 원고들이 잿더미로 변하는 것을 뒤로하고 간신히 가족들과 빠져나와 목숨만 건지게 되었다. 이때의 슬픔과 충격에 대해 코메니우스는 그의 수양아들이었다가 사위가 된 페터 피굴루스 야블론스키에게 보낸 편지에서 "44년간 힘들게 작업한 책들을 이제 막 끝내고 인쇄하려고 했을 때, 나의 모든 책과 인쇄소가 레슈노 전체와 함께 불타서 없어지고 말았다. …… 이것을 잃은 나의 슬픔은 내가 죽어야 비로소 멈출 것 같다(Dieterich, 1991, p.97)"고 토로하였다.

암스테르담 체류 시기(1656~1670)

1656년, 코메니우스는 네덜란드의 암스테르담을 두 번째 방문하여 그의 후원자였던 루이 드 기어의 장남 라우렌티우스 드 기어(Laurentius de Geer, 1614~1666)의 환영을 받게 되었고, 그로부터 고정적인 연봉과 교육 저서들을 저술할 수 있는 작업 환경을 보장받게 되었다. 곧 그의 가족들도 암스테르담으로 와 기어가의 저택에 머물게 되었고, 이곳에서 코메니우스는 그의 마지막 생애 14년을 보내게 되었다.

암스테르담에서 코메니우스는 범지혜 사상과 교육과 신학, 그리고 정치적인 주제들을 집중적으로 연구하면서 『인간 사물의 개선을 위한 포괄적 제언』 중 일부분을 1650년대 중반까지 완성시켜 출간하기도 하였다. 1657~1658년에는 『교수학 대전집』(*Opera didactica omnia*)을 출판하였다.

1666년, 코메니우스의 후원자인 라우렌티우스 드 기어가 사망하자 기어 가문은 자신이 죽은 후에도 계속해서 코메니우스를 후원하라는 라우렌티우스의 유언에도 불구하고 코메니우스에 대해 그다지 호의적으로 대하지 않았다. 게다가 코메니우스에 대한 신학적 관점에 대한 비판들[16]은 코메니우스의 말년을 암울하게 하였다. 코메니우스는 그에 대한 논쟁들과 자신의 삶을 돌아보면서 자신의 사상을 마지막으로 정리하여, 희랍신화에서 아리아드네가 영웅 테세우스를 미로에서 구하기 위해 그에게 준 빨간 실과 같이 우리가 세상의 미로에서 빠져나오기 위해 '꼭 필요한 한 가지'는 그리스도의 규칙임을 역설한 『꼭 필요한 한 가지』(*Unum necessarium*)를 1667~1668년에 저술하였고, 이 책은 완성되자마자 출판되었다.

---

16) 코메니우스를 비판했던 대표적인 사람들은 네덜란드의 개혁신학자이자 호로닝언 대학의 교수였던 사무엘 마레시우스 피카르두스(Samuel Maresius Picardus, 1599~1673)와 레슈노 출신의 코메니우스의 옛 제자였던 니콜라우스 아르놀트(Nicolaus Arnold, 1618~1681)였다. Dieterich, 1991, pp.103~109 참조.

1670년 11월에 숨을 거두기까지, 노령에도 불구하고 『인간 사물의 개선을 위한 포괄적 제언』을 마무리하기 위해 쉼 없이 노력하였던 코메니우스는 78세의 나이로 암스테르담에서 멀지 않은 나르덴(Naarden)에 있는 교회 묘지에 묻혔다.

코메니우스는 생의 대부분인 50여 년을 지하 생활, 망명 생활과 방랑 생활로 보내면서도 자신을 "그리움(Sehnsucht)을 품고 살아간 자로 만드신 하나님께 감사하며(Dieterich, 1991, p.112)" 이 세상에서의 생을 마쳤다. 생을 마감하는 때까지 범지혜를 그의 평생의 과업으로 삼고 이론적 정립과 더불어 이것을 교육적으로 실천하고자 끊임없이 노력한 코메니우스는 그의 교육사상의 목표를 몸소 삶으로 실천한 참된 교육자로 오늘날까지 평가받고 있다.

코메니우스의 무덤이 있는 나르덴의 교회

제 2 장

코메니우스의
교육사상의 기초

인간관
자연관
신관

코메니우스(1668/1938)는 인간 정신의 책과 자연의 책, 하나님께서 직접 말씀하고 계시하신 성경책을 통해 "사람들이 참 지혜의 빛을 얻는 일이 그들의 큰 기쁨이 될 수 있지 않겠는가?(p.9)"라고 질문하면서, 인간은 자연을 통해 다른 피조물과 소통하게 되고, 인간의 문화를 통해 더불어 살아가는 인간들과 소통하게 되며, 성경을 통해 하나님과 소통하게 된다고 하였다. 이러한 소통이 가능하기 위해 하나님은 인간에게 인간의 정신의 책을 이해하는 눈으로는 정신(mens)을, 자연의 책을 이해하는 눈으로는 감각(sensus)을, 성경책을 이해하는 눈으로는 신앙(fides)을 주셨다. 하나님이 우리에게 주신 세 가지 책을 정신과 감각, 신앙의 눈을 통해 바르게 이해하고, 인간과 자연과 하나님과의 바른 관계를 맺어 인간세계의 개선을 이루어야 한다는 것이 코메니우스 교육사상의 핵심이다.

제2장에서는 평생 동안 인간세계의 개선을 위한 그의 교육사상의 목표를 위해 분주히 살았던 코메니우스의 교육사상의 기초를 이루고 있는 인간관과 자연관, 그리고 신관을 살펴보기로 한다.

인간관

코메니우스(1657/1993) 사상의 첫 자리에는 하나님으로부터 하나님의 형상대로 창조된 인간이 놓여 있다. 그의 이러한 신학사상의 특징은 아래의 인용문에 잘 표현되어 있다:

> 모든 인간은 출생에서부터 명백하게 사물에 관한 지식을 획득할 수 있는 능력을 가지고 태어난다. 그것은 먼저 하나님의 형상(Imago)이라는 데서 출발한다. …… 인간은 주변에 있는 모든 사물을 비춰주는 거실에 걸려 있는 거울(Spiegelglas)로 된 공에 비유되는 밝은 이성을 가진 자로서 하나님의 사역 한가운데 서 있다. …… 이성적인 피조물이란 모든 사물을 연구하는 것과 이름을 짓는 것과 깊은 생각에 자신을 봉사하는 것을 의미한다. 즉, 모든 것을 인식하고, 이름을 짓고, 세상에 있는 모든 것을 이해하는 것(창세기 2장 19절)을 의미한다(p.32).

인간을 이해함에 있어서 코메니우스(1657/1993)는 철학자들의 용어를 빌려 인간을 소우주로 이해하기도 하였다(p.32). 인간은 넓은 우주 안에서 드러나게 되는 모든 것을 포함한 작은 우주로 볼 수 있다. 이것은 마치 식물의 씨나 나무의 열매에 식물이나 나무의 형상이 실제로 현존하지 아니한다고 하더라도 식물이나 나무는 이미 현실 안에, 즉 씨나 열매에 포함되어 있는 것과 마찬가지이다. 그러나 인간은, 더 정확히 말해 "인간의 이성은 원죄를 범한 직후에 어두워지고 은폐되고 스스로 해방될 수 없게 되었기(p.33)" 때문에 인간성의 회복이 관건이 된다고 말할 수 있다. 그러므로 소우주로서의 인간은 인간성의 회복을 위해 빛이 필요하다. 그 빛은 '영원의 빛(lux aeterna)', '외부의 빛(lux externa)', '내면의 빛(lux interna)'이다.

'영원의 빛'은 인간의 감각으로 접근할 수 없는 하나님께서 거하시는 빛이다. '외부의 빛'은 인간의 육체가 지각할 수 있는 밝은 빛이다. '내면의 빛'은 이성적인 피조물들의 마음속에서 밝아오는 밝은 빛으로서 지성(사물들의 합리적 지식의 빛), 의지(사물의 선함을 추구하는 빛), 양심 혹은 애정(마음의 평화와 행복의 빛)이 이에 속한다(1649/1995, pp.108~110).

인간을 하나님의 창조의 최고 걸작으로 본 코메니우스(1657/1993)는 성서에서 다음과 같은 하늘의 음성과 마주치게 된다고 하였다:

> 영원과 지혜와 복의 근원인 나 하나님과 나의 피조물, 나의 형상, 나의 기쁨인 너인 인간을 아느냐? 나는 네가 영원에 참여하도록 선택하였고, 하늘과 땅과 거기에 속한 모든 것을 네가 사용하도록 준비했기 때문이다. 다른 피조물에게 각기 부분적으로 주었던 그 모든 것을 나는 너에게만 주었다. 즉, 그것들은 본체와 생명, 감각과 이성(essentia, vita, sensus, ratio)이다. 나는 너를 내가 만든 피조물에 대한 통치자로 삼았고, 우양과 들짐승과 하늘의 새들과 바다의 물고기, 이 모든 것을 네 발 아래 두었다. 이처럼 나는 너에게 영화와 존귀로 관을 씌워주었다(시편 8편, 6~9절). 그리고 결국 나는 너에게 아무것도 부족하지 않도록 나 자신을 주었고, 나의 본성을 너의 본성과 본질적인 관계로 영원히 하나가 되게 하였다(p.21).

코메니우스에게 있어서 인간이 하나님의 형상으로 창조되었다는 것은 인간이 다른 피조물은 가지고 있지 않은 특별한 능력을 가지고 있다는 것을 의미한다.[17) 코메니우스(1666/1991)는 하나님의 형상으로서의 인간은 세 가지 능력, 즉 '이성(ratio)'과 '언어(oratio)', 그

---

17) J. Halama(2005)는 "코메니우스는 모든 인간은 선과 악을 구별할 수 있는 자연적·지적 능력과 선을 판별할 수 있는 자연적인 성향과 그가 선택한 것을 실현할 수 있는 자유의지가 있다고 전제하였다(p.18)"라고 코메니우스의 인간 이해에 대해 언급하였다.

리고 '행위(operatio)'라는 능력을 가지고 태어났다고 설명하였다. 이러한 세 가지 능력을 위해 하나님은 인간에게 특별한 도구를 주셨다. 즉, '이성(ratio)'을 위해서는 사물(res)을 보고 관찰할 수 있는(videre) '눈(Auge)'을 주셨다. '언어(oratio)'를 위해서는 이름을 명명할 수 있는(apellare) '혀(Zunge)'를 주셨다. 그리고 '행위(operatio)'를 위해서는 사고하여 언어로 전달한 것을 실행할 수 있는(operari) '손(Hand)'을 주셨다. 인간은 이러한 능력을 하나님과의 바른 관계 안에서 사용하여야 하나님의 목적에 맞는 범조화적인 삶을 살 수 있다(p.52, p.163).

아래의 도표에서 보듯이 모든 사람(omnes)이 교육을 받을 수 있는 실제적인 이유는 모든 사물(omnia)의 지식을 눈으로 봄으로써 터득할 수 있는 마음의 세계인 정신과 이것을 말함으로써 혀를 통하여 전달하는 언어, 그리고 이것을 실천할 수 있는 손의 행위라는 세 가지 기능을 소유하고 있기 때문이다. 정신은 인간 속에 내재하고 있는 신령한 빛이며, 이 빛에 의해 인간은 인간 자신과 자연의 모든 사물을 관찰하여 숙고하며 이해하여 판단한다. 이처럼 인간은 모든 사물을 현명하게 관찰할 수 있는 정신(mens)과 그 정신이 인지한 모든 것을 다른 사람들에게 전달하는 언어(lingua)와 그 인지된 것들을 수행하는 능률적인 손(manus)의 기능을 소유하고 있다. 실제로 모든 사물을 인지하고 전달하며 실천하기 위해 가장 적합한 이 세 가지 기능은 인간이 다른 피조물과 구별되는 독특한 지혜의 도구들이 된다.

이상과 같은 코메니우스 설명을 도표로 그리면 다음과 같다:18)

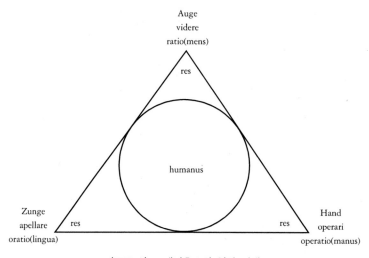

〈도표 1〉 코메니우스의 인간 이해

인간 이성에 대한 코메니우스의 이해는 '근대철학의 아버지'라 불리는 데카르트의 이성 이해와 상이하다. 1642년, 코메니우스는 스웨덴 궁정의 초대를 받아 런던으로부터 스톡홀름으로 가는 도중에 네덜란드의 라이덴(Leyden) 근처에서 데카르트와 역사적인 만남을 가졌다. 그 시대의 위대한 사상가였던 그들은 인간은 이성을 가진 존재라는 점에서 일치된 견해를 보였으나 사고의 출발점에 있어서 근본적으로 상이한 견해를 드러냈다. 코메니우스는 데카르트와 나눈 4시간에 걸친 긴 대화를 통해 그의 기독교적 휴머니즘과 데카르트의

_____

18) 이 도표는 코메니우스(1666/1991)가 "모든 학생은 사물에 대해 정확하고 조직적이며 명확하게 파악하는 것과 파악된 사물을 언어로 재현하는 것과, 그리고 그 사물을 실행하는 것에 근본적으로 익숙해야만 한다(p.148)"고 강조한 내용과도 일치한다.

이성주의 간의 갭을 더욱 확인하게 되었다고 한다.[19) 코메니우스 (1668)는 노년에 저술한 『꼭 필요한 한 가지』에서 다시 한 번 데카르트의 철학사상에 대해 논박하였다:

> 데카르트는 오류투성이의 영원한 미로에서 하나의 편리한 탈출구를 발견한 것처럼 보였다. 그는 사람들이 진리를 소유한 것처럼 생각하는 선입관을 벗어버리고 모든 것을 새로운 것으로 검토해야 한다고 하였다. …… 그러나 모든 것, 신적인 것, 그리고 인간적인 것을 의심하게 하는 것은 위험스럽게 보인다. 그리고 모든 것을 검토하려는 작업은 엄청난 수고이다. 그러므로 대부분의 사람은 그가 만들어놓은 새로운 미로에 대해 호소하고 있다.[20)

데카르트의 이성은 의심하는 이성이었다. 그의 유명한 명제인 'Cogito ergo sum'에서 드러나듯이 생각하는 주체인 나는 의심하는 나이다. 그에게 있어서 의심은 사고의 행위이다. 즉, 데카르트는 의심하는 것과 생각하는 주체로 그의 사상의 기초를 삼았다. 그러나 코메니우스의 사상은 인간 이성의 자율성에서 출발하지 않고 인간은 하나님의 형상대로 지음을 받은 존재라는 하나님의 활동에 종속하는 사고의 방식에서 출발하였다. 그는 인간 이성을 인간의 언어와 행위와의 관계성 속에서 이해하였고, 자연과 세계와 하나님과의 관계성 속에서 이해하였던 것이다.

코메니우스의 인간 이해의 핵심에는 인간을 교육 가능한 존재로 보는 교육적 인간학이 자리 잡고 있다.[21) 하나님의 형상대로 태어났

---

19) Heidelbrecht, P.(1987). "Meeting of the Minds: Jan Amos Comenius and Rene Descartes." in *Christian History Magazine* Vol. VI, No. 1. ed. M. H. Tuttle. N.J.: Christian History Institute. p.14.

20) J. A. Comenius, *Das Einzig Notwendige*, Hamburg, 1964, s.20f. (Gossmann/Schröer, 1992, pp.44~45에서 재인용).

으나 불순종의 결과로 타락한 자리에 있게 된 인간은 타락한 자리에서 이끌려 나와 하나님의 형상을 회복하는 자리에 있어야 하며, 자연(사물)세계와 올바른 관계를 맺어야 한다. 이것은 교육에 의해 가능해질 수 있다고 봄으로써 코메니우스는 인간을 교육 가능한 존재(animal disciplinable)로 이해하였던 것이다.22) 또한 그의 교육사상은 바로 하나님의 형상 회복이라는 중요한 교육적 과제에서 출발되었음을 알 수 있다.23)

교육적인 존재로서의 인간은 하나님의 형상 회복을 필연적으로 요청받고 있다. 이러한 교육적 과제를 위해 인간은 다른 피조물과의 관계 개선을 위해 '지성'을 연마해야 한다. 인간과의 관계를 위해서는 '도덕과 예절'을 훈련해야 한다. 하나님과의 관계를 위해서는 '경건'을 함양해야 한다. '지성'을 연마하기 위해서는 '학문(eruditio)'이 그 교육내용으로 필요하다. '도덕과 예절'을 훈련하기 위해서는 '도덕교육(mores)'이, '경건'을 위해서는 '종교(religio)'가 그 교육내용으로 필요하다. 더 부연해서 언급하자면, 모든 인간은 ① 이성적으로 피조물을 다스리며, ② 자기 자신을 지혜롭게 인도하며, ③ 인간의 원형상되시는 하나님을 닮아 지금이나 영원이나 그분 안에서 완전한 기쁨을 누리도록 해야 한다.

---

21) 양금희(2001)는 "코메니우스에게 있어서 '교육'은 인간의 창조와 타락과 회복에 깊게 연결되어 있고, 교육이야말로 인간이 회복되고 그와 더불어 세계가 회복되는 결정적인 요소가 되고 있어서 코메니우스의 신학적 인간학은 동시에 교육적 인간학의 성격을 띤다(p.62)"며 코메니우스의 인간 이해에 있어서 '교육'이 핵심적인 요소로 자리 잡고 있음을 밝히고 있다.

22) 인간을 하나님의 원형상을 회복할 수 있는 교육 가능한 존재로 이해한 코메니우스(1657/1993)는 인간이 하나님의 형상을 회복할 수 있는 가능성을 교육적인 실천으로 이루고자 하였다 (p.40). 즉, 하나님의 형상을 회복하는 것이 참 인간이 되는 것으로 이해한 그는 인간을 교육적인 존재로 보면서 교육을 통해 참 인간이 될 수 있다고 단언하였다(p.41).

23) 할라마는 이것이 코메니우스의 교육체제의 목적이 되고 있음을 밝히고 있다. J. Halama, 2005, p.19 참조.

궁극적으로 코메니우스는 인간이 있어야 할 세계의 중심이라는 위치에 있는 것이 인간성의 완성을 이루는 것으로 파악하였다(Shaller, 1962, p.13). 다시 말해 세계의 중심이라는 자리에 인간이 위치한다는 것은 곧 인간이 인간됨을 천명할 수 있는 자리이다. 하나님이 세계의 중심에 세워두신 바로 그 자리에서만 인간은 하나님을 위해서 기쁨의 동산이 될 수 있고, 하나님의 창조를 완성시킬 수 있으며, 세계를 하나님께로 돌아오게 할 수 있다.[24]

자연관

하나님의 창조물인 자연은 성서의 신비를 풀 수 있는 열쇠가 된다. 하나님이 창조한 자연과 성서는 함께 하나님의 창조의 섭리와 지혜를 해석하기 때문이다. 코메니우스는 "성서는 보다 일반적인 언어로 설명하며, 자연은 특별한 예를 들어 표현하고 있다(1668/1938, p.118)"고 하면서 성서의 모든 내용을 자연의 조직과 조화의 관계에서, 그리고 자연을 성서의 모든 상징의 과정으로 해석하려고 하였다.

이와 같이 코메니우스(1668/1938)에게 있어서 자연은 인간과 더불어 왜곡되었으나 인간과 더불어 회복을 기다리는 하나님의 창조 세계로서 생각되고 있다:

---

24) 김기숙, 2003, p.99 참조.

우리가 원하고 있는 세상의 회복은 곧 하나님의 피조물들에 관한
그의 지혜의 길을 보다 잘 관찰함으로써 나타날 것이다(p.120).

『그림으로 이해하는 세계』에서 묘사된 세계

세상의 회복은 하나님이 창조하신 자연만물(Natur der Sache)의
조화와 질서가 인간의 동참을 통해 다시금 회복되는 것을 의미한다.
이 회복이란 인간이 제자리를 떠남으로써 파괴된 질서가 다시 세워
짐으로써 창조가 새롭게 완성되는 것이다. 따라서 코메니우스에게
있어서 하나님이 창조한 자연이 다시 원래의 질서를 회복하는 일은
인간의 핵심적 과제이자 동시에 교육의 핵심적 과제가 된다(양금희,
2001, p.84).

이와 같은 코메니우스의 자연 이해는 현대의 생태신학적 자연관
과 매우 흡사하여 놀라움을 안겨준다. 몰트만(J. Moltmann, 1926~)
을 중심으로 한 현대의 생태신학은 신학의 핵심적인 주제로부터 소
외되었던 자연을 회복시켜 인간으로 하여금 자연의 '계속적인 창조

(creatio continuva)'의 과정에 동참하여 다른 피조물들과 함께 구원의 완성인 '새 창조(creatio nova)'를 소망할 것을 촉구하고 있다.[25]

신관

코메니우스의 사상에 그의 신관 및 신학적 관점이 깊이 관련되어 있음은 많은 코메니우스 연구가들이 동의하고 있는 부분이다. 코메니우스의 신관을 살펴보자면, 첫째로, 하나님을 우주 만물을 창조하신 창조주로서 이해하는 것으로 그의 사상의 기초로 삼았다. 하나님은 스스로 인간의 사고와 이해와 지혜를 초월하는 신령한 의지와 속성을 우주와 자연의 창조를 통해 나타내셨다. 즉, 하나님의 전지전능과 거룩성은 그의 창조를 통해 모든 사물 속으로 확산되었고, 모든 사물은 하나님 통치하에 그의 목적이 성취될 수 있도록 우주 안에 있는 모든 것을 형성하고 있다. 세상에 있는 모든 것은 그것이 눈에 보이는 물질적인 것이든 눈에 보이지 않는 정신적인 것이든 하나님과 분리하여 존재할 수 없다. 하나님은 창조자로서 세상에 있는 모든 것을 지배하며 보존한다. 이것은 마치 땅속 깊은 곳에 묻혀 눈에 보이지 않으나 나무를 지탱하는 것은 뿌리인 것과 같다. 뿌리에서부터 나무가 자라나고 나뭇가지에 나뭇잎이 달리고 열매를 맺으며 나무로 존재할 수 있는 것과 같이 영원한 근원이신 하나님으로부터 모든 사물의 본질이 생겨나고 이것은 정신적인 것과 육체적인 것

---

25) Moltmann, 1987/1996, p.225 이하 참조.

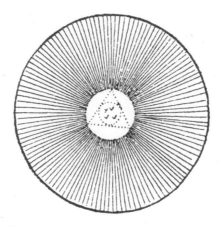

『그림으로 이해하는 세계』에서 묘사된 하나님

으로 나뉜다. 결국 뿌리에서부터 모든 것이 나오듯이 하나님으로부터 모든 사물이 나온다.[26] 이것은 코메니우스(1668/1938)의 다음의 말에서 확실히 알 수 있다:

> 우리는 우리 밖에서 사물들의 탐구에 착수하는 일에 만족하지 않을 것이다. 우리의 탐구는 보다 원대한 대상들을 향하여야 한다. 왜냐하면 사물들의 진리는 우리 속에 있으며, 하나님 나라의 진리는 우리를 위한 것이기 때문이다. 만일 우리 밖에 천 가지 세상이 있어서 그 모든 것을 이해하고 그 세상의 보물들과 함께 모든 것을 소유할지라도 하나님 나라의 진리에 대한 지식을 가지고 있지 않다면, 그것은 무익한 것에 불과하다(pp.25~26).

둘째로, 불가시적인 영으로 존재한 하나님은 사람의 모습으로 성육신하신 분이라는 신관이 그의 사상적 기초가 된다. 성육신한 하나님은 모든 사람이 하나님 창조하신 본래의 형상으로 회복될 수 있도

---

26) Gossmann/Schröer, 1992, p.139 참조.

록 모범을 보이셨다. 예수 그리스도는 하나님이 창조한 통치권의 신적 보존의 의미이자 목적이다. 그는 예수 그리스도를 가장 높은 권능자이자 지고한 예언자이며, 대제사장이고 모든 사람을 지배하는 존귀한 왕이다. 따라서 예수 그리스도는 우주의 주, 인류의 주이신 모든 사물과 인간의 중심이다.

옛 아담은 하나님께 순종하지 않고 창조의 질서를 파괴하여 하나님과 소외되어 그의 후손들은 원죄로 인한 부패된 형상으로 존재하게 되었다. 그러나 하나님은 인간을 의롭게 하며 거룩하게 하기 위해 독생자 예수 그리스도를 보내주셔서 인간은 옛 아담의 후손이 아니라, 새 아담의 후손으로 구원을 받게 되었다. 인간은 이제부터 영생의 씨앗을 받아들이기에 적합한 존재가 된 것이다. 예수 그리스도는 어둠 속에 있는 모든 사람의 마음에 빛을 주기 위해 세상에 임재하였다. 빛으로 온 예수 그리스도는 인간을 위한 그의 구속의 희생으로 이 세상과의 화해를 시도하였다. 그는 죄악으로 가득한 이 세상에서 버림을 받고 고난과 죽음을 당하게 되었다. 마침내 그는 빛을 받아들일 수 없었던 세상에서 모든 피조물의 속죄와 해방을 위해 십자가에서 희생되었다. 그러나 예수 그리스도는 이 세상에서 그의 부활 사건으로 모든 사람에게 구원의 소망과 확증을 보여주었다. 이런 관점에서 성육신한 예수 그리스도는 모든 완전성의 오메가 포인트가 될 뿐 아니라 인간을 위한 사랑과 소망과 구원의 보증이 되었다.

셋째로, 그의 사상의 기초는 인간에게 낙원에서 누리게 될 영생을 위한 능력과 자유를 부여하는 동시에 조화로운 그의 지혜를 제공하는 하나님, 즉 지혜의 근원으로서의 하나님 이해이다. 하나님은 창조를 통해 그 자신이 지혜의 근원이 됨을 보여주고 있고, 자연 세계에 그의 지혜의 신령한 표상을 채워 넣었다. 궁극적으로, 하나님의 지혜는 예수 그리스도에 의해 완성되었다. 코메니우스에게 있어서 예수 그리스도는 인간의 참된 인도자이며, 지혜의 전형이다. 즉, 예수 그리스도는 지혜와 지식의 면류관이자 초석이 되며 출발점이 된다. 예수 그리스도 안에 모든 지식과 지혜의 보고가 갖추어져 있으므로 가시적인 물질이든 불가시적인 영적인 것이든 모든 것의 완성이자 철저한 지혜의 근원은 예수 그리스도이시다.[27]

이와 같이 "하나님은 가장 지고한 선이고 모든 것을 지향한다. 즉, 하나님은 모든 존재와 자연 위에 초월해 있다"는 플라톤의 말을 인용하면서 코메니우스(1657/1993)는 하나님을 창조주로, 육신을 입은 구속자로, 모든 지혜의 근원으로 이해하였다(p.38).

---

27) 이숙종, 1996, pp.136~142 참조.

제3장

코메니우스의
교육사상의 구성 요소

범지혜(Pansophie)
범개혁(Panorthosia)
범교육(Pampaedia)
범지학교(Panscolia)
범교재(Panbiblia)
범교사(Pandidascalia)

‘교육’이라는 통로는 잘못된 자리에 있는 인간을 회복하고, 인간과 세계, 인간과 인간, 인간과 하나님의 관계를 회복함으로써 범개혁의 길을 제시하는 범지혜의 출구가 된다. 이처럼 범지혜는 범개혁의 기본사상이 되며, 교육에 중요한 방향을 제시한다. 동시에 범교육은 범지학적 세계관에 기초하여 세계개혁을 완성시키면서 서로 간에 통찰을 주고받고 범조화를 이루는 관계를 형성한다. 그러므로 전체(Pan)를 기준으로 삼아 인간의 태도가 완전하도록 인도하는 교육이 이루어져야 한다. 이러한 교육을 위해 범지학교와 범교재, 범교사가 요구된다.

제3장에서는 코메니우스의 교육사상의 구성 요소가 되는 범지혜, 범개혁, 범교육, 범지학교, 범교재, 범교사를 다룬다.

범지혜(Pansophie)

> 낙원에는 생명나무가 있었고, 인간에게는 불멸의 나무, 즉 하나님의
> 지혜가 있었고, 그것이 인간 속에 영원한 뿌리를 박았다(Comenius,
> 1657/1993, p.9).
> 만일 모든 인간이 기초에서부터 모든 것을 배우게 된다면, 그들은
> 모두 모든 것에 지혜로운 자들이 될 것이다. 그리고 세상도 질서
> 와 빛과 평화로 가득 차게 될 것이다(Comenius, 1666/1991, p.16).

코메니우스는 독일의 헤르보른 대학에서의 유학 기간 중 알스테
트(J. H. Alsted)의 영향을 받아 백과사전적 지식에 관심을 가졌다.
그러나 그는 백과사전적 지식은 여러 지식을 단순히 나열하는 것에
지나지 않는다는 것을 알게 되면서 지식들을 통합적으로 연결시킬
수 있는 내적인 원리를 탐색하게 되었다. 이 과정에서 코메니우스는
철학이나 과학을 종교와 연결시키려는 시도를 했던 파트리시우스(F.
Patricius)의 『우주철학의 새로운 것』(*Nova de universalis philosophia*)
을 탐독하였으며, 16세기 철학자이자 물리학자인 사봉드(Raymudus
de Sabunde)의 『자연신학과 자연의 책』(*Theologia Naturalis sive
Lever creaturarum*)을 탐독하였다. 자연과학적 지식과 신학적·종교
적 진리를 서로 연관시키면서 궁극적으로는 세상의 모든 지식이 종
교적 진리라는 최고의 지식에 연결되어 있음을 강조한 저서들을 탐
독하면서 코메니우스는 범지혜에 대한 사고를 발전시켰다. 그는 그
의 동시대인들과 마찬가지로 포괄적인 철학체계를 갖추려는 노력을
하였고, 이러한 포괄적인 철학체계로 범지혜 사상을 구성하고자 하
였던 것이다. 다시 말해, 그는 자연과 세계 안의 일반적인 모든 사물
을 총망라하는 종합적인 지식을 추구하면서 모든 존재하는 것 배후

에 있는 전체적인 맥락으로서의 통일성에 집중하였고, 동시에 이를 기독교적 신학, 혹은 성서를 바탕으로 하나의 통일성 있는 지식체계로 형성하는 데 관심을 가지게 되었다.

'범지혜' 사상의 중심에는 그의 독특한 인간 이해가 있다. 코메니우스는 철학자들의 용어를 빌려 인간을 소우주로 이해하였고, 또한 성서에 근거해 인간을 하나님의 형상(Imago)으로 정의하였다. '하나님의 형상'과 '소우주'로서의 이러한 인간 이해에 근거해 코메니우스(1657/1993)는 인간을 "주변에 있는 모든 사물을 비춰주는 거실에 걸려 있는 거울로 된 공에 비유되는 밝은 이성을 가진 자로서 하나님의 사역 한가운데 서 있다(p.32)"고 묘사한다. 즉, 하나님의 '우주적 지혜'가 인간의 이성 안으로 들어오게 된다. '영원의 빛, 외부의 빛, 내면의 빛'으로서의 이 지혜의 빛은 전체적이고 포괄적인 '우주적 지혜의 빛'으로서 인간을 통해 반사된다는 것이다. 그러나 인간은 타락한 상태에서 자기가 있어야 할 중심 위치에서 벗어나 더 이상 신적인 빛을 반사하지 못하고 또한 자연으로부터 나오는 빛 또한 파악할 수조차 없게 되었다. 거울이 다시 그 원위치에 놓여 자기 기능을 제대로 발휘할 수 있을 때 비로소 거울의 이상적인 상태로의 회복이 이루어질 수 있는 것처럼 인간이 있어야 할 제자리, 즉 하나님의 사역 중심에 있을 때 비로소 이상적인 상태로의 회복이 이루어질 수 있다. 이것이 코메니우스의 범지혜 사상의 기초이다.

코메니우스의 사상에서 우주적인 지혜인 '범지혜'는 이 세상 우주 만물이 포함된 보편적이고 총체적인 지혜를 의미한다. 즉, '범지혜'는 존재하는 모든 사물에 대한 지식, 그 사물의 존재 방식과 형태에 대한 지식, 그리고 그 사물들의 목적과 사용에 대한 지식을 포괄하는 지혜이다.[28] 코메니우스는 이 세 가지 상호 관련성을 그의 범지혜 작품들 속에 담아내고자 했는데, 이것은 『모든 사물 전체의 극장』 (*Theatrum universitatis rerum*)이라는 책 이름과 함께 1614년부터 시작되어 1630년대 후반과 1640년대 초반의 범지혜에 관한 글들[29]과 『사물의 문』(*Janua rerum*)에 잘 드러나 있다. 이 작품들은 코메니우스의 명성을 국제적으로 드높게 하였다. 이로 인해 코메니우스는 영국 학자들과 교우관계를 맺게 됨으로써 그의 범지혜 사상을 외부 세계에 더욱 명확히 표현할 기회를 얻게 되었다.[30]

코메니우스에게서 범지혜는 하나님이 창조한 세계 전체에 대한

---

28) 우리말로 번역된 '범지혜'는 '우주적인', '넓은'이란 의미의 pan과 '지혜'라는 의미의 sophie를 라틴어로 직역한 것이다.

29) 코메니우스의 광범위한 범지혜의 기본적인 특징은 그가 30대 후반에 저술한 네 권의 글들, 즉 『범지혜의 준비』(*Pansophiae Praeludium*, 1637), 『범지혜의 선구자』(*Prodromus Pansophiae*, 1639), 『범지혜의 시도들에 대한 조명』(*Conatuum Pansophicorum Dilucidatio*, 1639), 『범지혜의 기획』(*Pansophiae Diatyposis*, 1643)에서 잘 드러나 있다.

30) 코메니우스의 영국 친구 하틀립은 코메니우스에게 알리지 않고 1637년에 『범지혜의 선구자』 (*Prodromus Pansophiae*)를 런던에서 출판하였다. 이 책은 학자들 사이에 널리 알려져 주목을 받게 되고 호평을 얻었다. 그러나 한편으로, 이 책으로 인해 폴란드 귀족이자 형제단 교회의 영향력 있는 한 교인이 코메니우스를 "하나님의 지혜를 인간의 지혜와 섞고, 하늘을 땅과 뒤섞으려는 신성모독을 한 이단자"라고 고소하여 코메니우스는 형제단 교회의 공식적인 재판을 받게 되는 곤경에 처하게 되었다. 형제단 교회의 지도자들의 회의는 코메니우스에게 잠정적으로 무죄판결을 내리고 다음 총회까지 연기하였다. 코메니우스는 형제단 교회 내의 비난을 막고 그의 범지혜를 교인들에게 이해시키고자 1639년에 『범지혜의 시도들에의 조명』(*Conatuum Pansophicorum Dilucidatio*)을 저술하였다. 여기서 코메니우스는 범지혜를 지혜의 성전으로 소개하였다. 이 지혜의 성전은 일곱 부분으로 구성되어 있다. 즉, 범지혜의 기초를 세우는 '대문 앞'과 '대문'에 이어 자연에 대한 설명이 있는 '첫 번째 앞뜰', 그리고 예술/기술의 설명이 있는 '중간 뜰', 인간의 내면과 하나님의 섭리의 가능성에 대한 설명이 있는 '가장 안쪽 뜰'을 지나 마침내 하나님이 모든 것 안에서 모든 것이 되시는 '지성소'에 이르게 되고, 마지막으로 '복음'이 제시된다. 코메니우스는 자신의 범지혜가 세속적인 철학이 아니라 기독교적인 신학임을 증명하고자 1639년 형제단 교회의 총회에서 자신의 이 글을 판결하도록 제출하였다. 이 글로 인해 코메니우스는 교회 지도자들로부터 자신의 범지혜 사상이 이단이 아님을 인정받게 되었고, 명예도 완전히 회복하게 되었다. 그러나 『범지혜의 시도들에의 조명』은 학계에서 아주 좋지 않은 반응을 얻게 되었다. 학자들은 코메니우스가 일곱 부분으로 나눈 지혜의 성전의 구조를 탐탁하게 여기지 않았고, 새롭고 획기적인 아이디어가 부족하고 학문성이 결여되었다고 비판하였다. 이러한 비판은 코메니우스에게 마음의 고통을 안겨주었다. 코메니우스가 이 시기에 겪은 진퇴양난은 그가 속한 두 세계(신앙의 세계와 학문의 세계)의 긴장관계를 보여주고 있다. Dieterich, 1991, pp.73~74 참조.

지식이고, 하나님의 창조세계의 근원과 목적과 그의 창조의 목적에 합당한 쓰임까지도 밝혀주는 지식이다(양금희, 2001, p.41). 더 나아가 하나님에게서 나와 다시 하나님께로 되돌려져야 하는 세계 전체와 관련된 지혜인 범지혜는 인간 사물을 개선하여 타락한 세상에 하나님의 창조질서를 회복시키고 창조세계를 완성하게 하는 이론과 실천이 연결된 지혜임을 알 수 있다(Shaller, 1962, pp.176~179).

독일 유학시절에 수많은 지식의 단순한 나열에 그치는 백과사전적 지식이 인간의 삶과 인간 세계의 개선에 직접적인 도움이 되지 않는다는 것을 발견한 코메니우스는 수많은 지식을 유기체적으로 연결하면서 그 중심을 꿰뚫는 통일된 원리의 필요성을 깨달았다. 그는 이러한 깨달음을 토대로, 하나님과 세상과 인간을 서로 연결시켜 세상을 하나님의 본래의 창조질서에로 회복시킬 수 있는 지식을 꿰뚫는 통일적인 원리인 범지혜적 사고를 하게 되었다.

범지혜를 깨닫고 실천하는 것이야말로 하나님의 피조물인 이 세계를 하나님의 창조 시의 질서대로 회복할 수 있는 길이라고 굳게 믿은 코메니우스는 범지혜 연구를 그의 필생의 과제로 삼고, 1630년대 초부터 범지혜를 그의 사상의 핵심에 놓았다. 그럼으로써 그는 모든 사람에게 사물의 본질과 진리를 가르치는 도구로서 우주의 조화와 법칙에 일치하는 범지학 사상을 활용하여 그들의 마음속에 지혜의 빛을 비춰 주기를 소망하였다.[31]

---

31) 이숙종, 1996, p.335 참조.

범개혁(Panorthosia)

> 세상이라는 무대를 바꾸려면, 무엇보다도 우선적으로 인간의 모든
> 가르침을 근본적으로 뒤바꾸어야 하는데, 이것은 범지학에서 제시
> 하는 방법론을 통해서만 가능하다(Comenius, 1666/1991, p.69).

레슈노에서의 첫 번째 망명생활 시기[32] 중에 코메니우스는 유토
피아적 성격이 짙은 『보헤미아의 낙원』을 저술하였다. 이 책은 코메
니우스가 레슈노에서 망명의 어려운 시기를 넘기기 위해 어쩔 수 없
이 시작한 교사 업무를 바탕으로 저술한 책이다. 그는 "추방이라는
불행한 운명이, 나를 신학자로서의 직무에서 교사의 직무로 몰아갔
을 때, 이 학교 업무를 단순히 수박 겉핥기식으로 대충하는 것이 아
니라, 최선을 다해 감당하길 소원하면서" …… "황폐해진 체코의 교
회와 정치적인 상황을 에덴동산처럼 찬란하게 번영시키고 파라다이
스를 다시 건설하고자", "새롭고 훌륭한 학교를 널리 설립함으로써
청소년들에게 모든 것을 근본적인 것부터 더 잘 가르치는 것"[33]을
통해 세계의 변혁을 꿈꾸었다.

자신의 불행한 운명을 통해 외부 세계의 고통과 상처를 치유할 수
있는 내부 세계의 빛과 진리를 소유하는 일에 지대한 관심을 가진
코메니우스는, 평생을 통해 인간의 하나님에 대한 구체적인 지식과
신앙에 의해 유토피아가 이 땅에 실현될 수 있도록 그의 교육적 노
력을 아끼지 않았다.

---

32) 이 불행한 시기에 코메니우스는 또 다른 유토피아적 성격의 책, 『세상의 미로와 마음의 낙원』
을 저술하였다.

33) Ausgewalt Werke, 1973ff.(s. B.3), Physik, Vorwort(Dieterrich, 1991, p.52에서 재인용).

여기서 코메니우스가 '범개혁'을 위한 교육적 노력을 하게 된 신학적 구조의 주요 원리들을 살펴볼 필요가 있다. 첫째로, 코메니우스는 범개혁들을 위한 노력의 원천으로서, 구원에 대해 통전적으로 이해하였다. 그는 구원을 단지 내면적·영적·종말론적, 그리고 개인적으로만 이해하지 않고 통전적이고 우주적인 것으로 이해하였다. 또한 구원을 하나님과 인간과의 수직적인 관계 개선과 더불어 인간과 인간과의 수평적인 관계 개선으로, 그리고 소우주인 인간의 해방뿐만 아니라 대우주, 곧 하나님의 모든 창조세계의 해방으로 이해하였다. 코메니우스에 의하면, 하나님은 인간에게 단지 내세에서만 행복하고 영원한 삶을 선물하시는 분이 아니다. 하나님은 인간을 이 세상에서도 이미 행복해야 할 존재로 창조하셨기 때문에 인간은 사랑으로 충만해져야 하고, 교화(Humamisierung)되어야 한다는 것이 코메니우스의 구원관이다. 특히, 코메니우스는 고대교회의 교부들인 이레니우스(Irenaeus, 140~203), 오리겐(Origen, 185경~254경), 아타나시우스(Athanasius, 300~373), 니사의 그레고리(Gregorius of Nyssa, 335경~394경), 요한 크리소스톰(John Chrysostom, 344/354?~407)과 같은 교부들이 가르친 바와 같이 종말론적인 회복의 영역에 모든 창조의 현재적 구원의 지평, 즉 '세상의 교화(Humamisierung der Welt)'를 추가하였다. 그에게 중요한 것은 교파나 교회의 개혁에만 치우치지 않은 이 세상 모든 것의 총체적인 개혁, 즉 '범개혁(Panorthosia)'이었던 것이다.[34]

둘째로, 범개혁을 위한 코메니우스의 교육적 노력에는 하늘과 땅

---

[34] 키쉬스(Igor Kišš, 2013c)는 "코메니우스는 종교개혁자들처럼 단지 교회의 개혁만을 위해 노력하지 않았고, 세상의 모든 삶의 전체적인 개혁을 위해 노력했다(p.67)"고 평가하였다.

사이의 필연적인 유비관계가 드러난다. 소수의 신학적 유토피안들, 예를 들어 요하힘 피오레(Joachim de Fiore)나 도미니크 수도회의 캄파넬라(Campanella, 1568~1639) 같은 사람들에게서 이러한 사상이 발견되기는 하나, 코메니우스처럼 이 사상을 신학에서 그렇게 절박하고도 복합적으로 전개한 사람은 당대의 신학자들 가운데 거의 없다. 이러한 점에서 코메니우스는 기독교 플라톤주의의 후계자로 여겨지는데, 그 이유는 신학에서 플라톤주의는 항상 하늘에서의 상태로부터 출발하기 때문이다. 즉, 하늘과 땅 사이에 절대적인 유비가 존재하기 때문에 하늘에서 그러한 것처럼 땅 위에서도 그렇게 되어야 한다는 것이다. 하나님의 나라는 플라톤적인 이상 세계(mundus idealis)의 한 종류인데, 코메니우스에 의하면 이 이상 세계가 우주를 그 본래의 상태로 이끈다. 모든 사물의 시작이자 창조주이신 하나님은 이 세계를 이상적인 상태로 창조하셨다는 것이다. 그것은 플라톤적인 이상 세계, 구약의 낙원 세계다. 이 상태는 하나님, 인간, 자연, 이 세 영역이 위계질서 가운데 있다는 특징을 보여주고 있다. 인간은 바로 이 두 영역 사이에 있는 중간자이다. 즉, 하나님 아래에 있으며, 자연 위에 위치한다. 하나님, 인간, 자연에 대한 이러한 기본적인 위치 설정 속에서 '종교', '정치', '학문'의 세 영역 및 이들 각각의 과제 설정에 이 영역들이 조직적으로 서로 연결되어 있다. '학문'은 자연에 대한 인간의 주도권을 실현하는 것이며, '정치'는 모든 인간의 근본적인 평등성을 실현하는 것이고, '종교'는 인간이 하나님의 뜻에 순종하는 것을 실현하는 것이다.

코메니우스는 하늘과 땅 사이의 유비관계로 이상 세계와 현재의 세상을 연결시키면서[35] 하나님 나라의 윤리적인 이상을 시종일관

전 생애에 걸쳐 실현하기 위해 끊임없이 노력했다. 이것은 코메니우스가 현 상태에 결코 만족하지 않는 모습으로 드러났다. 그는 타락 상태에 있는 현재의 세상을 예리하게 비판했다. 인간은 가장 중요한 것, 즉 자기 자신을 자기 바깥에서 찾고 있으며, 사물을 자기 위에 두고, 하나님을 자기 아래에 두어 모두 타락했고, 이로 인해 세상은 근원적인 조화가 깨어져 무질서에 빠져버렸다고 통탄했다. 그럼에도 불구하고 세상과 인간은 개선될 수 있고, 이상적인 상태, 낙원상태로 다시 회복될 수 있다는 희망을 코메니우스는 가지고 있었다. 왜냐하면 인간은 한편으로는 죄로 인해 완전히 부패되었지만, 다른 한편으로는 그리스도를 통해 회복되었기 때문이다.[36]

코메니우스는 그가 살았던 험악한 시대와 그가 경험했던 실패에도 불구하고 그의 생명이 다하는 날까지 언젠가 마지막에는 하나님이 역사를 선히 끝내신다는 희망을 가지고 있었다. 그는 성경에 근거하여 멀지 않은 장래에 아마도 자신이 살아 있는 동안에 인류의 황금시대가 도래할 것이라고 믿었는데, 이 인류의 황금시대를 그리스도의 재림과 함께 도래할 천년왕국(Chiliasmus)[37]의 실현으로 보았다. 항상 보다 선하고 조화로운 세상인 천년왕국이 곧 도래할 것

---

35) Igor Kišš, 2013a, pp.7~10 참조.

36) 코메니우스는 인간의 원죄를 부인하지 않았으나, 원죄가 반드시 유전된다고 생각하지는 않았다고 키쉬스는 말하고 있다. 대신에 코메니우스는 창조의 근본 질서에의 일탈, '불행한 뒤틀림(unglückliches Verrenken)' 등을 말하였는데, 이것이 그리스도의 재림과 함께 천년왕국에서 제거된다면 코메니우스가 꿈꾸던 새로운 세상의 실현, 새로운 인간성의 회복이 이루어지는 것으로 키쉬스는 해석하고 있다. Igor Kišš, 2013a, pp.11~12 참조.

37) 천년왕국 사상은 초대교회 그리스도인들 사이에 만연하였던 사상으로서 이 사상이 중세와 근세에 다시 살아난 것이다. 천년왕국 사상은 예수의 재림이 이 땅 위에서 그의 나라가 이루어지고 예수가 왕으로 통치하게 된다고 믿는 신앙이다. 이 나라는 완전한 평등과 죄의 저주로부터의 해방, 공산주의적이고 원시적인 자연의 상태로서의 낙원의 황금시대 회복이 그 특징을 이룬다. 장일조, 1979, pp.54~55 참조.

을 열망한 코메니우스는 예수 그리스도가 모든 인종과 국가들을 통치하게 될 것이며, 따라서 인간 사회가 하나님의 계획과 목적을 지향하는 신정정치가 실현될 수 있다는 것을 예견하였는데, 그 이유는 그리스도의 왕국이 미래에 인류의 평화와 통합을 실현하며 보장할 수 있다는 것을 확신하였기 때문이다.[38]

그런데 안타깝게도 범개혁을 위한 노력의 원천으로서 코메니우스의 천년왕국 사상은 기독교를 인문주의(Humanismus)로 변질시켰다는 비판을 받았으며,[39] 심지어 비현실적인 유토피언으로 평가절하되어 별로 비중 있게 다루어지지 않았다.[40] 그러나 20세기에 이르러 모든 사람을 하나님의 형상으로 회복하고, 사회를 천년왕국으로 만들고자 한 교육적 노력, 즉 모든 인간과 사회 양자의 개선과 개혁, 그리고 영적인 성장과 구원에 두고자 한 코메니우스의 교육적 노력은 실제적인 사회의 개혁과 함께 새로운 세상의 도래를 성취할 수 있는 유일한 신적 교육으로 평가받고 있다. 또한 국제기구인 유네스코(UNESCO)에서는 코메니우스를 유럽의 통합과 세계의 연합을 구상한 사상적 아버지요, 위대한 정치가로 간주하고 있다.[41] 이것은

---

38) 이숙종, 1994, p.213 참조.

39) 이러한 비판은 당대의 네덜란드의 개혁신학자 사무엘 마레시우스 피카르두스 같은 지나치게 영적인 경건주의자들이나 오늘날 그리스도의 구원을 단지 사후에 영적으로 하늘에서만 이루어지는 개인적 구원으로만 이해하고 있는 근본주의적인 분파들로부터 들을 수 있는데, 이들은 그리스도를 전 우주를 변화시키실 메시아로 이해하지 않기 때문이라고 키쉬스는 밝히고 있다. Igor Kišš, 2013b, pp.55~57 참조.

40) 그러나 안영혁은, 코메니우스의 유토피아는 단지 이 세상을 버림으로 얻는 세계가 아니라 역사 가운데 개혁함으로써 얻는 유토피아였기 때문에 구체적인 내용을 가지고 있었고, 그래서 사람들은 코메니우스의 이런 유토피아를 구체적 유토피아라고 불렀다고 코메니우스의 유토피아 사상을 재평가하고 있다. 안영혁, 2005, p.201 참조.

41) 『범개혁학』에서 코메니우스는 오늘날의 국제연합기구(UNO), 국제교육과학문화기구(UNESCO), 세계교회협의체와 국제 사법재판소 같은 기구들을 계획하고 꿈꾸었다. 더 나아가 올림픽 경기의 재건에 대해 언급하기도 하였다. Igor Kišš, 2013a, p.11; 이숙종, 2008, pp.60~63 참조.

코메니우스가 갈구하였던 개혁의 최종적 목표는 전체성의 구현으로 인해 나타나는 평화의 세계였음을 인정한 것이다.[42] 이를 통해 코메니우스의 범개혁 사상은 모든 인간을 위한 교육의 평등성과 세계 개혁의 방향을 제시하며, 인간과 하나님이 세상에서 새롭게 화해할 수 있는 미래의 전망을 제시하는 평화사상으로 평가받고 있음을 알 수 있다.

범교육(Pampaedia)

> 범교육학은 모든 인간 세대의 각 개인과 관련된 돌봄을 고려한 것이다. 그것은 전체(universalis)를 표준으로 삼아 인간을 그의 본질의 온전성으로 인도하고 돌보는 일(cultura)이다(Comenius, 1666/1991, p.12).

코메니우스의 '범개혁'을 위한 교육적 노력은 '범개혁'을 위한 방법론을 기술한 『빛의 길』, 『범교육학』[43]에 상세히 기술되어 있다. 또한 인간의 생득적인 기능인 이성(ratio)과 언어(oratio), 행위(operatio)를 지혜의 빛을 비추어 잘 계발하여 개인과 공동체의 변화와 성장뿐만 아니라, 전 세계의 우주적 개혁을 성취하도록 하는 것이 범교육의 목적이 된다. 코메니우스는 『빛의 길』 제1장에서 4장까지 우주적

---

42) 이러한 평화를 얻기 위한 개혁의 몸짓이 그의 교육적 노력이었다고 안영혁은 평가하고 있다. 안영혁, 2005, pp.195~201 참조.

43) 『범교육학』은 코메니우스가 거의 30년에 걸쳐서 저술한 인간교육에 관한 명저이다. 1935년에 치체브스키(D. Cyzevskij) 교수에 의해 독일 할레에서 그 사본이 발견되어, 1948년 핸드리히(J. Hendrich)에 의해 체코어로 발행되었고, 1960년 샬러(K. Schaller)에 의해 라틴어-독일어 대조판이 독일 하이델베르크에서 출판되었다.

인 빛을 통해 치유되어야 하는 인간 사물의 무질서의 어두움, 즉 세계개혁이 요청되고 있는 무질서한 세상의 현실을 기술하고 있다. 제5장에서 15장까지는 무질서한 세상의 현실을 개혁하기 위해 지성의 빛이 확산되어야 하고, 빛의 길들의 연합이 이루어져야 함을 역설하고 있고, 제16장부터 21장까지는 이를 구체적으로 이루기 위한 범교재, 범지학교, 범대학, 범언어 등을 구상하면서 제22장 '빛을 위한 기도'로 마치고 있다. 『범교육학』에서는 제1장에서 4장까지 모든 사람, 모든 것, 모든 방법을 설명하고 있고, 제5장에서 7장까지 범지학교, 범교재, 범교사를 설명하고 있다. 제8장부터 15장까지는 평생 동안의 교육이 이루어지는 8단계 학교를 설명하면서 제16장 '영원한 지혜를 구하는 학교'로 마치고 있다.

『범교육학』은 '전체'를 기준으로 삼아 인간의 태도가 완전하도록 인도하는 모든 인류의 각 개인에게 관련된 교육을 제시한다. 인간은 파이데이아(παιδεια)를 통해 미숙한 불완전의 상태에서 나오게 되었으므로 모든 사람(omnes)에게 모든 것(omnia)을 전체적으로 철저하게 가르치는 일(omnino)이 매우 중요하게 요구되기 때문이다(Comenius, 1666/1991, pp.18~84): 첫째로, 모든 인간(omnes)에는 말 그대로 그 누구도 제외됨이 없이 모든 인간이 포함된다. 둘째로, 모든 것(omnia)은 모든 인간이 지혜롭고 행복하게 될 수 있는 전체를 포괄하는 모든 사물을 의미한다. 셋째로, 전체적으로 철저하게 가르치는 일(omnino)은 모든 사물을 올바로 사용하는 방법을 가르쳐주며 모든 오용으로부터 막아준다.

모든 인간은 모태에서 죽음에 이르기까지 그의 전 생애를 통해 전 세계와 우주만물이라는 학교에서 전체적으로 철저하게 가르쳐져야 한다는 코메니우스의 범교육 사상은 어느 누구도 제외되지 않는 모든 사람을 위한 연주회와도 같다. 왜냐하면 우리 모두는 똑같은 하나님의 자녀들이므로 그 어떤 남자, 그 어떤 여자, 그 어떤 노인, 그 어떤 귀족, 그 어떤 천민, 그 어떤 수공업자, 그 어떤 농부도 소외되어서는 안 되기 때문이다. 또한 연주회에서 음악가들이 그 어떠한 불협화음도 없이 완벽하게 연주하듯이 '범교육'은 '범지학교'에서 '범교재'를 통해 경건, 덕성, 학문과 예술의 모든 것이 '범교사들'에 의해 전체적으로 철저하게 다루어져야 한다.

범지학교(Panscholia)

> 범지학교의 목적은 사람들에게 모든 국가와 언어와 제도들뿐 아니라, 각 개인이 무지와 미개의 어둠으로부터 소생할 기회를 제공하는 일이다(Comenius, 1668/1938, p.164).

코메니우스(1668/1938)는 『빛의 길』에서 우리가 거주하고 있는 세상 전체가 범지학교가 된다고 보고, 세 종류인 사물의 학교, 인간의 학교, 하나님의 학교로 나누어 언급하면서 이 세 학교들은 세상을 하늘과 연결하는 학교들이 될 것으로 전망하였다: 이 세 학교는 모두 하나님에 의해 시작된 학교이며, 인간의 점진적인 완성을 위해 인간에게 공개되었다. 지상에서 살고 있는 우리의 현재 생활을 위한 이 세 학교를 통해 모든 인간은 온전한 하나님 형상의 회복을 위한 교육을 받을 수 있다(pp.12~17).

17세기 유럽의 마을학교 모습

1. 사물의 학교(Physical School)

코메니우스는 우리가 거주하고 있는 세상 자체는 인간의 최초의 학교이기 때문에 모든 사람은 이 학교에 입학하게 된다고 하였다. 이 학교는 자연의 학교로 불리기도 한다. 이 학교의 교재들과 교사들은 모두 지성에 의해 지각되는 모든 피조물이다.

코메니우스는 참된 지혜와 행복은 사물에 대한 참 지식과 이해와 적절한 사용을 통해 성취될 수 있다고 보았다. 만약 모든 사람이 모든 사물을 제대로 이해하고 알기 위해 교육된다면 그들은 그것을 올바로 사용할 것이며, 그럼으로써 지혜와 행복을 성취할 수 있을 것이다. 그리고 모든 사람은 행복해지기를 소망하기 때문에 쉽게 사물의 사용과 올바른 지식을 배울 수 있을 것이다. 그렇게 된다면 실낙원은 다시 회복될 것이며, 전 세계가 하나님을 위한, 사람들을 위한, 그리고 사물을 위한 낙원이 될 것이다.[44]

2. 인간의 학교(Metaphysical School)

이 학교는 이전의 사물의 학교와 전혀 다른 전체적 속성을 가지고 있는 인간의 학교로서 교재와 교사들은 인간의 마음에 새겨진 본유적인 개념들, 본능과 기능들과 같은 무수한 속성들로 특징을 이루고 있는 하나님의 형상이다. 학식이 있든 없든, 현명하든 어리석든 간에 모든 사람에게 있어서 이 속성들은 사람들이 올바르게 적응하거나, 혹은 때때로 실수를 범하여 길에서 방황할 때 그들에게 가르치며, 경고하고, 행동하게 하며, 자극과 영향을 주면서 부단히 충고하고 있다. 이러한 것들을 이해하고 구분하기 위해 외적·내적 감각기관들은 어떠한 도움도 주지 못하지만, 내면세계의 빛 혹은 영혼의 눈인 이성만이 도움을 줄 수 있다.

---

44) '낙원으로의 귀환'에 대한 아이디어는 코메니우스에게 있어서 매우 귀중한 것이다. 30년 전쟁의 끝없는 고통을 경험했던 코메니우스는 인간의 삶과 이 세계를 새롭게 하기 위해 오신 예수 그리스도의 사역에 동참하여 낙원을 회복하는 것이 교육의 역할로 보았음을 알 수 있다. Comenius, 1666/1991, pp.33~34 참조.

3. 하나님의 학교(Hyperphysical School)

이 학교에서 가르치고 배우는 모든 주제는 인간의 눈으로 보지 못했던 인간의 귀로 듣지 못했던 것과 같은 것이고, 인간의 마음속에 새겨져 있지 않은 것이며, 오직 하나님만이 그의 영을 통해 계시할 수 있는 것이기 때문에 모든 사물 위에 계신 하나님만이 가르칠 수 있다. 세상이 있기 전에 있었고, 세상이 더 이상 존재하지 않을 때에도 존재할 것이며, 세상을 초월해 있는 학교이기 때문에 어떤 사람도 이러한 문제들을 감각기관이나 이성으로 탐구할 수 없으므로 중요한 교사이자 해설자는 유일하신 하나님의 영이다. 인간의 감각이나 이성은 하나님의 영과 동등하지 않다. 모든 것을 하나님께 의뢰하며 아무것도 의심하지 않는 겸손한 신앙만이 하나님의 말씀에 의해 계시된 놀라운 사물들을 믿고, 그 사물들이 제시되었을 때 불가능한 일들을 시도하며, 약속된 불가시적인 것들을 소망한다.

세 학교들의 특징

유사점:

첫째, 이 세 학교들은 모두 하나님에 의해 시작된 하나님의 학교들이라는 점에서 유사하다.

둘째, 인간의 점진적인 완전성을 위해 인간에게 공개되었다.

셋째, 이 학교들의 유일한 숭고한 목적, 즉 하나님의 형상으로 가장 고귀하게 순화될 수 있기 때문에 하나님은 영광을 받을 수 있다.

넷째, 이 학교들은 미래의 생활을 위해서가 아니라 지상에서 우리가 살고 있는 현재의 생활을 위한 것으로서 거기에서 우리가 하나님에게 인도될 때, 더 이상 환영들과 형상들을 통하지 않고 하나님 자신과 그의 얼굴에 의해 우리는 볼 것이고 영원한 기쁨으로 우리를 만족시킬 수 있다.

다섯째, 모든 사람이 이 지상의 학교들을 통과해가야 한다. 세상에 들어온 모든 사람은 모든 측면에서 자신에 관한 세계를 소유하고 있으며, 자신 속에서 온전하게 그 자신을, 그리고 그의 심오한 양심 속에 하나님을 소유하고 있기 때문이다.

상이점:

세상의 창조는 성부의 하나님, 마음의 개화는 성자의 하나님, 가슴의 영감은 성령의 하나님에 의해 이루어지고 있다. 그러므로 세 학교는 다음과 같은 상이한 특징을 드러낸다.

첫째, 순서에 있어서 어린아이들에게 종교나 삼단논법을 가르치는 게 아니라 감각기관을 사물들에 접촉하는 것을 배워야 하므로 첫 번째 학교에서부터 순서가 시작되어야 한다.

둘째, 배워야 할 대상들의 다양성의 관점에서 이어지는 각 학교는 대상들의 범위가 질적인 면에서 보다 고상하고 심층적이다. 세상은 시각, 청각, 후각, 미각, 촉각과 같은 감각기관에 무수한 대상들을 제시하고 있으나, 사람들은 사물들과 마찬가지로 그 수가 그렇게 많지 않다. 인간은 세상보다 고상하며, 하나님은 인간보다 더욱 고상하다.

셋째, 첫 번째 학교에서의 교재들과 교사들은 모든 사물이지만, 두 번째 학교에서는 인간이고, 세 번째 학교에서는 성령을 통한 하나님이시다. 이것은 첫 번째 학교에서는 사물 자체가, 두 번째 학교에서는 인간 자신이, 세 번째 학교에서는 하나님 자신이 가르치는, 즉 사물에 의해, 인간에 의해, 하나님에 의해 배우는 이유가 된다.

완전성을 지향하여 배워가는 과정에서 배운 것과 닮아가기 때문에 만일 우리가 첫 번째에서 훈련을 잘 받게 된다면, 생령한 지각력을 소유한 피조물이 될 것이고, 두 번째 학교에서 교육을 잘 받게 된다면, 다른 피조물들을 명령하고 지도할 수 있는 피조물들이 될 것이며, 세 번째 학교에서 교육을 잘 받게 된다면 창조물과 같은 피조물이 되어 다른 피조물들과 자아의 지배에서 자유롭게 되고, 우리의 존재의 근원이신 하나님과 회복되고, 그분 안에서 축복된 평화를 얻게 될 것이다. 지상에 있는 이 세 가지 학교들은 세상을 하늘과 연결하는 학교들이 될 것이다.

코메니우스(1668/1938)가 추구하는 목적은 범세계적이고 온 세상의 구원이기 때문에 배의 한 단면이 아니라 빛과 평화와 진리를 세계의 모든 대륙과 섬들에까지 실어 나르는 배 전체를 원하고 있다.

> 범지학교들이 세워졌을 때, 즉 모든 사람이 그들에게 제시될 모든 책을 탐독하고 이해하도록 가르침을 받을 수 있도록 범교육이 소개되었을 때, 모든 사람에게 비쳐질 빛이 가장 위대한 사람들로부터 가장 비천한 사람들을 포함하는 모든 사람이 주님을 알며, 바다에 물이 가득하듯이 땅이 여호와의 지식으로 충만하게 될 수 있도록 확산될 것이다(pp.196~197).

범교재(Panbiblia)

> 범교재는 모든 사물이 발생한 근원과 그 경향, 그리고 진행하는
> 방법들을 완전하게 밝히고, 또 이탈한 것들을 어떤 수단에 의해
> 정상적인 진로로 복귀시킬 수 있는가를 완전하게 밝힐 것이다
> (Comenius, 1668/1938, p.149).

　범교재(Pambiblia)의 목표와 목적은 사람들을 지혜롭고 현명하게
하는 것이다. 즉, 사람들로 하여금 자신의 목적과 모든 사물의 목적,
그 목적에 이르는 수단과 그 수단의 정당한 활용을 이해하게 하는
것이다. 범교재는 지속적이고 참되고 진지하게 우주의 분석에 의하
여 존재하고 있는 모든 것을 어디에서든지 적합하고 자연스러운 질
서로 모든 사람의 눈앞에 제시할 것이다. 따라서 현명해지기 원하는
사람은 많은 책을 읽어야 하는데, 특별히 하나님의 지혜를 담은 세
가지 책, 즉 인간 정신의 책, 자연의 책, 계시의 책을 읽어야 한다
(Comenius, 1668/1938, pp.148~149).

　앞으로 출판될 책은 특별히 범지학(Pansophia)에 충실하여 총체적
이고 완전한 지혜의 정수를 전달해주어야 하며, 범교육학(Pampaedia)
에 충실하여 각자의 단계에 맞게 모든 사람을 전체로 인도해주어야
하며, 범언어학(Panglottia)과 범개혁학(Panorthosia)에 충실하여 모든
민족의 공통어로 간결하게 전달되어야 하며, 문란한 질서를 바로잡아
주어 이전의 오류를 효과적으로 개선시키는 데 도움을 주어야 한다
(Comenius, 1666/1991, p.105). 그러므로 범교재는 첫째로, 모든 사람
이 인간으로 태어나서 현세와 미래의 생을 준비하기 위해 알고, 믿고,
행하고, 소망하는 일에 필요한 모든 것을 관찰하기 위해 제공되는 가

장 보편적인 종류의 책이 되어야 한다. 둘째로, 인습적인 추정과 견해에 상관하지 않고 사실들 자체에 관심을 가지고 동일한 조화의 법칙에 의해 마음의 개념들을 연결하며 또한 그 법칙에 의해 사실들을 함께 결합하고 있는 가장 엄격한 질서의 책이 되어야 한다. 셋째로, 모든 사람에 의해 정립되고 일치된 제일 원리들로부터 모든 사물을 추론하여 하나에서 끝까지 지속적으로, 혹은 예외 없이 그 자체의 모든 설명을 제시하여 그중 어떠한 것도 의문을 제기하게 하거나 거부함이 없이 공통된 진리로서 모든 사람에게 자발적으로, 즐겁게 제공되는 가장 완전하게 준비된 책이어야 한다.

범교재의 구성은 중요한 모든 설명이 처음 단계에서 마지막 단계에 이르기까지, 가장 낮은 것에서 가장 높은 것에 이르기까지 일관성 있게 구성되어 있기 때문에 모든 사람이 쉽게 이해할 수 있다. 또 완벽하게 확실하고 구체적으로 되어 있기 때문에 어떠한 것도 그 기초에서 제외될 수 없다. 이것을 키케로가 스토아철학에 관한 진리에 대해 언급한 것과 비교해보면 다음과 같다:

> 그 체계는 대단히 경탄할 정도로 일관성이 있는 전체를 유지하고 있다. 결론들은 처음에 제시된 원리들과 일치하고, 중간 단계들도 실제로 한 부분씩 모든 다른 부분과 일치하고 있다. 사람들은 주어진 전제에서 어떤 추론이 제기되며, 그것과 어떤 모순이 있는지를 이해한다. 그것은 기하학과 같다. 전제가 주어진다면 모든 것을 제시하여야 한다(Comenius, 1668/1938, p.150).

따라서 범교재의 전체 내용은 그 자체에서 입증된 원리들과 필연적으로 그 원리들로부터 도출하는 결론에서 정립될 것이며, 인류의 일반적인 동의와 지지에 의해 인정된 의미 있고 훌륭한 판단력으로 연결되어 있을 것이라고 코메니우스(1668/1938)는 전망하고 있다. 그럼으로써 범교재는 필연적으로 진실한 사물들과 우발적으로 진실한 사물들 사이에서 명확한 분별을 하면서, 어떤 일에든지 강한 의견에 치우치는 것을 경계하면서, 어떠한 것도 제외되지 않고 모든 사람이 공감할 수 있는 사물들만을 제시해야 할 것을 강조하고 있다 (pp.148~150).

범교사(Pandidascalia)

> 범교사는 모든 인간을 근본적으로 개선시킬 수 있으며, 인간의 본성을 완성시키며, 완성에로 인도할 수 있는 힘을 가진 사람이다. ······ 정원이 훌륭한 정원사의 보호 아래에서, 공예품이 훌륭한 기능공의 솜씨에 의해, 가정이 현명한 남편의 보호로, 한 왕국이 현명한 통치자의 지배에 따라, 그리고 군대가 훌륭한 지휘관의 지도 아래 있는 것이 바람직한 것과 같이 모든 사물이 그것들을 올바르게 활용하는 방법을 알고 있는 사람의 보호 아래 있는 것은 더욱 가치 있는 일이다(Comenius, 1666/1993, p.122, p.127).

코메니우스는 그 당시 학교 교사들의 잘못된 교육관과 교수방법에 매우 실망하였다. 샤로슈퍼턱에서의 학교개혁의 노력이 그곳에서 얻은 그의 교육적 명성과는 상관없이 실패로 돌아가자 그는 다음과 같이 언급하였다. "나의 교수방법의 목표는 지루하고 단조로운 학교를 놀이와 즐거움이 있는 학교로 변화시키는 것이었다. 그러나 그것을 이곳의 어떤 지도자도 원치 않았다. 그들은 자유로운 정신을 지닌 인간을 마치 노예처럼 다룬다. 심지어 귀족들에게조차. 교사들은 엄격하며 어두운 표정과 딱딱한 말투로, 심지어 구타로 자신들의 권위를 세운다(Dieterich, 1999, p.96)."

이러한 학교교육의 실태를 겪으며, 코메니우스는 그의 범지학교의 범교사상에 대해 『범교육학』 제7장에서 상세히 제시하였다. 그 (1666/1991)는 '범교사(Pandidaskalia)'라는 단어를 "모든 사람이 전체라는 기준에 따라서 근본적으로 전인격적으로 교육받아야 한다는 사실을 이해하고 있는 사람들로서 범교육론을 가르치고자 하는 사람(p.121)"이라고 정의하였다. 다시 말해 범교사는 범교육의 전문가라는 것이다. 범교사는 모든 사람에게 하나님의 형상을 일깨워주어야 한다는 의무감을 명확하게 깨닫고 있어야 하며, 모든 사람을 모든 면에서 전체적으로 교육시킬 수 있는 능력을 지녀야 한다.

여기서 첫째로, 사물과의 관계를 다루는 지성교육을 수행하는 교사의 사명을 전문적으로 감당하기 위해 사물의 효용성과 가치를 결정하게 되는 교육전문가 역할의 중요성이 부각된다.

둘째로, 인간과의 관계를 다루는 덕성교육을 수행하는 범교사의 사명을 전문적으로 감당하기 위해 범교사는 학생들이 되어야 할 그러한 사람이 되어야 한다. 즉, 학생들의 모범이 되어야 한다(Comenius, 1666/1991, p.123).

셋째로, 하나님과의 관계를 다루는 영성교육을 수행하는 범교사의 사명을 전문적으로 감당하기 위해 범교사는 선하고, 경건하고, 자비로우며, 의로워야 한다(p.124).

이를 위해 범교사는 학생들이 되어야 할 사람으로 이끄는 기술을 가지고 있어야 하는데, 다음과 같은 세 가지 교수법을 필요로 한다: 첫째, 전체를 꿰뚫어보는 통찰력이 필요하다. 전체를 꿰뚫어보는 통찰력을 통해 모든 사람을 전체적으로 가르칠 수 있기 때문이다. 둘째, 확실한 방법으로 확실한 목표에 도달할 수 있는 단순성이 필요하다. 셋째, 하나의 놀이처럼 모든 사람이 받아들일 만하며, 즐길 수 있는 신성함이 필요하다(pp.124~125). 이와 같이 범교사는 학생들을 교육하는 적절한 방법을 발견해야 하며, 학생들 개개인의 자연적 재능과 성향들을 존중하여 학생들에게 학교가 흥미롭고 즐겁게 교육되는 놀이터가 되도록 해주어야 한다.

코메니우스(1668/1938)는 『빛의 길』에서도 범교사의 역할에 대해 역설하였다. 교사들은 하나님께서 세운 지혜의 기반들, 자연, 성경, 인간의 공통개념 혹은 관념들로부터 이탈하지 말아야 한다. 교사들은 범교재의 가장 완전한 지식을 소유하기 위해 서로 각각 충고하며, 공동협의에 의하여 이 교재에서 보충이나 교정이 필요한 것은 무엇이든지 바르게 정립하는 것을 소홀하게 생각하지 말아야 한다. 하나님께서 주신 모든 것은 인간의 유익하고 건전한 활용을 위해 공동지식의 공동보고 속에 보존하기 위해 형제들과 함께 교환하도록 해야 한다. 교사들은 모든 국가와 도시와 마을에 학교들이 설립되는 것을 위해 힘과 권력을 가진 행정관리들과 사람들에게도 도움을 요청해야 한다. 결론적으로, 범교사의 과제는 분열에서 통일, 혼돈에서 질서, 의견에서 진리, 세상의 주변에서 중심, 자신들과 피조물에서 하나님으로 돌아오는 의무를 수행하는 것이 그들의 일차적 과제이다(pp.176~177).

코메니우스(1668/1938)는 특별히 교사의 소명감과 열심을 다음과 같이 강조하고 있다:

그들은 그들 자신을 직책의 속성으로 보아(모든 사람이 구원을 얻고 진리의 지식을 얻기 원하시는) 하나님이 명하신 경건을 배양하기 위해 부르심을 받았다고 생각해야 한다. 그러므로 그들은 모든 사람을 그리스도 예수 안에서 완전하게 되기 위하여 모든 지혜로 가르치는 사명을 가진(골로새서, 1장 28절) 사도들의 열심을 본받도록 노력해야 한다(pp.173~174).

제4장

범지혜와 범교육,
범개혁에 바탕을 둔
코메니우스의 교육론

코메니우스의 교육사상을 관통하고 있는 핵심 주제어는 '범지혜'와 '범교육', '범개혁'이라고 할 수 있다. '범지혜'는 '전체'를 아우르는 체계를 제공하고, '범개혁'의 기본사상이 된다. '범지혜'와 '범개혁'은 '교육'의 개념으로 세계를 보는 새로운 안목을 제시한다. 코메니우스에게 있어서 '범교육'은 '범개혁'의 방법론 전체가 된다. 모든 사람이 모든 것에 대해 모든 방법으로 접근함으로써 이루는 것이 '범개혁'이기 때문이다.

제4장에서는 기독교적 세계관에 기초한 범지혜 사상가로서 범교육 체계를 범개혁적 관점에서 완성한 코메니우스의 교육사상에 나타나 있는 교육의 목적, 내용, 방법, 그리고 교육의 장, 교사의 위치와 역할에 대해 살펴본다.

교육의 목적

> 팜파이디아는 모든 인류에 관한 보편적 교육이다. 왜냐하면 '파이
> 데이아(παιδεία)'라는 헬라어는 인간을 가르치는 학습 또는 교수
> 를 의미하며, '판(παν)'은 그것의 보편적·우주적 본성을 뜻한다.
> 그러므로 나의 목적은 모든 인간이 모든 것을 철저하게 교육받도
> 록 보증하는 것이다(Comenius, 1666/1991, p.12).

코메니우스(1666/1991)는 우리가 이 세상에 보냄을 받은 이유로
두 가지를 들고 있다. 첫째는 하나님과 그의 피조물과 우리 자신에
게서 기쁨을 누리기 위함이고, 둘째는 하나님을 섬기며, 그의 피조
물을 섬기며, 우리 자신을 섬기기 위해서라는 것이다. 인간은 이러
한 기쁨을 누리기 위해 지식과 도덕, 그리고 신앙을 추구하여야 한
다. 또한 우리가 하나님과 이웃과 우리 자신을 섬기기 원한다면 우
리는 하나님께 대하여는 신앙을 가지며, 이웃에 대해서는 덕을 행하
며, 우리 자신에 대해서는 지식을 소유할 필요가 있다. 즉, 자신을
유익하게 하려면 지식이 있어야 할 뿐만 아니라 덕성과 신앙이 있어
야 하며, 이웃을 유익하게 하려면 덕성뿐 아니라 지식과 신앙을 구
비해야 하며, 하나님께 영광을 돌리기 위해서도 신앙뿐 아니라 지식
과 덕성을 구비해야 하는 것이다. 이처럼 이러한 원리들은 밀접히
연결되어 있다(p.56).

그런데 이러한 원리들은 생득적으로 부여받은 것이다. 즉 모든 인
간은 사물들을 이해하는 목적, 도덕법에 조화된 삶을 사는 목적, 하
나님을 사랑하는 목적을 성취하는 힘을 생득적으로 부여받았다는
것이 코메니우스의 주장이다: "인간 속에는 마치 나무가 땅 밑에 뿌

리를 견고하게 내리고 있는 것과 같이 이 세 가지 원리의 뿌리가 견고하게 심겨 있다(p.31)."

인간을 하나님의 참 형상을 지닌 새로운 인간으로 참되게 변화시키고자 한 코메니우스의 교육의 궁극적 목적은 인간을 어둠과 무지의 잘못된 길에서 이끌어내어(educare) 밝은 빛과 분명한 앎으로 인도하는 것이다. 그러나 교육은 길을 인도하는 것으로 끝나는 것이 아니다. 교육은 이끌고 인도하여 낸 인간을 다시 원래의 바른 자리에 앉히는(instituere) 행위와 연결될 때 그 본래의 목적을 달성하게 된다. 이런 의미에서 코메니우스에게 있어서 교육은 잘못된 자리에 있는 인간을 이끌어내는 행위이며(educatio), 그 인간을 바른 자리에 앉히는 행위(institutio)임을 알 수 있으며, 코메니우스(1657/1993)가 "우리의 이 잘못된 세상을 개선하는 유일한 길은 성장세대를 제자리에 앉히는 일 외에는 없다(p.13)"고 한 말이 이해될 수 있다.

잘못된 자리에 있는 인간을 이끌어내어 그 인간을 바른 자리에 앉히는 행위로 이해한 코메니우스의 교육의 개념과 정의를 통해 우리는 그의 교육의 목적은 인간의 하나님 형상의 회복과 인간을 통한 창조세계의 회복임을 알 수 있다. 다시 말해, 인간은 최상의 존재로 창조되었고 최상의 존재로 인도되어야 하기 때문에 다른 어떤 창조물보다 더 높은 목적을 위해, 즉 하나님의 형상에 도달하기 위한 목적을 위해 교육되어야 한다.

교육의 내용

영원을 위한 준비로서의 이 세상에서의 삶은 세 단계, 즉 자기 자신과 세계의 모든 것을 아는 단계, 자기 자신을 다스리는 단계, 하나님을 향해 자신을 나아가게 하는 세 단계의 준비과정을 거치게 된다는 것인데, 이것은 코메니우스(1657/1993)의 다음의 세 가지 인간관에 기초해 있다(p.28): 첫째로, 인간은 모든 사물에 이름을 부여하며(창세기 2장 19절), 세상을 구성하고 있는 모든 사물에 대해 숙고하고 추리하는 합리적인 피조물이다(잠언 7장 19절). 둘째로, 인간은 모든 사물을 자신의 소용을 위해 복종시키되 그 복종이 합법적으로 성취되도록 연구하며, 모든 피조물을 왕답게 근엄하고 의롭게 다스리는 피조물이다. 셋째로, 인간은 하나님의 완전함을 대표하는 창조주 하나님의 형상과 기쁨이 되는 피조물이다.

코메니우스(1657/1993)는 "지혜란 모든 사물을 있는 그대로 이해하는 것이 아니고 무엇이겠는가?" "사람에게 사랑스러워지게 하는 것은 성품의 온유함이 아니고 무엇이겠는가?" "하나님의 은혜를 얻게 해주는 것은 주를 경외하는 것, 즉 내면의 진실 되고 뜨거운 신앙이 아니고 무엇이겠는가?"라고 묻는 화법을 통해 지성과 덕성, 그리고 영성이 함께 조화를 이루는 전인교육의 세 요소를 정확하게 밝혀주고 있다(p.58).

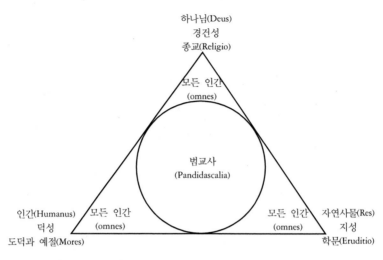

〈도표 2〉 범교육의 세 가지 내용

1. 사물들을 이해하는 목적으로서의 지성교육

인간에게는 모든 사물에 관한 지식을 습득할 수 있는 힘을 생득적으로 타고난 것이 분명하다고 언급한 코메니우스(1657/1993)는 이 이성을 인간 안에 거하는 '합리적인 영혼(anima rationalis)'이라 명명하고 있다(p.33). 인간 속에는 하나님의 주된 속성인 전지(Allwissenheit)의 형상이 반드시 반영되어 있기 때문에 "인간은 하나님의 모든 작품 가운데 중심에 서 있으며, 명석한 정신을 소유하고 있어 그 빛나는 정신은 방 한가운데 걸어둔 둥근 거울처럼 그 주변의 모든 사물을 반영하고 있다(p.32)"고 강조한 코메니우스의 인간 이해는 철학자들이 인간을 소우주로 이해한 것과 상통한다. 대우주의 모든 요소를 내면에 포함하고 있는 소우주로서의 인간은 자연의 지도를 받아 우주 만물에 대한 지식을 통달할 수 있다는 것을 코메니우스(1657/1993)

는 다음과 같이 설득력 있게 설명하고 있다:

가정교사에게서 지겨운 교육을 받은 사람들보다 독학하거나 혹은 참나무와 너도밤나무를 교사로 모시고 학습한 사람들이 더 탁월한 발전을 이루고 있는 경우가 많다. …… 인간 안에는 등과 기름과 부싯돌과 같은 모든 기구가 다 구비되어 있어 단지 그 기구들의 불꽃을 발화시키는 기술만 충분히 갖추게 되면, 인간은 그 자신 안에도 있고 더 큰 세계 속에도 있는 하나님의 지혜의 놀라운 보물이 주는 즐거움을 거둘 수 있게 된다(p.34).

코메니우스가 지성교육을 강조함에 있어 이성의 역할은 매우 중요하다(1657/1993, p.35). 그는 이 세상 모든 사물의 규준이며 척도가 되는 이성에게는 시각, 청각, 후각, 미각, 촉각과 같은 감각기관이 주어져 있어 이성으로 인간은 우주만물을 모두 인지할 수 있게 된다고 하였다. 이러한 작용은 인간의 두뇌를 통해 이루어지는데, 인간의 두뇌는 사색의 작업장이 되기 때문이다. 사색의 작업장인 인간의 두뇌는 밀랍과 같아서 원하는 대로 어떤 모양의 형태도 다 뜰 수 있는 것처럼 우주의 모든 사물의 형상을 다 수용하고 내포할 수 있다.

또한 무엇이든지 인간의 감각기관에 인상이 박히게 하는 것은 사물의 형상을 인간의 두뇌에 박히게 하는 도장과 같아서 사물이 인간의 눈, 귀, 코, 손을 통해 옮겨진 후에도 그 형상은 계속 남아 있게 된다. 예를 들어 어떤 사람을 보거나 대화를 나누게 될 때, 혹은 여행을 하거나 산과 강, 들, 숲, 마을 등을 보게 될 때, 혹은 책 속에서 어떤 것을 주의 깊게 읽게 될 때 이 모든 것은 두뇌에 각인되며, 그것들의 회상이 마음에 떠오를 때마다 마치 그것들을 실제로 눈으로 보고, 귀로 듣고, 맛보고, 느끼는 것과 같다. 이것은 비록 두뇌가 이

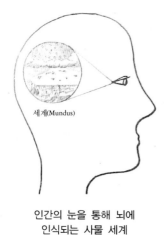

세계(Mundus)

인간의 눈을 통해 뇌에
인식되는 사물 세계

런 인상들 중에서 어느 것은 다른 것보다 더 뚜렷하고 생생하게 인상을 받기도 하지만, 그 하나하나를 두뇌는 어떤 방식으로든 모두 받아들이고 표상하고 파지함을 의미한다.

이러한 두뇌의 역할에는 하나님의 놀라운 지혜가 반영되어 있다는 것이 코메니우스의 견해이다. 하나님은 인간의 작은 두뇌 덩어리가 수천, 수만 개의 형상을 받아들이기에 충분하도록 만드셨으며, 그 모든 것이 두뇌 속에 잘 저장되게 하셔서 결코 흘러넘쳐 없어지게 하시거나 또 두뇌가 너무 비어 있지 않도록 하셨다는 것이다.

코메니우스는 이러한 두뇌의 무한대의 능력과 더불어 마음의 무한대의 능력도 강조한다(1657/1993, p32). 인간의 마음은 가까이 있는 사물들을 포착할 뿐만 아니라 공간적으로나 시간적으로 멀리 있는 사물들도 포착한다는 것이다. 마음은 지칠 줄 모르는 힘으로 모든 어려움을 극복하면서 사물의 숨겨진 것을 찾아내고자 하며, 베일을 벗기고자 하며, 불가사의한 것을 조사하기 위해 전력을 다한다는 것이다. 코메니우스는 아리스토텔레스가 인간의 마음을 백지로 비유한 것을 예로 들면서 백지의 경우 공간의 제약을 받게 되나, 마음의 경우는 제한이 없기 때문에 인간의 마음에 계속해서 쓰고 새길 수 있음을 강조한다. 즉, 교수법에 무지하지 않은 교사는 인간의 마음 위에 모든 것을 묘사할 수 있다는 것이다.

이성의 작용은 눈의 작용과 함께 활동한다(Comenius, 1657/1993, p.36). 빛이 있고 사물이 적절하게 배치되어 있는 상태에서 눈앞에 어떤 사물을 제시하면, 그 사물이 어떤 모양과 색이든지 간에 그와 같은 형상을 이성 속에 비추어낸다. 눈은 본성상 빛을 갈급해하게 되어 있어 무리하게 눈을 뜨게 하고 사물을 보도록 강요할 필요가 없다. 너무 많은 사물이 동시에 주어져서 혼동을 주지만 않는다면, 눈은 스스로 모든 사물을 볼 수 있는 충분한 능력이 있고, 모든 사물을 바라보는 것을 즐거워하기 때문이다. 이와 마찬가지로 이성은 대상을 갈급해하며 항상 스스로 모든 정보를 관찰 파악하고, 대상을 붙잡아보려고 동경하며 갈망하고 있다. 따라서 대상을 너무 많이 주지만 않는다면, 즉 하나씩 하나씩 적절한 순서를 따라 대상을 제시해준다면 이성은 절대로 싫증을 느끼지 않는다는 것이다. 이러한 코메니우스의 견해는 그의 교수법에 탁월하게 제시되어 있다.

2. 도덕법에 조화된 삶을 사는 목적으로서의 덕성교육

인간은 덕에 헌신할 때, 정의의 질서가 요구하는 어떤 명령에도 즉시 응하는 자기 자신의 정직한 성품을 볼 때 마음속에 감미로운 즐거움이 일어난다. 이 즐거움은 전 단계의 즐거움보다 훨씬 더 큰 것이며, 전 단계의 즐거움을 보완하는 즐거움이다. 코메니우스(1657/1993)는 도덕을 수반하지 않는 학문의 위험성과 어리석음을 일깨우면서 인간의 지성은 덕성과 결합될 때 서로가 더 아름다움을 증가시킬 수 있음을 강조한다(p.58).

더 나아가 코메니우스(1657/1993)는 인간이 생득적으로 균형과 조화를 기뻐하는 덕성의 씨앗을 가지고 태어난다는 것을 천명한다 (p.36). 사람은 누구나 육체적인 균형과 조화가 잘 이루어진 잘생긴 사람, 우아한 말, 색의 균형과 조화가 잘 이루어진 매력적인 그림을 좋아하고 그것을 추구하고 있으며, 덕성이 전혀 없는 사람조차도 다른 사람에게 있는 덕성을 좋아하기 때문이다.

덕성의 속성은 조화로움으로서 자연의 조화로움, 음악의 조화로움, 음식 맛의 조화로움, 일과 휴식의 조화로움, 육신의 조화로움, 마음의 조화로움, 좋은 습관의 조화로움 등을 들 수 있다. 덕성의 속성인 조화로움은 인간이 욕망하는 것과 행동이 적절하게 균형을 이룸으로써 이루어진다. 그런데 인간은 세상에 태어난 이후부터 모든 사악함 가운데 노출되어 있기 때문에, 즉 유모의 젖을 빠는 것과 함께 세상의 악행을 빨아들이기 시작한 것과 같기 때문에 인간 스스로 혹은 자연에 맡김으로써 덕성을 완전하게 실현할 수 없다. 오직 하나님의 진리의 빛 안에서만 완전한 덕성의 실현이 가능하다(Comenius, 1657/1993, p.37).

따라서 코메니우스(1657/1993)는, 이교도 철학자들도 인간은 본성적으로 도덕의 조화를 추구한다고 보지만 그들은 도덕의 작은 불꽃을 횃불인 것처럼 착각하고 있을 뿐이라고 비판하면서 "덕성의 씨가 우리 성품 속에 뿌려져 있으므로 그것이 스스로 자라나도록 놓아두기만 한다면, 자연 자신이 우리를 축복의 삶으로 인도할 것이다"라는 키케로의 말은 하나님의 말씀에 의해서 전혀 교육된 바가 없고 자연의 맹목적인 본능에 의해 인도된 이교도 철학자들의 말에 불과하다고 비판한다(p.36). 코메니우스(1657/1993)는 플라톤이 말한 '지고선으로서의 신'을 향한 자연적인 욕망은 인간의 타락에 의해 부패

되었음을 다음과 같이 강조하고 있다: "우리는 인간이 타락하였다는 것을 인정하지 않으면 안 된다. 인간은 타락으로 인해 아무도 자기 자신의 힘만으로는 바른 길로 돌아갈 수 없게 되었다. 그러나 하나님께서 그의 말씀과 그의 성령으로 밝혀주시는 사람들은 이 욕망이 새롭게 변화 된다(p.38)."

숙련된 기술공이 만든 시계나 악기는 그것들이 파괴되거나 고장이 난 경우에도 수리될 수 있기 때문에 그것들은 쓸모없는 것이라고 즉시 선언하지 않는다. 이처럼 본질적으로 조화 이외의 다른 것이 아닌 인간은, 죄에 빠져 아무리 심하게 타락하고 파괴되었다고 할지라도 하나님의 은혜와 정확한 방법에 의해 조화로 다시 회복될 수 있다는 것이 코메니우스의 관점이다(1657/1993, p.37). 그(1657/1993)는 다음과 같이 질문하고 있다:

> 첫 번째 창조에서 하나님의 아들이었고, 그리스도 안에서 새로워진 양자가 되었고, 은혜의 성령으로 거듭난 인간을 하나님께서는 새롭게 하시고 선한 일을 하게 하실 수 없겠는가(p.39).

3. 하나님을 경외하고 사랑하는 목적으로서의 영성교육

코메니우스(1657/1993)에게 있어서 인간의 궁극적인 목적은 하나님과 더불어 영원한 행복을 누리는 것이다. 여기서 '행복'이라는 단어를 육체의 즐거움으로만 국한해서 이해해서는 안 된다. 그보다는 영혼의 즐거움으로 이해해야 한다. 이것은 우리 주변의 사물로부터, 자신으로부터, 그리고 궁극적으로 하나님으로부터 생겨나는 즐거움이다(p.57).

인간은 하나님의 영원한 자비로우심을 느끼고, 하나님의 변치 않는 돌보심에 마음이 고양되고, 하나님의 사랑에 그의 가슴이 녹아질 때 영혼의 가장 큰 즐거움을 맛본다. 그는 더 이상 다른 것을 더 알거나 행하기를 원하지 않으며, 하나님의 자비로우심에 압도되어 평화 속에 쉬게 되며, 영생의 기쁨을 맛보는 것이다. 그러므로 하나님을 기뻐한다는 것은 인생에서 도달할 수 있는 최고의 단계이다.

이를 위해 유아기부터 아이들이 사는 집은 작은 교회가 되어 아침과 저녁에 모여 기도하며, 하나님을 생각하고, 찬양하며, 하나님의 말씀을 읽고 경건한 대화가 오고 가야 한다(Comenius, 1666/1991, p.184). 아동기에는 하나님과 천사의 현존을 두려워하도록 가르쳐야 하며, 기도와 내적 탄원을 하는 가운에 하나님을 찾는 일을 독려해야 하며, 아동들에게 교회 안에서 말씀에 맞게 행동하는 법을 가르쳐야 한다(pp.212~213). 청소년기에는 하나님과 그 아들과 성령에 대한 묵상을 통하여 성자들을 본받도록 가르쳐야 한다(p.231).

여기서 우리는 코메니우스의 영성 교육적 관점에 주의를 기울일 필요가 있다. 코메니우스는 이 세 개의 원리, 즉 지성과 덕성과 영성은 세 개의 샘이며, 거기로부터 가장 완전한 기쁨의 시냇물이 흘러나오게 되므로 인간의 지성과 덕성, 영성 모두를 전인적으로 개발하여 완성에 이르도록 해야 한다고 촉구하였다. 영성 교육을 통해 영적인 통찰력과 가치 판단력을 겸비하게 되면 하나님의 형상을 회복하여 세계를 개혁하려는 영적인 비전을 가지게 된다는 코메니우스의 영성 교육적 관점을 현대사회에 적용하여 재해석해보면 다음과 같이 말할 수 있다:

첫째, 인간으로 하여금 '하나님의 형상'을 닮게 해야 하고, 둘째,

다원화된 현대 기계기술 사회에서 사람마다 인간성을 회복하는 일에 목적을 두어야 하고, 셋째, 궁극적으로 사람들에게 세상에서 근본적이며 수단적인, 영속적이며 일시적인, 그리고 영적이며 물질적인 모든 것을 분명하게 분별하는 신령한 지혜를 부여하는 데 목적을 두어야 한다. 즉, 모든 인간은 몸과 영과 혼이 건강하고 건전하게 활동할 수 있도록 좋은 지식을 갖추고, 덕스럽게 되고, 경건하게 될 특별한 책무와 책임성을 수행해야 한다. 그러나 지성적 학문과 도덕적 행위보다 더욱 중요한 것은 하나님을 경외하는 영성임을 코메니우스는 강조하였다. 코메니우스의 영성 교육적 관점은 저명한 철학자이자 교육사상가인 화이트헤드(Whitehead, 1861~1947)가 "교육은 인간의 영적 속성을 다루는 신적 은혜의 유일한 도구이며, 그러므로 교육의 본질은 종교적이어야 한다"고 한 말을 다시금 확인하게 한다.

교육의 방법

> 대교수학은 모든 사람에게 모든 것을 가르치려는 완전한 기술을 뜻한다. …… 이것은 교사나 학생에게 불평과 불만 없이 신속하게 가르치고, 가르치는 쪽과 배우는 쪽 모두가 더 많은 즐거움을 갖도록 하고, 참된 지성과 참된 덕성, 그리고 가장 내면적인 경건성이 중재되도록 철저히 가르치는 것을 말한다(Comenius, 1957/1993, p.3).

코메니우스는 당시의 교수법이 하나님의 형상 회복을 위한 인간성 교육에 적합하지 못하다고 판단하였다. 그래서 그는 비능률적이고 강압적이며 주입식적인 전통적인 교육을 개선하고자 교수-학습 방법의 합리적인 체계를 정리하여 새 교수법을 창안하였다. 이것이

『대교수학』과『분석교수학』이다. 그는『대교수학』에서 새 교수법을 통해 학습자들이 단편적인 지식을 비능률적이고 강제적인 방법으로 습득하는 것을 극복하고자 하였다. 새 교수법을 통해 학습자들은 교사의 강압과 폭력으로부터 벗어나게 되었으며, 무미건조하고 지루한 학습을 받지 않게 되었다.

코메니우스(1649/1995)는『분석교수학』에서도 그의 새 교수법 이론의 논리적 정확성, 상호관계성, 통일성에 대해서만 언급하지 않고 교수법의 원칙에 대해서도 언급하였다. 즉, 교수법의 가장 근본적인 법칙은 신속성, 즐거움, 철저성이라고 언급하였다. 새 교수법은 학습이 진행되는 동안 학습자들의 마음을 고무하고 즐겁게 하는 모든 수단과 일치한다. 따라서 잘 가르친다는 것은 학습자들이 신속하게, 즐겁게, 철저하게 배울 수 있도록 하는 것이다(p.131).

코메니우스(1668/1938)는『빛의 길』에서 그의 교수법은 "어머니 학교와 공공 학교에서 학습자들이 유아기와 아동기 초기부터 즐겁고 유쾌하게(p.211)" 학습할 수 있는 방법을 제시한다고 밝혔다. 이러한 그의 새 교수법은 빈부나 귀천, 남녀노소, 재능을 가진 자나 못 가진 자 등의 차별을 뛰어넘어 모든 사람을 위해 활용할 수 있는 보편적인 방법으로 평가받고 있다(이숙종, 1996, pp.307~310).

1. 자연의 원리를 따르는 방법

코메니우스의 새 교수법 원리가 자연의 원리를 따랐다는 점은 그의『대교수학』과『범교육학』전반에 걸쳐 드러난다. 그는 자연에 대한 합리적 이해와 실증적 실험을 통해 교수법이 자연의 원리를 따라야 할 필요성을 터득하였다. 다시 말해 코메니우스의 교수방법의 특징은 자연세계의 모든 사물의 상관관계와 존재 이유를 합리적으로 탐구하고 분석하게 하는 것이었다. 일례로, "모든 어려움을 극복하는 학교의 바른 질서는 자연에서 취해져야 한다"는 제목의 『대교수학』 제14장에는 자연의 원리를 따라야 하는 기술들과 인간의 발명들, 그리고 교수학의 기술들에 대한 자세한 설명이 서술되어 있다. 그(1657/1993)는 모든 것으로부터 모든 것을 가르치고 배우는 기술의 일반적 모형도 자연의 질서를 따라야 할 것을 제안하면서 "우리가 안내자로서 자연을 따른다면 결코 미로에 빠지지 않을 것이다(p.77)"고 하였다.

자연의 질서에 따르는 교수방법에 과학적 방법을 활용한 코메니우스의 새 교수법은 "자연에 존재하고 있는 모든 사물의 발견과 탐구는 상호 연관되어 있으므로 한 방향에서 항상 전체를 유지하는 통전성을 수반해야 한다[45]는 원리에 근거해 있다. 그의 과학적 방법론은 사물의 분석과 종합, 비교유추법 등을 통해 사물의 실재를 파악하고 탐구하도록 이끌었다. 그가 말하는 과학적 방법은 다음과 같다(이숙종, 1996, pp.290~306): 첫째, 지식의 대상이 되는 사물을 분석하여 지식을 얻을 수 있는 분석적 방법. 둘째, 사물의 각 부분을 결합하고 조합하여 지식을 얻을 수 있는 종합적 방법. 셋째, 사물의 각 부분을 다른 부분들과 그리고 전체를 다른 전체들과 비교 유추하는 과정을 통해 지식을 얻을 수 있는 비교 유추법이다.

그의 이러한 과학적 접근방법은 베이컨(F. Bacon, 1561~1626)의

---

45) J. E. Sadler, 1969, p.37(이숙종, 1996, p.289에서 재인용).

자연 사물들의 과학적 관찰과 탐구를 위한 새로운 방법에 영향을 받은 것으로 평가되고 있다. 특별히, 코메니우스(1657/1993)는 유아를 교육할 때 자연의 방법을 따를 것을 권하고 있다. 그는 예수님의 비유를 들어 자연의 순리에 대해 말하였다: "땅이 스스로 열매를 맺되 처음에는 싹이요, 다음에는 이삭이요, 다음에는 이삭 중에 충실한 곡식이라. 열매가 익으면 곧 낫을 대나니 이는 추수 때가 이르렀음이니라(마가복음 4장 28~29절)." 이 말씀의 비유는 모든 것에 작용하시는 분은 하나님이시라는 것과 인간은 가르침의 씨를 신실한 마음으로 받아들이는 것 외에 아무것도 할 것이 없다는 것을 보여주고 있다(p.85).

『대교수학』 제16장에서 코메니우스(1657/1993)는 자연의 아홉 가지 원칙을 열거하면서 이러한 자연의 원칙들을 따라 유아교육이 이루어져야 함을 역설하였다(pp.86~96).

첫째, 자연은 그의 시기에 적합하게 모든 것을 행한다. 한 예로 날씨가 매우 추우면 새는 알을 보금자리에 낳고, 좀 더 따뜻한 계절이 오면 새는 마침내 그 새끼들이 천천히 빛과 따뜻함에 익숙해지도록 껍질에서 깨어 나오게 한다. 따라서 유아의 교육도 각각의 시기에 알맞은 방법으로 이루어져야 한다.

둘째, 자연은 형태(forma)를 제시하기 전에 재료(materia)를 준비한다. 예를 들어 새끼를 낳고자 하는 새는 우선 피 한 방울로부터 씨를 받아 수정하고 알을 품을 수 있는 둥지를 만들고 알을 따뜻하게 함으로써 새끼를 형상화하고 그것들이 껍질을 깨고 나오도록 한다. 교육도 사용하기에 필요한 모든 종류의 도구들, 즉 책이나 칠판, 그림 등을 재료로 준비해야 한다. 어떤 지침을 설명하기 전에 먼저 실례들을 제시해야 한다.

셋째, 자연은 작업을 위해 쓸모 있는 재료를 선택하거나 또는 먼저 유용할 만한 것을 확실히 준비한다. 예를 들어 새는 부화하고자 하는 어떤 임의의 사물을 둥지에 놓는 것이 아니라 새끼가 깨어 나올 수 있는 알을 낳는다. 새는 새끼가 알을 깨고 나올 수 있을 때까지 알 속에 포함된 재료를 오랫동안 따뜻하게 품고 돌리면서 모습을 형상화하게 한다. 이와 같이 교육이 끝나기 전에 인간으로 교육되어야 할 그 어떤 아이도 그곳을 떠나지 않도록 온전히 학교에 맡겨져야 한다.

넷째, 자연은 그의 행위를 무질서하게 하지 않고 차례대로 시행한다. 예를 들어 새끼 새가 만들어질 때 일정한 시간에 뼈, 혈관, 신경들이 생겨나고, 다음에는 살이 채워지고 다음번에는 피부가 그리고 마지막으로 날개가 나오고 날기 시작한다. 따라서 학교에서 학생들은 한 시간에 하나의 분야를 배우는 일에 몰두해야 한다. 동시에 많은 것을 지향했던 감각은 질서를 잃어버리고 서로 방해가 되기 때문이다.

다섯째, 자연은 그의 모든 행위를 내면에서부터 시작한다. 예를 들어 자연은 새의 발톱, 깃 또는 피부를 만드는 것이 아니라 우선 내장을 만든다. 그런 다음에 모든 외적인 것을 만든다. 그러므로 사물을 인식하는 능력이 먼저 교육되어야 하고, 그다음에 기억하고 언어를 배우고 기술을 사용하는 것이 교육되어야 한다.

여섯째, 자연은 교육하는 모든 것에서 가장 일반적인 것으로 시작하고 특별한 것으로 끝맺는다. 예를 들어 알로부터 새를 만들어내려고 한다면 먼저 머리나 눈이나 깃 혹은 발톱을 만드는 것이 아니라 알을 따뜻하게 하고 온기를 통해 생겨난 움직임에서 전 영역을 통하여 혈관들을 유도하고 이로써 새끼의 기본들(머리, 날개, 발 등)이 생겨나게 된다. 그러고 나서야 비로소 각 기관이 점점 완전히 자라도록 작용한다. 이와 같이 모든 교육과정의 초기에서부터 보편 교육(universalis eruditio)의 토대가 전달되어야 한다.

일곱째, 자연은 비약하지 않고, 한 발짝 한 발짝 전진한다. 예를 들어 새끼 새가 깃털이 자라면 날도록 곧장 둥지에서 쫓아내지 않고 서서히 나는 것을 가르친다. 전체적인 수업의 재료는 정확하게 학년으로 구분되어 순서가 잘못되지 않도록 시간과 일의 분배가 엄격하게 유지되어야 한다.

여덟째, 자연은 어떤 것을 시작하면 그것이 완성될 때까지 중단하지 않는다. 자연적으로 알을 품기 시작한 새는 새끼 새가 깨고 나오기까지 그 일을 중단하지 않는다. 학교에 보내진 학생은 학식과 덕성, 그리고 경건한 사람이 될 때까지 배워야 한다.

아홉째, 자연물은 방해물이나 유해한 것은 조심스럽게 피한다. 새는 알을 따뜻하게 품을 때 추운 바람이나 비, 우박 등이 들이치지 못하도록 하며, 뱀이나 독수리, 그 밖에 해가 되는 것을 내어 쫓는다. 이와 같이 학생들은 그들의 연령에 맞는 일정한 책들을 갖도록 돌봐야 한다. 이런 책들은 지성과 덕성, 경건성으로 구성되어야 한다.

코메니우스의 자연에 따르는 새 교수법의 원리는 자연법칙과 원리들을 기초로 하고 새로운 과학적 방법론들을 활용한 현대적인 교수방법론으로 평가될 수 있다. 그는 비록 현대의 최첨단 과학기술과 지식의 수준에까지는 미치지 못했을지라도 지식의 대상이 되는 모든 자연 사물들을 탐구하기 위한 과학적 귀납법의 창시자요, 현대교육에 새로운 전환점을 제시한 사람이다.

2. 감각과 실물을 통한 실물교육 방법

유아를 감각적 존재로 이해한 코메니우스(1657/1993)는 유아가 사물을 파악하는 것이나 말을 배우는 데 있어서 유아가 직접 보고 만져보는 정확한 감각적 지각이 병행될 때에 교육적 효과가 크게 나타난다는 사실을 확인하였다. 그리하여 그는 실물교육을 통해 유아의 감각과 직관을 자극하여 교육효과를 높이는 일의 중요성을 강조하였다(p.33). 유아에게 있어서 단지 사물의 이름을 듣거나 말로 설명을 듣는 것만으로는 사물의 특징이 정확하게 인식되지 않는다. 그러나 사물 자체를 보여주고, 가리키고 난 다음에 명명하게 되면 유아가 사물의 특성을 훨씬 쉽게 파악할 수 있다. 그는 이것을『대교수학』22장의 언어에 대한 교수 방법론에서 자세히 설명하였다(pp.149~155).

코메니우스(1658/1777)가 교육의 효과를 높이기 위해 만든『그림으로 이해하는 세계』는 중요한 사물과 그림이 있는 특징들을 모국어로 표시하고 그 단어를 다시 라틴어로 표기함으로써 학습자가 라틴어를 쉽게 배울 수 있도록 한 사전이다. 그는 이 책의 시각적인 사물의 그림을 통해 사물과 단어는 서로 연결되어 있다는 것과 이것을 통해 사물의 본질적인 특징을 배울 수 있다는 것을 알도록 하였다.[46] 코메니우스가 감각기관을 활용한 교수자료의 중요성을 인식하여 교육현장에 공급한 이 책은 후에 영유아를 위한 그림책들이 생겨날 수 있는 계기를 마련하였다. 이 그림책은 다음의 세 가지 효과

---

[46] 코메니우스는 이에 앞서 1631년의『열린 언어의 문』(Janua linguarum reserata)과 1649년의『새로운 언어습득 방법론』(Methodus linguarum novissima)에서 문장들로 연결된 단어들은 동시에 해당하는 사물들의 본질적인 특징들을 표현하게 된다고 설명하였다.

를 제시하였다.

첫째, 그림책은 유아에게 사물의 모양을 마음에 새겨주는 데에 도움이 된다. 유아의 주의력을 자극하여 지성을 한층 예리하게 하기 때문이다.

둘째, 그림책으로 말미암아 유아는 책이란 재미있는 것이라는 생각을 가지게 된다. 이미 영아기부터 자연의 실물이나 그림제시를 통해 감각기능을 활성화시킨 유아는 그림을 좋아하고 그림으로 제시된 것을 즐거워하기 때문이다.

셋째, 그림책을 통해 유아는 자연스럽게 읽기 단계로 들어서게 한다. 사물의 이름을 그림 위에 적어놓았기 때문에 읽기가 시작되는 계기가 될 수 있을 것이다.

그러므로 부모와 교사는 유아가 다양한 감각기관을 통하여 사물들을 관찰하도록 도와 유아가 다양한 감각기관의 활용으로 보다 정확하고 완전한 사물의 본질을 파악할 수 있도록 해야 한다. 인간의 이성적인 영혼은 시각, 청각, 후각, 미각, 촉각의 도움으로 외부세계의 모든 대상을 내면세계로 수용하기 때문이다. 코메니우스(1633/1956)는 이 점에 대해서 다음과 같이 말하였다:

> 어린이들이 흥미를 갖지 않는다면 아무것도 가르칠 수 없다. 가능하다면, 다양한 형태로 어린이들에게 지식을 제시하라. 그리하면 어린이들은 여러 감각을 활용하여 반복함으로써 그 지식을 뇌신경에 강하게 각인할 것이다. 이론을 배우고 싶게 하여 생동감 있게 만들고 새벽의 여명이 밝은 빛을 예고하듯이 이 확실한 목적으로 어린이의 능력이 피어나게 하라(p.47).

이와 같이 감각을 활용한 실물교육은 유아 스스로 어떤 사물을 직접 보거나 만지거나 맛을 봄으로써 사물과 상호작용이 일어나게 하여 유아가 사물에 대한 지식을 갖게 만든다. 즉, 감각을 활용한 실물교육은 유아의 감각기관을 통하여 유아가 직접적이고 능동적으로 사물 자체를 지각하게 하고, 그 후에 어떤 목적을 가지고 자신의 언어와 손과 같은 의사소통을 활용하는 단계에 도달할 때 사물을 인식하게 만든다. 이러한 코메니우스의 실물교육 방법은 유아가 직접 보고 만질 수 있는 자연 사물과 인간, 그리고 하나님과의 상호작용을 통해 지성과 덕성과 신앙을 획득하게 하는 사물교육의 한 부분이다.

3. 모범과 훈육을 통한 부드러운 방법

모방의 원리는 코메니우스의 새 교수법의 원리 가운데 하나이다. 효과적인 학습이 되려면 실례들을 제공하여 지침들을 설명하고, 모방하는 방법을 제시해야 한다. 가르치고 배우는 것이 올바른 일이라 할지라도 실례들, 지침들, 모방이 없으면 아무것도 가르치거나 배우지 못하기 때문이다(Comenius, 1649/1995, pp.146~147).

유아들을 교육하기 위한 훌륭한 모범을 제시하기 위해 코메니우스(1633/2001)는 『어머니 학교 소식』 제4장(pp.69~75)에서 "유아들은 출생부터 점차로 무엇을 훈련받아야 하며 6세까지 무엇을 해야만 하는가?"라는 주제를 다루었다. 코메니우스는 "말보다는 행동으로, 즉 규정을 통한 것보다 모범을 통하여 더 많이 가르쳐야 한다"고 강조하였다. 행동과 모범을 통한 가르침은 어릴 때일수록 효과가 크게 나타난다. 일례로, 사람들이 나무를 심거나 접목한 후에 가지를 바로잡으면 그 가지는 그 모양 그대로 뻗어나가게 된다. 동물들도 마찬가지로 출생 이후의 훈련을 바탕으로 성장하게 되고 그 모습을 그대로 유지한다. 따라서 어렸을 때 잘못된 습관으로 길들여진 유아든, 바람직한 모범을 통해 훈련된 유아든 그들은 나이가 들어서도 그 모습 그대로 유지하게 된다(p.69).

코메니우스(1657/1993)는 유아들은 뛰어난 모방능력을 가지고 있기 때문에 '좋은 선각자가 좋은 후배를 만든다'는 독일 속담이 정확히 맞는다고 하였다(p.144). 다시 말해, 하나님께서는 유아들에게 다른 사람이 하는 행동을 따라 흉내 내려는 열망을 심어놓으셨기 때문에 부모는 유아들에게 훌륭한 모범을 지속적으로 제시해야 한다는 것이다(Comenius, 1633/2001, p.115).

따라서 다른 사람이 하는 행동을 흉내 내려는 유아의 모방심리는 유아의 특성이므로 교육의 효과를 높이는 데 매우 유용하게 활용할 수 있다. 유아의 모방심리는 유아의 지적 활동성과 밀접한 관련이 있으며, 이것은 유아의 집중력과 활동성을 고양시키기 위한 중요한 원리이기 때문이다.

코메니우스는 유아의 지적 활동을 위해서뿐만 아니라 신앙 교육과 덕성 교육을 위해서도 모방의 원리가 적용되어야 함을 구체적인 실례들을 들면서 강조하였다. 신앙 교육을 위해서는 그리스도와 성경의 인물들을 모범으로 제시하여 유아들이 그들을 모방해야 함을 가르쳤으며, 덕성 교육을 위해서는 가족들을 모델로 제시하여 덕성과 바른 습관을 훈련해야 함을 가르쳤다.

코메니우스(1633/2001)는 특별히 덕성 교육에 있어서 유아들이 모범을 통해 훈련을 받아야 할 필요성에 대해 강조하였다. 뛰어난 모방능력을 가지고 있는 유아에게 끊임없이 지혜롭고 도덕적이고 경건한 모범의 행동을 보여줌으로써 유아의 선한 습관과 행동이 배양될 수 있기 때문이다(pp.66~68). 그는 그 당시 지혜와 하나님 경외함을 모범과 훈육으로 교육받지 못한 무능한 사람들을 예로 들었다. 그들은 게으름뱅이, 술주정꾼, 더러운 자로 지냈다. 이들 모두는 어른이 되어 유아들을 신앙과 경외하는 마음과 훌륭한 도덕으로 인도하지 못하고 불신앙, 거만함, 그리고 모든 종류의 방탕함으로 인도했다고 코메니우스는 탄식하였다. "그들은 확실한 방법이나 질서를 알지 못하고 또한 능력이 없었기 때문에 모든 것을 억지로 다그쳐 주입시키려 하였다. 결국 그들은 유아들을 비참하게 다루었다(p.67)." 그는 '매를 맞게 하라. 그러면 그는 잘 알아듣고 잘 단련될 것이다'라는 오래된 격언대로 매질과 폭력을 일삼았던 당시의 양육 방법을 사용하는 것에 대해 깊은 우려를 표명하였다(p.67).

다음은 코메니우스가 제시한 모범과 훈육을 통해 유아가 훈련받아야 할 예의범절과 덕행에 관한 내용들이다(pp.71~72).

① 유아들은 필요에 따라 먹고 마시는 것을 배워야 한다. 과식이나 과음을 하지 않는 적당함에 대해서도 훈련받아야 한다.
② 먹고 마시고 옷 입는 것과 같은 모든 일에서 청결함을 유지하도록 깨끗함에 대해서 배워야 한다.
③ 노인들에 대하여 존경심을 가지고 말과 행동에 성실히 주의하도록 배워야 한다.
④ 부모의 눈짓에도 움직일 준비가 되어 있을 정도의 순종을 배워야 한다.

⑤ 진실을 말하도록 가르치는 것도 매우 중요하다. 그리스도께서 가르치신 대로 옳은 것은 옳다, 그른 것은 그르다고 말할 수 있어야 한다. 거짓말을 하거나 상황을 다르게 말하는 것은 농담이든지 진실이든지 삼가야 한다.

⑥ 정의를 배워야 한다. 남의 물건에 손을 대거나 집는다거나 훔쳐서 숨기지 않도록 해야 한다.

⑦ 기꺼이 나누어주며 탐욕을 내거나 시기, 질투하지 않도록 사랑과 선행에 대하여 가르쳐야 한다.

⑧ 일에 대하여 익숙하도록 가르치는 것도 중요하다. 유아들이 게으름을 탈피하는 법을 배우도록 해야 한다.

⑨ 유아들은 말만 잘하는 것이 아니라 침묵하는 법도 배워야 한다. 특히 어른이 이야기할 필요가 생겼을 경우에 그러하다.

⑩ 어릴 때부터 흥분이 뿌리박히기 전에 자신의 의지를 꺾어 자신을 제어하는 인내를 훈련받아야 한다. 항상 예의 바름을 유지하며 얌전하고 조심성 있도록 가르침을 받아야 한다.

이와 같이 코메니우스에게 있어서 유아의 생활과 도덕교육을 위한 방법으로 모범과 훈육을 통해 부드럽게 가르치는 방법은 매우 중요하다.

4. 흥미와 놀이 중심의 방법

흥미와 놀이는 코메니우스(1633/2001)의 교수-학습 방법에서 매우 중요한 원리이다. 유아교육은 가르치는 자나 배우는 자 모두에게 그 자체가 사랑스럽고 애착이 가는 놀이가 되어야 하기 때문이다 (p.66). 그는 놀이를 음식섭취나 수면을 취하는 것과 같이 유아에게 있어서 필수적인 활동으로 간주하였다. 코메니우스는 학교를 우주적 인 놀이터로 만들자는 제안을 하면서 다음과 같은 학습자의 흥미를 고려한 구체적인 놀이 학습을 제안하였다:

> 만약 누군가가 말타기를 원한다면 그에게 고삐와 안장을 주면서 그 이름을 가르쳐주어야 한다. 그러면 그는 승마에 속한 것들을 즐기면서 배우게 된다. 만약 누군가가 집을 짓는다든지, 낚시를 한다든지, 싸움을 하는 법을 배우기 원한다면 그것을 위한 도구를 가르쳐주고, 사용법도 가르쳐주며, 건축술도 가르쳐줄 수 있다. 국 가를 다스리기 원한다면 관공서의 명칭과 거기에 속한 책임자의 직분도 설명해주고, 법정의 재판도 보여주어야 한다(p.140).

이와 같이 놀이는 유아의 직접적인 참여와 활동성과 깊은 관련이 있는 것으로서 유아가 자발적이고 지속적으로 활동을 하도록 환경 을 마련해주는 일이 우선되어야 한다는 것이 코메니우스의 견해이 다. 따라서 유아는 어른처럼 실제적인 일을 할 수 없는 한계를 가진 존재이므로 부모와 교사는 놀이를 통해 유아가 마음껏 표현하고 활 동할 수 있도록 배려해주어야 한다. 비록 유아의 놀이가 유치해 보 이더라도 그것을 제지시키지 말아야 하고 그들과 함께 노는 것을 부 끄러워하지 않아야 한다(p.97).

첫째, 유아는 납으로 된 칼, 나무로 만든 도구들, 필요하지 않은 고서들, 나무로 된 파이프, 자그마한 마차, 썰매, 풍차, 장난감 집 등 과 같은 놀이 도구들을 이용하여 항상 놀이를 할 수 있다. 특별히 두 세 살의 유아는 장난감 놀이를 통해서 무엇인가를 더 잘 이해하게 된다. 유아는 걷고 돌아보고, 불을 붙이고 끄고, 물을 부어 젖게 하고, 한 곳에서 다른 곳으로 옮기며, 들어 올리고 내리고, 넘어뜨리고 세우고 함께 연결시키고 풀고, 굽게 하고 바르게 하고, 깨뜨리고 자르는 일 등등의 활동들을 통해서 사물들과 원리에 대해서 이해하고 배우게 된다. 그로 말미암아 그들의 몸과 마음이 상쾌해지고 몸의 지체들이 민첩해지도록 훈련된다. 따라서 부모와 교사는 유아가 놀이를 원하고 아무 해가 없을 경우에는 유아가 더욱 즐겁게 놀이에 몰두할 수 있도록 더 보호해주어야 한다(pp.98~99). 유아의 숫자 개념이나 지리, 무게 측량, 그림 그리기, 글쓰기, 음악 등도 놀이를 통해서 더 많은 교육적 효과를 높일 수 있다(pp.99~101).

둘째, 신앙 교육도 놀이를 통해 이루어져야 한다. 유아가 실제로 신앙에 이르는 것은 몇 년 후에나 가능한 일이다. 그러므로 꽃봉오리에서 꽃이 피어나듯이 이성이 깨어나서 이런저런 사물의 차이점을 구별할 수 있을 때, 유아의 혀가 풀리고 합리적인 말을 하려고 할 때 그때가 바로 유아들이 훈련받을 수 있는 시기이다. 이 시기에 신앙교육은 "놀이처럼 이루어져야 한다(p.131)"는 것이 코메니우스의 관점이다.

코메니우스가 지성과 신앙의 교육은 놀이를 통해 이루어져야 함을 역설한 것은 그 당시 교육방법론을 능가하는 것이었다. 코메니우스의 놀이를 통한 학습방법론은 유아 중심의 교육이론을 주장하는 페스탈로치(Pestalozzi, 1746~1827)와 프뢰벨(F. W. Fröbel, 1782~1852) 등의 교육학자들에게 많은 영향을 미쳤으며,[47] 오늘날에도 여전히 중요시되고 있는 교육원리가 되고 있다.

---

[47] 19세기 페스탈로치와 프뢰벨의 유아교육 방법에 적극적으로 활용된 코메니우스의 놀이를 통한 교육에 관해서는 마송희, 2001, pp.77~95; 이상욱, 1996, pp.265~272 참조.

교육의 장 - 8단계 학교[48]

> 자신의 모든 생애를 현명하게 구별할 줄 아는 사람만이 온전한
> 지혜에 이를 수 있다. …… 각 시기에 알맞게 적합한 것을 하려고
> 만 한다면, 우리의 모든 생애는 배워야 할 것과 실행에 옮겨야
> 할 것으로 충만해져서 인생의 열매를 거두게 될 것이다(Comenius,
> 1668/1938, p.164).

범지학적 사고에 바탕을 둔 코메니우스의 교육사상에 있어서 교육
의 장은 어느 특정한 연령이나 장소에 국한되지 않고 세상 전체로 확
대되어 세상에서의 삶 자체가 학교가 된다. 그(1668/1938)는 세상을
학교라고 부르는 것은 첫째로, 그 사실 자체가 그러하기 때문이고,
둘째로, 하나님께서 우리에게 세상의 창조에 관해 계시하여 왔던 계
획하심 때문이며, 마지막으로, 지혜로 세상을 훈련하는 지속적인 하
나님의 돌보심 때문에 그러하다고 그 이유를 제시하였다(pp.12~14).
코메니우스는 이 세상에서의 삶을 학교로 간주하여 자연이 계절
에 따라 그 시기에 맞게 진행되어 가듯이 교육도 인간의 생애 주기
에 따라 그 시기에 맞게 진행되어 가야 하는 학교로 나누어 제시하
였다.『대교수학』에서는 어머니 학교부터 대학까지 4단계로 제시하
였고(pp.190~214),『범교육학』에서는 태아기 학교부터 죽음의 학교
에 이르기까지 모두 8단계의 학교로 제시하였다(pp.155~297). 코메

---

48) 코메니우스(1666/1991)는『범교육학』제5장에서 다음과 같은 일곱 단계의 학교를 언급하였다
(p.88): 1. 한 해의 시작인 1월로 비유되는 출생 이전의 태아 학교, 2. 꽃봉오리를 피우는 2월과
3월로 비유되는 유아기 학교, 3. 꽃으로 치장한 식물과 같은 4월로 비유되는 아동기 학교, 4.
모든 열매가 나기 시작하고 성장하는 5월과 같은 청소년기 학교, 5. 모든 종류의 열매가 무르
익어서 맛을 보게 되는 6월과 같은 청년기 학교, 6. 모든 종류의 열매들이 수확되고 다가오는
겨울을 위해 저장되는 7월에서 11월까지의 모습을 닮은 장년기 학교, 7. 한 해를 마감하며 완
성하게 되는 12월과 같은 노년기 학교. 그러나 제8장부터 시작되는 학교에서는 죽음의 학교가
추가되어 제15장 죽음의 학교로 마치고 있다(pp.162~297).

니우스(1666/1991)는 각 학교의 단계가 모두 중요함을 강조하면서 한 단계라도 소홀히 하게 되면 엄청난 결과가 초래될 것을 다음과 같이 경고하였다:

> 첫째, 시간의 손실이다. 우리가 유아기나 아동기에서 제대로 배우지 못한다면 청소년기에 배워야 할 것이며, 청소년기나 청년기에 배우지 못한다면 장년기나 노년기까지 지연될 것이다. 둘째, 사물을 올바르게 파악할 수 있는 기회나 일을 수행할 적합한 시기를 놓치는 것이다. 두 번째 단계는 첫 번째 단계에 적합한 것에 적합할 수 없고, 세 번째 단계는 더욱 그러할 것이기 때문이다. 그러므로 한 사람의 시간을 지혜롭게 경영하는 것이 지혜의 기반이 되는 것처럼 전 생애의 지혜로운 경영이 전체의 지혜가 될 수 있다(p.87).

1. 태아기 학교(Schola geniturae)

하루 중 새벽과 일 년의 시작인 1월에 해당하는 이 태아학교는 출생 전의 존재를 위한 학교이다. 이 학교는 인간이 태어날 때 잘 태어나야 하는 다음과 같은 과제를 가지고 있다. 첫째, 존경할 만한 부모의 예우를 받고 태어나야 한다. 예우 받지 못하는 아이로 태어나지 않게 하기 위해서는 부부 이외의 어떠한 성적인 관계도 맺어서는 안 된다. 둘째, 건강한 육체, 건강한 감각, 건전한 정신을 갖고 태어나야 한다. 이를 위해 부모는 분별 있게 하나로 연합되어야 하며 우선적으로 자신들의 후손이 나오게 되는 것을 염려하여 건강에 힘써야 한다. 셋째, 주님의 공동체에 속해 있는 경건한 부모에 의해 태어나야 한다. 이를 위해 부모들은 자신의 자녀가 하나님의 후손임을 인식할 수 있도록 경건에 힘써야 한다. 이러한 과제를 위해 다음과 같은 학

급이 운영되어야 한다:

1) 첫 번째 학급: 아직 성인이 되지 않은 소년이나 소녀는 성관계를 맺어서는 안 된다. 나무가 완전히 성장하기 전에는 생명력이 결핍되어 튼튼한 열매를 맺을 수 없는 이치와 같기 때문이다. 성장한 연령의 사람이라 할지라도 병들었거나 전염병을 가지고 있을 때는 부부관계를 허락해서는 안 되며, 가난하거나 게을러 궁핍한 사람들은 자기 자신과 자녀를 꾸려나갈 수단이 없으므로 결혼하지 말 것을 권해야 한다.

2) 두 번째 학급: 부부는 자녀를 잘 양육할 수 있는 삶의 방식과 능력을 지녀야 한다.

3) 세 번째 학급: 임신시기에 산모는 자신의 건강과 습관에 유해한 모든 것을 피해야 한다. 만약 산모가 술 마시기를 좋아하거나 방탕하고 성내고 시기하며 도둑질하기 등을 좋아한다면 이런 모든 성격의 씨가 알게 모르게 자녀에게 심겨진다. 어머니 몸속에 아기가 잉태되었을 때는 큰 원 속에 작은 원을 가진 것처럼 취급된다. 큰 원이 중심에 도달하려면 큰 원의 반지름이 작은 원을 뚫고 들어가는 것처럼 산모가 갖고 있는 태의 열매도 산모 자신이 행동하고 겪는바 모든 것을 동일한 경향으로 갖게 된다.

2. 유아기 학교(Schola infantiae)

하루 중 아침과 일 년 중 새싹이 돋는 2월과 3월에 해당한다. 출생에서부터 6세까지의 유아의 인격형성을 위한 각 가정에 있는 학교로서 어머니의 깊은 관심과 세심한 배려가 요구된다. 이것은 코메

니우스(1666/1991)의 다음과 같은 언급에서 확인할 수 있다:

> 인생의 첫 시기가 씨를 뿌리는 적합한 시기이다. 그다음에 계속되
> 는 시기는 바로 이 시기에 달려 있다. …… 영원한 축복은 훌륭한
> 죽음에 달려 있고, 훌륭한 죽음은 훌륭한 인생에 달려 있으며, 훌
> 륭한 인생은 훌륭한 교육에 달려 있다. 무엇보다도 이러한 것은
> 이른 시기에 잘 닦여진 토대에 달려 있다(p.173).

유아는 어머니의 품에 있는 생후 6년 동안에 인간의 생득적인 능력에 속하는 사고(ratio), 언어(oratio), 행위(operatio)의 세 가지 능력을 계발하기 위해 기초적인 과제들을 훈련받고 교육받게 된다. 이를 위해 어머니가 행해야 할 교육 내용들에는 세 가지 영역이 있다. 첫째, 시각과 청각 등 감각을 매개로 이용하여 자연 세계의 제 사물, 제 현상을 학습하는 지식교육, 유아의 정서함양과 활동성을 기르는 작업 및 기예교육, 그리고 모국어와 관련된 언어교육이 포함된 정신교육의 영역. 둘째, 예의범절, 좋은 습관의 형성, 자신의 의지를 다스릴 수 있는 인내의 훈련 등이 포함되어 있는 도덕교육의 영역. 셋째, 유아의 마음이 하나님의 발자취를 인식하고 도처에서 그분을 경외하고 사랑과 순종으로 섬기는 것 등이 포함되어 있는 종교교육의 영역. 코메니우스의 이러한 교육내용들을 보면 그의 유아교육 입장 역시 전인교육임을 알 수 있다.

3. 아동기 학교(Schola pueritiae)

하루 중 아침과 꽃이 피기 시작하는 4월에 해당하며, 6세에서 12

세까지의 아동을 지혜롭고 주위 깊게 가르치는 각 마을에 있는 학교이다. 이 시기의 아동은 사물세계와의 교제에 미숙하여 각별히 신실하고 성실한 교사를 만나야 한다. 아동기 학교의 궁극 목표는 신체와 감각과 선천적인 정신 능력을 가동시켜 주는 것이다. 따라서 첫째, 아동은 그들의 가동력을 마음껏 발휘하는 법을 배워야 한다. 둘째, 온 세상에 덮여 있는 사물들을 알기 위해서 모든 내적·외적 감각과 상상력과 기억력을 대상물들로 가득 채워야 한다. 셋째, 수, 음악과 같은 예술을 통해 이성을 사용하는 방법을 배워야 한다. 총명과 행실 바른 인륜과 경건의 기초를 배워야 한다. 인간의 삶은 타인과 함께 사는 사회 내에서 영위하며 활동한다는 점을 주목해야 한다.

코메니우스는 "정신 형성에 있어 아동기의 한 해는 머리에 여러 근심이 들어 있어서 더 이상 배우는 것이 쓸모없어져 버린 시기의 10년보다 더 중요하다"는 에라스뮈스의 말을 인용하면서 이 시기 아동의 성장과 발달단계의 특성을 강조하였다.

4. 청소년기 학교(Schola adolescentiae)

하루 중 정오와 모든 열매가 형성하기 시작하는 5월에 해당한다. 언어와 예술, 문화와 학문, 덕성과 경건을 포괄하는 성숙기의 학교이다. 청소년기 학교에서는 유아기와 아동기 학교에서 미처 다듬어지지 않은 정서를 완전한 분량에 이르도록 양육하는 것에 초점을 둔다. 또한 성장과정에 있는 정신의 틀을 잡아주는 것에 초점을 맞춘다. 많은 참된 것들을 알고 허위에 속지 않을 수 있을 때 정신은 성장한다. 사물세계에 대한 통찰을 획득한다는 것은 사물 자체가 무엇인지, 그것이 무슨 목적을 위해 존재하는지, 그것이 어디에서 와서 어떻게 사라질 것인지를 오성으로 파악하는 것을 뜻한다. 따라서 오성을 자극해주어야 한다.

성숙기 학교의 목표는 청소년기에 성장을 돕우는 모든 물적 요소의 감각을 통해 하나의 확고한 형태에 이르고 오성의 능력을 온전하고도 명석하게 이용하게 하는 데 있다. 또한 이 시기에는 무엇보다도 성장과정에 있는 청소년의 마음에 경건함과 도덕성이 침륜될 수 있도록 전력을 다해 진지한 배려를 해주어야 한다.

청소년이 더욱더 하나님을 신뢰하기 위해서는 애정을 쏟을 대상, 즉 하나님과 그 아들과 성령에 대한 묵상을 통해 성자들을 본받으려 해야 한다. 청소년은 현인과 인도자와 지도자의 말을 경청하고 따라야만 하고 교사는 성숙과정에 있는 청소년들을 고무시켜야만 한다. 나무가 먼저 꽃을 피우지 않으면 열매를 맺지 못하듯이 성숙기에 엄격한 훈육을 받지 않은 자는 그 누구도 노년에 존경을 받지 못한다.

5. 청년기 학교(Schola juventutis)

하루 중 정오와 열매를 맺기 시작하여 첫 열매를 내는 6월에 해당한다. 신체와 정신의 성숙을 위해 범지혜의 세 가지 체계인 지성과 덕성과 경건을 가르치는 모든 나라와 전국에 위치해 있다.

청년기 학교의 목표는 첫째, 지혜와 둘째, 도덕과 셋째, 신앙의 충만으로 인도하는 것이다. 이 시기의 학교는 첫째, 아카데미아, 둘째, 아포데미아—여행, 셋째, 직업선택의 세 부분으로 구성된다. 아카데미아를 졸업한 모든 이는 다소나마 정신과 정서를 환기시키고, 신선한 기쁨을 느끼고, 적합한 직업을 선택하는 부담을 줄이기 위해 여행을 떠나는 것이 좋다. 어디로, 어떠한 목적을 가지고, 어떻게 여행해야 하는가를 미리 알고 떠나야 성공적 여행을 할 수 있다.

이 시기의 청년은 무분별하고 음흉한 교제를 하지 않도록 조심하여야 한다. 이 시기에 과다하게 사회적인 교제에 너무 많은 시간을 허비하는 것은 인생을 낭비하고 계획 없이 방황하게 한다. 쉼이 없고 휴식이 없다는 것은 질병의 징후이다. 따라서 자숙할 수 있는 사람은 훌륭한 정신의 소유자이며, 스스로 자신의 친구가 될 수 있는 사람은 많은 것을 해낼 수 있는 자이다. 청년기에 모든 것을 주의 깊게 관찰하고 그에 따른 일상생활과 일을 할 충분한 시간을 가져서 노년기의 인생을 의식하면서 안식과 평안을 누리는 것이 지혜롭다.

6. 장년기 학교(Schola virilitatis)

하루 중 오후와 모든 종류의 열매가 맺혀 다가올 겨울을 준비하는 7월, 8월, 9월, 10월, 11월에 해당한다. 직업의 선택과 살아가는 방법, 그리고 인생의 결실을 맺는 학교로서 인간이 살고 있는 온 세상에 위치해 있다. 이 단계는 넘치는 힘을 소유한 중간 단계로서 이전의 초기 유아기, 아동기 등의 학교 단계는 여기에 이르기 위한 도정의 단계에 불과하다. 이 단계에서는 진정한 행위를 통해 배워야 하며, 이 단계에서 전진하지 못하는 자는 이전 단계로 되돌아가야 한다. 또한 이 단계에서는 다른 사람의 치유를 통해 자신이 치유되고,

일을 통해서 비로소 일의 장인이 된다.

이 장년기 학교에는 세 단계의 학급이 있다. 첫째, 성년이 되어 직업 생활을 시작하는 자들의 반, 둘째, 그 삶의 직업을 실행하는 자들의 반, 셋째, 자기 스스로 임무를 설정하고 해결하는 반.

성숙과정에 있는 사람들은 자기 자신과 가족을 위해 자신의 전문성으로 재산을 모을 임무가 부과되었다. 그러므로 가족 생계를 돌볼 수 있는 직업에 대해서 고려해야 한다. 축적된 지혜의 빛을 생의 모든 임무를 성취함에 있어 자신이 어떻게 사용하여 선하고 악한 것 모두를 별 무리 없이 섭렵하여 결국에는 좋은 결말을 맺을 것인지 배워야만 한다. 장년기 학교에서는 각자의 천직이 자신에게는 하나의 학교이기 때문에 자기 자신과 자기가 접촉하는 사람들에 대해 모범과 규칙과 진보된 연습을 마련해둠으로써 자기 자신과 주변 사람들에게 교사와 책과 학교가 되는 것도 필요하다고 볼 수 있다.

이 성숙과정에 있는 사람들은 자신을 위해서는 생의 막바지에서 하길 원하는 것을 해야 하며, 타인을 위해서는 공공의 복지를 위해 살아야 한다.

7. 노년기 학교(Schola senii)

저녁과 한 해의 마지막이자 모든 결산의 달인 12월에 해당한다. 인간 지혜의 절정을 이루는 영원한 생의 준비와 전 생애를 올바르게 종결짓고 기쁘게 영생에 들어가는 학교로서 인간이 활동하는 곳이면 어디서든지 찾을 수 있다. 노년의 시기에 있는 사람들은 수고로운 삶 속에서 육체뿐만 아니라 영혼까지 노쇠하여 활력과 치유가 필요한 운명에 놓인 사람들이다. 이들에게는 죽음을 받아들이고 그 죽음과 더불어 새로운 생명, 죽지 않는 생명으로 들어갈 과제가 주어져 있다.

이 과제를 위해 첫째, 자신의 과거지사를 회고해봄으로써 선하게 행했던 것에 대해서는 기뻐하고 선하지 못하게 종결되었던 것에 대해서는 그 개선책을 생각해야 한다. 둘째, 현재를 둘러보아야 하며 가까이 있는 생의 경계를 마치 하루의 저녁때인 것처럼, 주간 중 일요일인 것처럼, 한 해의 결산 때인 것처럼 기뻐해야 한다. 셋째, 나머지 해야 할 일을 살펴보고 이러한 의도를 성취해야 한다. 넷째, 언제라도 발생할 수 있고 빈번하게 노인들에게 닥치는 불행에 주의해야 한다. 불행을 두려워하고 경계해야 할 것이며 기도를 통해 예방하려고 노력해야 한다. 다섯 째, 질병과 기타 해로운 것을 경계해야만 하며 우선적으로 건전한 생활방식의 삶에 주의를 쏟아야 한다.

8. 죽음의 학교(Schola mortis)

노인들에게는 선하게 축복받으며 죽는 것이 행복이며, 모든 경건한 인간을 추모하고 바라보는 것이 마땅하다. 사망이 가까이 있음을 알고 있는 자는 하나님의 자비로움을 믿는 신앙을 상시적인 기도와 탄식으로 공고히 하기를 잠시도 멈추어서는 안 된다. 태어난 것과 죽는 것은 하나님의 손에 달려 있으므로 우리의 태어난 장소와 시간과 혈통의 선택을 창조주에게 위탁했듯이 죽음도 하나님께 맡겨야 한다. 그러므로 탄생의 학교와 죽음의 학교는 서로 상응한다.

교사의 위치와 역할

코메니우스의 학교 개념은 인간을 교육하는 교사는 하나님이라는 하나님 교육사상에서 출발하고 있다. 이것은 그의 『그림으로 이해하는 세계』의 서론에 나오는 그림과 대화에서 잘 나타나 있다. 대화 부분을 소개하면 다음과 같다:[49]

교사: 아이야, 와서 지혜를 배워라. (Veni, Puer! disce Sapere.)
학생: 지혜가 뭐예요? (Quid hoc est, Sapere?)
교사: 필요한 모든 것을, (Omnia, quae necessaria,)
　　　 올바르게 이해하고, (rectè intelligere,)
　　　 올바르게 행하며, (rectè agere,)
　　　 올바르게 말하는 것이다. (rectè eloqui.)
학생: 누가 그것을 나에게 가르쳐 주나요? (Quis me hoc docebit?)
교사: 하나님과 함께한 나란다. (Ego, cum Deo.)
학생: 어떻게요? (Quomodo?)
교사: 나는 모든 사물을 통하여 너를 이끌어주며, (Ducam te, per omnia,)
　　　 그것을 보여주고, (ostendam tibi omnia,)
　　　 그것의 이름을 짓게 할 것이다. (nominabo tibi omnia.)[50]

---

49) Comenius, 1658/1777, pp.1~2.

50) 이것은 창세기 2장 19절에 하나님이 아담을 이끌어 사물을 보여주며, 사물의 이름을 짓게 하고, 사물을 다스리게 한 모습을 떠오르게 한다.

『그림으로 이해하는 세계』 입문편에 나오는 교사와 학생과의 대화

　이 대화와 함께 나와 있는 그림은 코메니우스가 교육을 삶의 여정
에서 일어나는 배움으로 폭넓게 이해하고 있음을 보여주고 있다. 이
그림에는 학교의 건물모습이 보이지 않고 여로에 있는 아이(학생)와
노인(교사)이 묘사되어 있고, 그림 밑 가장자리에 그려져 있는 선들
은 길을 표현하고 있다. 이 그림에서 유추할 수 있는 것은 코메니우
스에게 있어서 교육이란 인간이 생존하는 동안에 발생하는 배움이
라는 점이다. 다시 말해 그에게 있어서 교육이란 공간적인 학교의
목표를 지향하는 것이 아니라 세상에서의 삶의 목표를 지향하는 것
이었다(Gossmann/Schröer, 1992, p.47).

대화에 나오는 '모든 것(omnia)'의 세 가지 강조는 첫째, 세계를 인지하고, 진단하고, 파악하기를 원하는 모든 감성의 성장이 중요하다는 것이고, 둘째, 세계를 이해하고 궁극적으로 지배해야 하는 오성의 성장이 중요하다는 것이고, 셋째, 이 세계를 하나님의 창조로서 이해하고 하나님께서 제정하신 질서와 이 세계의 목적 용도에 대하여 묻는 신앙에 도움을 주는 것이 중요하다는 것이다. 이것은 '자연의 책', '인간 정신의 책', 그리고 '성경의 책'인 세 권의 책 안에서 질서를 확립한다는 코메니우스의 관점을 보여주고 있다(pp.47~48).

이러한 코메니우스의 관점은 그림에서 묘사된 빛과 태양의 상징을 해명해준다: 태양의 광채는 노인 위에 비추인다. 그 광채는 거의 그를 통해 나아간다. 노인의 손가락은 그 광채들을 가리킨다. 아이는 그 빛을 바라보고 있다. 이러한 그림의 묘사는 세 가지 하나님의 빛의 원천의 작용을 나타낸다. 첫째, 우리가 감각기관들을 가지고 진단하는 하나님의 행위의 빛, 둘째, 오성의 표현 속에서 밝힐 수 있는 신적인 빛, 셋째, 우리가 신앙으로 파악하는 하나님의 계시의 빛이다.

이와 같이 코메니우스에게 있어서 하나님은 인간이 이 세상에 사는 동안 세상이라는 학교에서 이성과 감각, 그리고 신앙을 훈련하기 위해 여러 다양한 학교를 통해 양육하시는 교사이심을 알 수 있다. 여기서 더 나아가 코메니우스는 예수 그리스도를 참교사의 전형으로 제시한다. 코메니우스는 지혜가 자라며 하나님과 사람 앞에 사랑스러워간 예수 그리스도가 "나를 배우라(마태복음 11장 29절)"고 말함으로써 지혜의 참된 교사의 모범을 보였다고 언급하였다. 그는 그리스도가 인간에게 가장 위대한 교사로 나타나셨기 때문에 그리스도인들은 그의 모습을 따라 성장하고 그를 통하여 지성이 계발되고 덕성이 거룩하게 되어야 한다고 강조하였다.

이처럼 하나님으로부터 교사의 직책을 감당하도록 부르심을 받았다는 사명감이 있는 교사는 하나님의 영광을 드러내고, 사람들의 복지를 증진하기 위해 온전하게 무한정으로 자신을 포기해야 하며, 부단한 기도와 겸손으로 하늘의 도움을 청하는 일을 결단코 중단하지 말아야 할 것을 코메니우스(1668/1938)는 다음과 같이 권면하고 있다:

> 인간의 힘은 큰일을 처리하기에 너무나 부족하기 때문에 교사들은 부단한 기도와 심오한 겸손으로 하늘의 도움을 요청하는 일을 결코 중단하지 말아야 한다. 그들은 하나님께서 자신을 부인할 수 없고 그의 명예와 백성들의 복지에 이바지하는 인간의 책무를 훼방할 수 없는 그의 자비와 진리를 확신하면서 그들의 의무를 열렬하게 수행해야 하며, 각 사람은 기회가 주어졌을 때 자신의 의무를 성실하게 수행해야 한다(p.174).

제5장

코메니우스의
대표적 저술들과
교육적 공헌

대표적 저술들

『세상의 미로와 마음의 낙원』
『안전의 중심』
『물리학 개요』
『어머니 학교의 소식』
『빛의 길』
『새로운 언어습득 방법론』
『그림으로 이해하는 세계』
『놀이학교』
『대교수학』
『교수학 대전집』
『인간 사물의 개선을 위한 포괄적 제언』
『꼭 필요한 한 가지』

교육적 공헌

교육의 체계성과 통전성—범조화 확립
평등교육, 평생교육, 평화교육, 보편교육, 기독교교육,
전인교육, 조기교육, 가정교육, 유아교육, 부모교육,
교사교육, 언어교육, 실물교육, 교수법의 확립

코메니우스는 그가 살았던 17세기 시대의 문제들을 교육을 통해 해결하고자 고난에 찬 삶에도 불구하고 쉼 없이 노력하여 특별한 업적과 유산을 남겨놓았는데, 이것은 우리가 살고 있는 21세기에도 여전히 유효하다.

제5장에서는 코메니우스의 독특한 사상체계 및 기독교적 관점이 드러나는 대표적 저서들과 교육서들을 소개한다. 그의 대표적인 저술들 안에는 하나님에 대한 지식(Urbild), 자연에 대한 지식(Abbild), 기술/예술에 대한 지식(Gegenbild)의 체계적이고 통전적인 상응관계, 즉 범조화가 드러나며, 코메니우스의 교육사상이 오늘날의 평등교육, 평생교육, 평화교육, 기독교교육, 전인교육, 조기교육, 가정교육, 태아교육, 유아교육, 부모교육, 교사교육, 언어교육, 실물교육, 교수법 확립에 공헌하였음이 드러난다.

대표적 저술들[51]

> 코메니우스는 현대교육학의 최고 대가이다. 그는 전적으로 교육학
> 의 창시자이다. 한때 아리스토텔레스가 철학을 맨 처음 조직적이
> 고 학문적으로 체계화하였던 것처럼, 코메니우스는 최초로, 단 한
> 번에, 그리고 유일한 방식으로 보편적인 교육학 체계를 제시하였
> 다. 단지 코메니우스 저술들만 다루는 것만으로도 이미 교육학의
> 토대는 충분하다(Johannes Schurr, 1981).[52]

『세상의 미로와 마음의 낙원』(Labyrint sveta a raj srdce)

1623년에 완성된 『세상의 미로와 마음의 낙원』은 시적인 형식으
로 현 세계의 본질을 규명하고 묘사한 보헤미아 언어의 명작으로 꼽
히고 있다. 이 책에서 코메니우스는 신비주의와 금욕주의와 같은 중
세 전통에서, 부패와 무질서로 인해 절망의 상태에 빠진 현재의 세
상을 '미로'로 묘사하고 있다. 이 미로와 같은 세상에서 모든 것을
하나님의 섭리에 전적으로 맡김으로써 모든 그리스도인은 그리스도
안에서 위로와 평안을 찾을 수 있다고 확신하면서 이러한 내적 마음
의 상태를 '낙원'으로 묘사한 것이다.

이 책은 17세기 유럽의 시장터를 출발하여 세상의 구석구석을 살
펴보는 순례자의 여정을 시작으로 전개된다. 이 책의 주인공 순례자
는 코메니우스 자신이며, 자신이 처한 불행한 역사적 현실이 책의
배경이 되고 있다. 코메니우스는 이 책의 주인공 순례자와 같이 독
일, 폴란드, 영국, 헝가리, 스웨덴, 스위스, 네덜란드로 전전하면서

---

51) 이 부분을 위해서는 Dieterrich, 1991, pp.52~124; Panek, 1991, pp.58~67을 참조.
52) Dieterich, 1991, p.145.

그의 기나긴 일생의 여정을 방랑자로 살았다. 당시 유럽을 통치하던 합스부르크 가문이 1618년에 체코의 보헤미아 지역에서 일으킨 30년 전쟁에서 승리한 후, 코메니우스는 조국을 떠나 일생 동안 망명 생활을 하게 된 것이다.

주인공 순례자는 마음의 '호기심'이라는 안내자와 진리의 색깔을 세상의 모든 기만으로 대체하는 '편견'이라는 안내자 두 명의 안내를 받으며 모든 나라의 다양한 언어들이 사용되고 다양한 직업에 종사하는 사람들이 모여 있는 시장터에서 그의 여정을 시작한다. 순례자가 살펴보는 세상의 장터는 속임수와 사기로 가득 차 있고, 사람들은 자신들의 모습을 숨긴 가면을 쓰고 있다. 순례자가 사람들로부터 멀리 떨어져 살펴보니 시장터에 있는 사람들은 자신들의 가면을 벗고 있는 것이 보였다. 순례자는 지식을 탐구하는 수많은 학자들을 만나게 되고 처음에는 그들의 직업과 지식에 매혹되지만, 그가 관찰하고 있는 직업들의 기만과 사기를 지속적으로 발견하고 학자들의 무모한 지식 추구에 낙심하게 된다. 코메니우스는 이 책의 상당 부분을 유럽의 학교들과 대학들에 대한 비판에 할애하였다. 그는 진솔한 언어로 교사들과 학교 교장들의 잔인하고 비인간적인 교육 방법을 지적하였다. 일례로, 순례자가 찾아간 한 대학교 졸업식장에서 만난 졸업생은 제7과의 교양과목(문법, 수사학, 변증학, 음악, 천문학, 기하학, 수학)을 숙달하였다고 자랑하였으나, 실제로 그가 알고 있는 것은 아무것도 없다는 사실을 발견하고 학교교육에 대한 실망을 보여주었다. 순례자는 세상의 사기와 기만을 탐색하기 위해 『그림으로 이해하는 세계』에 제시된 대로 그의 모든 감각기관과 이성을 활용한다. 그러나 인간의 이성과 감각적 지각력의 한계에 직면하게 된 순례자는 '선입견'이라는 안경렌즈를 '하나님의 말씀'으로 대체하고 '습관'이라는 안경테를 '성령'으로 대체하여 세상의 여정들을 성공적으로 수행한 뒤 '세상의 미로'에 다시 들어오게 된다. 그는 그리스도의 뜨거운 포옹을 받으며 진리와 정의가 없는 세상에서 방황했던 자신을 발견하게 되고, 그리스도 안에서 영혼의 안식과 행복의 처소를 발견한다.

『안전의 중심』(*Centrum Securitatis*)

1625년에 완성하여 1633년에 출판한 세 번째 중요한 위로의 작품인『안전의 중심』은 철학적인 저술이다. 이 책은 앞선 위로의 두 작품들의 비유에 대한 이론서로 볼 수 있으며, 하나님·인간·자연을 삼각 구도로 하는 그의 사상이 더 분명하게 드러나 있다.

코메니우스는 바퀴 그림으로 사물의 존재와 인간의 존재, 그리고 하나님의 존재 방식을 보여준다. 세상의 사물들은 바퀴의 살 모양으로 세상의 바퀴 한가운데 계신 하나님에게로 향해 배열되어 있고, 일정한 간격을 유지하며 그 중심부 주변을 각기 다른 속도로 회전하고 있다. 이 그림에서 각각의 사물은 두 개의 중심부를 가지고 있는데, 하나는 모든 사물의 창조주시며 보존자이신 하나님이고, 다른 하나는 하나님이 부여하신 독특성과 본성을 지닌 바로 인간 자신이다. 여기서 하나님과 인간이 차지하고 있는 중심의 개념은 확고부동하면서 동시에 역동적인 관계성을 내포하고 있다. 인간은 내적으로는 고요한 하나님과 외적으로는 회전하는 사물들 사이에서 자신에게 주어진 자리를 지키며 동시에 하나님과 바른 관계를 유지해야 한다.

여기서 코메니우스는 인간이 자신의 이중적 사명을 잃어버리는 두 가지 과오를 설명한다. 그것은 바로 '자기중심적인 태도'와 '세상의 미로에 등장하는 호기심처럼 사물에 몰두하는 것'이다. 이러한 두 가지 과오는 인간으로 하여금 '사물에 몰두'하게 함으로써 자신에게 주어진 자리에서 이탈하게 하고, 세상의 중심부에 있는 하나님과 바른 관계를 맺지 못하게 한다. 즉, 인간은 하나님과 하나님의 질서에 매이는 것을 싫어하고, 자기가 자신의 조언자가 되고, 자신의 우두머리가 되며, 자신의 보호자가 되고, 자신의 주인이자 최고가 되고자 하는 유혹에 빠지게 되어 자기 자신이 하나님이 되고 만다. 코메니우스는 이것이 바로 악의 시초가 된다고 경고하고 있다 (Dieterich, 1991, p.43).

이 위로의 저술들 속에서 코메니우스의 세 가지 근본적인 관점이 드러난다. 그는 첫째로, 세상과 인간이 질서 속에 있지 않음을 지적하고 있다. 둘째로, 세상과 인간의 이러한 왜곡된 무질서는 하나님이 원하시는 이상적인 상태와 대비된다. 셋째로, 그러므로 인간은 이러한 잘못된 상황에서 빠져나와 하나님과 인간 자신, 그리고 세상과 바른 관계를 가져야 한다.

여기서 코메니우스의 교육관이 분명하게 드러난다. 즉, 세상과 인간을 잘못된 상태에서 이끌어내어(educatio) 바른 상태에 앉히는 것(institutio)이 곧 교육이라는 것이다.

『물리학 개요』(*Physicae synopsis*)

30대 초반에 교사의 직무를 감당하고 있던 코메니우스가 라틴어 학교를 위해 실물교육을 위해 저술한 책이다. 여기서 '물리학(physica)'은 자연에 관한 모든 학문을 지칭하는 '자연학(naturalium scientia)'을 의미하는데, 이 책은 자연과학으로서의 물리학이라기보다 자연철학적 인식론으로서의 물리학을 취급하고 있다. 예를 들어 갈릴레이(Galilei, 1564~1642)를 언급하고 있지만 갈릴레이의 이론을 수학적으로 이해한 것은 아니었고, 대부분 감각과 이성, 신앙과의 관계에 대한 설명으로 채워져 있다. 이런 점에서 코메니우스가 코페르니쿠스(Copernicus, 1473~1543), 케플러(Kepler, 1571~1630)에 대해 잘 알고 있었지만 그들의 이론을 이해하고 있었다기보다 신학이나 형이상학, 인식론적인 측면에서 그들의 과학이론을 논한 것을 알 수 있다.

코메니우스가 비록 이 책에서 아리스토텔레스의 자연학의 내용을 그대로 답습하고 있고, 갈릴레이나 뉴턴(Newton, 1642~1727)적 과학이론을 과학적으로 접근하고 있지 않지만, 지식을 획득하는 방법과 지식의 근원에 대한 인식의 변화, 그리고 학생의 심성을 중요시하고 실물 지식을 존중하는 교수법을 사용한 것은 근대적 과학교육의 사상적 씨앗을 뿌린 최초의 과학교육학자로 인정받을 만하다.[53]

---

53) 정병훈, 2007, pp.35~36 참조.

『어머니 학교의 소식』(*Informatorium Maternum*)

　가정교육과 유아교육의 효시라고 볼 수 있는 이 책은 경건한 부모
들과 유모들, 그리고 보모들을 위해 "가장 귀중한 보물인 출생에서
여섯 살 사이에 있는 아이들을 학교의 교사들에게 넘겨지기 전에 어
떻게 올바르고 합당하게 가르치고 훈련시켜야 할 것인지를 알리는
더 올바르고 명확한 소식(Comenius, 1633/2001, p.41)"이다. 코메니
우스는 이 책에서 첫째, 인간은 가장 탁월하고 완전한 하나님의 피
조물이라는 것을 증명하고 있으며, 둘째, 인간의 목표는 하나님과의
영원한 교제에 있는 것이므로 현세의 삶은 영원을 준비하는 삶 그
이상이 아니며, 셋째, 이러한 준비는 인간 안에 내재한 세 가지 선한
씨앗인 지성과 덕성, 그리고 경건성의 씨앗을 지속적으로 연습시키
고 훈련하는 데 있음을 증명하고 있다. 코메니우스는 이것을 다음과
같은 순서대로 실례를 제시하며 상세히 서술하고 있다:

　제1장: 하나님의 값진 선물이며 귀중한 보배인 아이들은 소중하
　　　　게 다루어져야 하고 성실히 보호받아야 하는 가치 있는 존
　　　　재이다.
　제2장: 하나님은 왜 아이들을 부모들에게 맡겼으며, 부모들은 아
　　　　이들을 어디로 이끌어야 하는가?
　제3장: 아이들은 잠시도 훈련 없이 있을 수 없으며, 그런 상태에
　　　　있어서도 안된다.
　제4장: 아이들은 출생에서부터 점차로 무엇을 훈련받아야 하며, 6
　　　　세까지 무엇을 해야만 하는가?

제5장: 아이들을 어떻게 건강하게 키우고 훈련시킬 것인가?

제6장: 아이들에게 명철을 얻게 하려면 어떻게 연습시켜야 하는가?

제7장: 아이들은 행동과 노동에 대하여 어떻게 훈련받아야 하는가?

제8장: 아이들이 말을 잘하도록 어떻게 말하기를 배우고 훈련받게 해야 하는가?

제9장: 아이들이 어떻게 덕성을 기르고 선한 윤리로 훈련받게 해야 하는가?

제10장: 아이들을 어떻게 하나님 경외하는 모습으로 이끌 것인가?

제11장: 아이들은 어머니 학교에서 얼마 동안 지내야 하는가?

제12장: 부모와 아이들의 보호자들은 어린아이들을 학교에 보내기 위해 어떻게 준비해야 하는가?

이 책은 현대 유아교육이론과 비교해보아도 손색이 없는 이론과 실제를 담고 있다.[54] 하지만 현대 유아교육과 비교할 때 가장 큰 차이는 현대 유아교육이론에서는 하나님을 경외하는 마음을 유아들에게 가르치지 않게 된 점이다. 현대 유아교육의 목적에서는 코메니우스가 제시한 전인교육의 경건성, 덕성, 지성의 순서에서 경건성 교육이 아예 사라졌고, 덕성과 지성의 순서도 뒤바뀐 채 교육되고 있다. 현재 한국을 포함하여 전 세계적으로 일어나고 있는 크고 작은 사회적 문제들은 교육의 목적 순위가 바뀌었기 때문일 수 있다는 우려의 목소리에 귀 기울일 필요가 있다(이원영, 2007, p.29).

---

54) 이원영은 이 책의 영역본(*School of Infancy*, Ernst M. Eller 역/1956)을 1983년, 영국의 셰필드 대학교 도서관에서 발견하여 읽고 난 뒤의 소감을 이렇게 밝히고 있다. "반가운 마음에 읽어보니 코메니우스는 유아교육의 중요 핵심원리를 이미 유아학교에서 다 밝힌 것을 알 수 있었다. 게다가 그가 유아학교에서 밝힌 유아교육의 이론들은 현대 유아교육의 이론과 거의 같았다. 400여 년 전에 코메니우스가 주창한 바람직한 유아교육 이론이 아직도 유용하다는 생각에 셰필드 대학교 도서관에서 가슴 가득 기쁨을 느꼈던 것이 어제의 일 같다." 이원영, 2007, p.23.

『빛의 길』(*Via Lucis*)

코메니우스는 영국 친구들의 초청으로 1641년 9월에서 1642년 6월까지 9개월간 영국 런던에 머물러 있을 때, 그의 범지혜의 목적과 계획을 분명하게 정리하여 제시해야 할 필요성을 느끼고 책의 대략적인 윤곽을 구상하고 있었다. 그 당시 영국에서는 현대과학의 창시자인 베이컨(Francis Bacon, 1561~1626)의 영향으로 과학을 체계적으로 탐구하고 발전시키기 위해 학자 연합단체를 결성하려는 학자들과 정치가들이 있었다. 코메니우스가 영국에 머무는 동안에는 그 뜻을 이루지 못했지만 코메니우스가 영국을 떠난 지 20년 뒤인 1662년에 '영국학사원(the Royal Society)'이 설립되었다. '영국학사원'의 설립에 코메니우스가 직접적으로 관여하지는 못했지만 코메니우스가 영국을 방문하여 그의 범지혜 사상을 소개한 것이 '영국학사원'의 설립의 계기를 마련해준 것이 되었기 때문에 코메니우스는 이를 기념하여 1668년에 이 책을 출판하여 헌정하였다.

> 지혜 있는 사람들의 범동맹[55]이 결성되면, 우주의 빛이 모든 사람에게 그 광선을 드리우게 되고, 사람들은 증가하는 수많은 동료들에게 그 빛을 전파할 때, 그들의 동맹이 사라질 수 없기 때문에 빛은 결코 없어지지 않고 어둠이 다시는 돌아올 수 없게 될 것이다. 그러므로 빛이 점점 증가하여 사람들의 마음 위에 확대되어 비추는 것과 같이, 해마다 땅의 결실도 증가하게 된다(1668/1938, p.197).

---

55) 이것은 코메니우스가 그의 영국 친구들과 함께 결성하려고 시도했던 학자들의 국제적인 연합단체로서 영국의 시민혁명 발발로 무산되고 말았다. 그러나 코메니우스의 사상에 자극을 받아 1662년에 과학적 탐구와 학문 연구의 중심 모형이 된 '영국 학사원'이 설립되었다.

코메니우스가 은유적으로 사용하고 있는 '빛(Lucis)'은 인간의 이성과 신앙을 의미하며, 마침내 하나님께로 이르게 하는 통합된 지혜이다. '빛의 길(Via Lucis)'은 우주의 질서와 조화의 깊은 이해를 얻기 위한 수단으로서 과학적 탐구와 가치를 강조하고, 그러한 이해를 통해 하나님의 현존에 이르는 길을 의미한다.

이성과 신앙은 코메니우스의 교육의 중심적 주제이다. 코메니우스에게 있어서 이성은 지혜를 배양하고 진리를 추구하는 교육의 본유적 기능이며, 신앙은 인간 내면세계에 빛을 발하게 하는 본질적 속성이다. 코메니우스는 이성과 신앙의 빛을 발할 수 있는 길은 모든 지혜의 근원이 되는 자연세계와 인간 자신, 그리고 하나님을 통해 가능하다고 보았다. 따라서 교육은 인간의 외부세계의 실재의 지식과 인간의 내면세계의 실재의 지식, 그리고 자연세계의 영역을 능가하는 신적인 지식을 배양하는 통전적 과제를 가진다고 보았다. 코메니우스는 이 책에서 이러한 세 가지 지식의 종합을 '범지혜'라고 명명하였다. 이 '범지혜' 안에서 모든 인간은 지성적·도덕적·영적인 빛의 확산이라는 삼중적 과정을 통해 완전한 지식을 얻을 수 있게 되고, 교육의 궁극적 목적은 자연적·이성적·신적인 진리의 상관관계에서 이루어지는 완전한 지식을 성취하는 것이 된다.

교육을 통해 정치의 개혁이 가능하다는 코메니우스의 사상이 선명하게 드러나 있는 이 책에는 두 가지의 교육론, 즉 인간과 교회와 정치의 개혁을 지향하는 교육론과 그가 풀넥(Fulnek)에서 직접 경험한 교사로서의 업무에 근거한 교육론이 제시되어 있다. 교육의 개혁과 정치의 개혁을 위해서 우주적 빛을 증진하는 일에 헌신적인 사람들과 지도자들을 많이 배출해야 하는 일의 중요성을 강조한 코메니우스는 이 책에서 전 세계의 평화를 정착할 수 있게 하는 우주적 빛이 확산되는 길을 제시하고 있다.

『새로운 언어습득 방법론』(*Methodus linguarum novissima*)

코메니우스는 5년 동안이나 작업하여 『새로운 언어습득 방법론』이라는 교육학 저서를 1647년에 완성하여 1649년에 출판하였다. 사물을 언어와 연결시켜 교수하여야 한다는 코메니우스의 교육적 관점이 잘 드러나 있는 이 저서는 코메니우스의 저서들 중 두 번째로 방대한 대작으로서 총 30장으로 구성되어 있다. 이 저서의 제10장은 '분석 교수학(*Analytische Methode*)'으로 불리는데, 이 장에서 코메니우스는 새로운 방식으로 그의 교육학적 통찰을 제시하였다. 즉, 코메니우스는 『대교수학』에서 제시한 비교─연결 방법을 통한 종합적인 방법(Synkritische Methode)을 넘어서서 분석하여 원인을 찾아내는 분석적인 방법(Analytische Methode)을 제시하였다.

그는 사물에 대한 참된 지식을 얻기 위해서는 사물의 원인을 탐구하기 전에 사물의 존재에 대한 질문을 하고 그다음에 원인에 대한 탐구를 해야 한다고 하면서 다음과 같이 지식의 단계를 제시하였다: 1. 사물에 대한 사실이 지식의 첫 단계이다. 2. 원인에 대한 이해는 지식의 두 번째 단계이다. 3. 결과에 대한 통찰이 지식의 마지막 단계이다. 이러한 순서는 학생의 인지 발달 단계를 따르는 것으로서 이미 『대교수학』에서 제시한 연령별 학습 단계와 유사하다. 첫 번째 단계인 유아기와 아동기에서는 사물에 대한 분명한 사실을 가르쳐야 하고, 두 번째 단계인 청소년기에서는 원인에 대해 이성적 숙고를 하도록 가르쳐야 하고, 마지막 단계에서는 결과에 대한 통찰을 하여 사물에 대해 완전한 이해를 하도록 가르쳐야 한다.

코메니우스가 『대교수학』에서 일반적인 교수법의 원리를 다루었다면, 이 책에서는 언어 교수법의 원리를 집중적으로 다루었다. 이 책에서는 라틴어 교육에 대한 상세한 원리를 밝히고 있으며, 이 원리에 따라 그가 출판하였던 이전의 라틴어 교재들[56]을 개정하여 스웨덴에서 사용할 수 있도록 하였다.

『그림으로 이해하는 세계』(*Orbis sensualium pictus*)

샤로슈퍼탁 체류 시기인 1653~1654년에 코메니우스가 작성한 두 권의 학교교재, 『그림으로 이해하는 세계』와 『놀이학교』는 교사가 수업을 명료하게 진행하고 자라나는 세대들이 자발적으로 수업에 참여할 수 있게 구성되었다. 『그림으로 이해하는 세계』는 어린이의 사물교육과 언어교육을 위해 매우 정교하게 단계적으로 구성된 그림책으로서 그의 범지혜 사상의 체계를 어린이들도 잘 알 수 있도록 구성되었다. 모든 페이지에 그림을 넣어서 어린이에게 사물의 그림과 언어를 동시에 제공한 획기적인 이 책은 세상이라는 전체 학교는 그림으로 구성되어야 한다는 그의 교육적 생각을 실천에 옮긴 책이다. 이 책은 첫 번째로는 사물의 그림을 보고, 두 번째로는 가장 중요한 단어를 중심으로 읽고, 세 번째로는 모국어로 설명한 문장을

---

56) 대표적으로, 1631년에 출판된 라틴어 교재 『열린 언어의 문』(*Janua linguarum reserata*)이 있다. 이 책은 코메니우스가 생존한 기간 중 세계 여러 나라 언어로 번역되고 가장 많은 발행부수를 기록하여 코메니우스를 세계적으로 유명하게 만들었다. Dieterrich, 1991, p.63 참조.

읽고, 마지막으로 라틴어 문장을 읽는 심화학습의 단계를 거치도록 구성되어 있다.

코메니우스는 서문에서 사물의 묘사가 『열린 언어의 문』에 기술되어 있는 순서대로 되어 있고, 중요한 사항은 하나도 빠짐없이 완벽하게 제시되었다고 자부하고 있다. 입문에서는 범교사와 학생이 등장하여 교육에 대한 핵심적인 대화를 나누고 있으며, 사물의 소리를 통해 알파벳을 맨 처음에 익히도록 구성되어 있다. 그 뒤에 총 150개 장으로 된 주제가 그림과 언어로 설명되어 있고, 마지막으로 결론이 더 추가되어 있다. 흥미로운 것은 제1장 '하나님'으로 시작하여 제150장 '최후의 심판'으로 마치고 있는데, 이것은 코메니우스의 범지혜의 체계를 보여주는 것이다.

『그림으로 이해하는 세계』는 1656년 레슈노의 참사가 있기 전에 코메니우스가 뉘른베르그 인쇄업자에게 보내어 1658년에 독일어-라틴어판으로 출판되었다. 이 책은 『열린 언어의 문』에 이어 유럽의 학자들에게 주목을 받게 되어 국제적 명성을 얻었고, 표준교재로 발전하여 세기를 거듭하여 출판되었다. '세계 최초의 유아용 그림책'으로 알려져 있는 이 책은 세계 최초의 그림이 있는 어린이를 위한 라틴어 사전의 역할을 하였고, 괴테가 어린 시절 배웠던 책으로도 유명하다.

맥주 양조(brewing)를 가르치기 위해 1번부터 9번까지 순서대로 번호를 매겨 묘사한 목판화

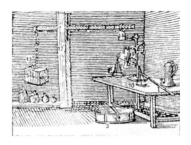

계량(measures and weights)에 대해 가르치기 위해 1번부터 14번까지 순서대로 번호를 매겨 묘사한 목판화

지구(the terrestrial sphere)를 가르치기 위해 1번부터 18번까지 번호를 매겨 묘사한 목판화

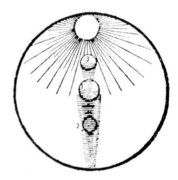

일식(a solar eclipse)과 월식(a lunar eclipse)을 가르치기 위해 1번부터 3번까지 번호를 매겨 묘사한 목판화

『그림으로 이해하는 세계』에 나오는 사물과 언어 학습주제들

『놀이학교』(Schola Ludus)

『놀이학교』는 코메니우스의 범지학교 구상을 구체화한 작품이다. 코메니우스는 학교를 즐거움의 장, 놀이의 장으로 만들겠다는 그의

이상을 실현하기 위해 학교에서 학생들이 연극 상연을 할 수 있도록 대본을 써서 발표했다. 문장으로 된 라틴어 교재 『열린 언어의 문』에서 흥미로운 주제를 선택하여 1654년에 그가 직접 연극대본을 만들어 상연한 연극은 학생들뿐 아니라 부모들과 방청객들에게까지 그의 흥미로운 교육방법으로 큰 호응을 얻었다.

실례로, 그는 다음과 같이 『놀이학교』에서 그의 백과사전적 아이디어와 세계개선에 대한 아이디어를 제시하였다: 무대 배경은 알렉산드리아에 있는 프톨레메우스의 궁정이다. 이 궁정은 현재의 상황을 반영하는 거울이다. 일곱 개로 구성된 막에서 백과사전적 방식으로 사물들, 인간, 기술/예술, 학교, 덕성과 악습, 그리고 사람들의 공동체 생활이 묘사되고 있다. 마지막 막에서 전쟁과 혁명이 일어나고, 그 후에 왕들의 지도 아래 전체 국가 제도의 개혁이 일어난다. 3막 학교 장면에서는 어린이들이 사물의 관찰을 통해 글 쓰는 법을 배운다. 교사는 다양한 동물 그림 또는 시각자료를 수업시간에 가지고 와서 질문을 통해 어린이들이 자발적으로 사물에 대해 흥미를 가지고 사물을 익히게 인도한다. 이와 같은 극의 형식으로 된 교과서 학습은 교실에서 늘 자신 없어 하던 학생들을 자신감이 넘치는 학생으로 변화시켰고 학부모들의 호평을 얻었다.

『대교수학』(*Didactica Magna*)

『대교수학』[57]에서 인간을 선천적으로 지적·도덕적·종교적 성

---

57) 코메니우스가 1628~1632년에 체코어로 집필한 『보헤미아 교수학』이 1657년에 네덜란드의 암스테르담에서 라틴어 번역판으로 출판된 것이다.

향을 지니고 있는 교육이 가능한 존재로 본 코메니우스는 모든 사람에게, 모든 것을, 모든 방법으로 가르치기 위해 모든 사람에게 모든 것을 가르치는 완전한 기술을 제시하였다. "모든 기독교 국가의 모든 도시, 마을, 촌락에서 모든 청소년 남녀가 하나도 제외됨이 없이, 빠르게, 즐겁게, 철저하게 지식을 배우고, 순결한 덕성과 신앙의 훈련을 받게 하고, 그리하여 현세와 내세의 생활을 위하여 필요한 모든 것을 교육받을 수 있는 학교를 세우게 하는 확실한 권유"를 한 이 책의 주목적은 다음과 같다:

> 교사는 덜 가르치고, 학생들은 더 배우며, 학교는 소음과 싫증과 부질없는 수고를 덜고, 더 많은 여가와 즐거움과 확고한 진보가 있는 장이 되며, 기독교 사회는 어두움과 당혹과 분열이 덜해지고 그 대신 더 많은 빛과 질서와 화평과 안식을 얻게 되는 교수법을 찾고 발견하는 것이다.[58]

『대교수학』에는 코메니우스가 제시한 궁극적인 교육목적과 자연의 원리에 기초한 과학적 교수방법,[59] 그리고 학생들의 연령 및 발달 상태를 고려한 네 단계의 학교 편성 등이 상세히 기술되어 있다. 이 책에는 그 당시에는 전혀 받아들일 수 없었던 어린이, 여자, 장애인 등이 모든 사람에 포함되었고, 신앙, 학문, 기술/예술, 언어, 윤리 등 다섯 분야의 교육 영역이 제시되었으며, 자연에 따른 원리에 입

---

58) 한국어판 「대교수학」(정확실 역, 2011)서문.

59) 르네상스 이후부터 바로크 시대에 이르기까지 유용성의 원리가 실물지식의 경제적·실용적 활용가치를 추구했다면, 성서적 자연관의 변화는 실물지식의 교육적·인식론적 가치를 일깨워주었다. 여기서 우리는 코메니우스로부터 근대 교육과학이 태동하게 된 하나의 단초, 즉 실물지식의 교육적 가치를 발굴하고 이로부터 어린이를 위한 과학교육의 토대를 마련한 그의 흔적을 발견하게 된다. 오늘날까지 남아 있는 그 흔적은 바로 '실물교육' 사상이다. 정병훈, 2007, p.33 참조.

각한 교수방법을 통해 인간의 감각과 이성의 능력, 기억력 및 언어 능력과 손의 기능을 훈련시켜야 하는 교육의 과제가 모두 포괄적으로 제시되어 있다.

『대교수학』을 통해 코메니우스는 '교수학의 대가'라는 칭호를 얻기도 하였지만, 비판을 받기도 하였다. 즉, 기계적인 비교－연결방법, 과도한 교수학적 규칙, 지나치게 상세한 신학적－인간론적인 도출, 철학적인 근거 제시의 부족 등이 비판의 대상이 되었다.

『교수학 대전집』(*Opera Didactica Omnia*)

『교수학 대전집』은 1628년에서 1657년에 이르는 기간 동안 코메니우스가 작업했던 교수학 관련 저술들이 총 4권으로 구성되어 1657년에 암스테르담에서 출판된 문자 그대로 대전집이었다. 암스테르담에서의 출판 계획은 처음에 『범지학 대전집』(*Opera Pansophia Omnia*)과 『교수학 대전집』(*Opera Didactica Omnia*) 두 종류로 나누어 하는 것이었으나 범지학 원고는 대부분 1656년에 레슈노에서 이미 잿더미로 변했기 때문에 방대한 범지학 원고를 완전하게 다시 저술할 시간이 없어 교수학 전집을 먼저 출판하기로 하였다. 그러나 『범지학 대전집』 제1권인 *Panegersia*(범각성학)과 제2권인 *Panaugia*(범조명학)과 제6권인 *Panorthosia*(범개혁학)은 이미 1657년에 출판된 상태였다. 『교수학 대전집』<제4권>에 수록된 감사의 글을 보면 출판 비용은 거의 대부분 드 기어 가문이 부담하고, 시의회로부터도 지원을 받은 것으로 짐작되고 있다.

<제1권> 레슈노 체류시기로 불리는 1627~1642년 사이에 집필된 저술들로 구성되어 있다. 제1권 첫 번째로 수록된 『대교수학』(*Didactica magna*)은 코메니우스의 교육학의 전체 윤곽이 드러나 있는 최초의 저술로 손꼽힌다. 그 뒤에 수록된 『어머니 학교의 소식』(*Informatorium Maternum*)은 1628년에 체코어로 쓴 것을 라틴어판으로 출판한 것이다. 라틴어 입문서인 『열린 언어의 문』(*Janua linguarum raserata*)은 1631년에 출판된 책이고, 라틴어 상급 교재인 『열린 언어의 현관』(*Januae linguarum raseratae Vestibulum*)은 1633년에 출판된 책이다. 『교수학 논설』(*Didactica dissertatio*)은 『열린 언어의 문』과 『열린 언어의 현관』을 학생들에게 어떻게 가르칠 것인지를 다룬 책으로서 1637년에 작성되어 1639년에 런던에서 출판된 책이다.

히틀립에 의해 영국에서 출판된 『범지혜의 준비』(*Pansophiae praeludium*, 1637), 『범지혜의 선구자』(*Prodromus Pansophiae*, 1639), 『범지혜의 시도들에의 조명』(*Conatuum pansophicorum dilucidatio*, 1639)은 코메니우스의 교육개혁 사상이 영국 청교도들에게 알려지게 하였고, 그의 범지혜 사상이 국제적으로 주목받게 하였다.

<제2권> 1642~1650년 사이에 저술된 작품들이 수록되어 있는데 대부분 스웨덴의 교육개혁을 위해 저술한 것들이다. 이 시기의 가장 탁월한 작품은 『새로운 언어습득 방법론』(*Methodus linguarum novissima*)으로 오늘날까지 최고의 언어교육 방법론으로 평가받고 있다. 함께 수록되어 있는 『새로운 현관』(*Vestibulum nova*), 『새로운 문』(*Janua nova*)은 1631년 초판과 1633년 초판의 내용을 『새로운 언어습득 방법론』에서 제시한 언어 교수원리에 따라 개정한 작품이다.

<제3권> 코메니우스의 교육사상이 정점에 도달했음을 보여주는 헝가리 샤로슈퍼탁 체류 시기에 쓰인 저술들이 수록되어 있다. 여기에 수록된 저술들은, 양적인 면에서도 샤로슈퍼턱에서의 체류 기간은 약 5년에 지나지 않지만, 14년간의 레슈노 체류 기간의 저서들을 모은 <제1권>과 8년간의 저서들을 모은 <제2권>에 비해 두 배가 넘는 분량이고,[60] 질적인 면에서도 매우 높은 교육적인 평가를 받는 작품들이다.

"헝가리에의 부름(De vocatione in Hungarian relatio)"은 헝가리에 초청된 경위와 그곳에서 행한 교육적 작업과 헝가리 학교개혁에 대한 생각을 기술한 글이다. 그 뒤의 『범지학교』(Schola pansophica)는 바로 앞의 "헝가리에의 부름"에서 제기한 질문에 대한 답변이라고 볼 수 있다. "질서 있는 학교에 관한 고찰(De schola sic ordinata deliberatio)"은 범지학교의 시도가 현실적으로 어떻게 가능한지, 어떻게 범지학교를 세울 것인지 기술한 글이다. "범지학교 회고(De repertis pansophici studii obicibus depue tollendis illis deliberationes variae)"는 헝가리에서 겪은 학교개혁의 어려움과 귀족들의 반대로 시행되지 못했던 일들을 회상한 글이다.

1652년에 세 학급으로 구성된 샤로슈퍼턱 라틴어 학교에서 사용한 초급단계인 Vestibulum, 중급단계인 Janua, 고급단계인 Atrium 라틴어 교재가 수록되었다. 이들 교재는 라틴어 문법, 본문, 사전, 교수방법에 대한 설명 등으로 구성되었는데, 이 중에서 Atrium은 여기

---

60) 『교수학 대전집』 전체 분량은 총 2,130칼럼이다. 1칼럼은 오늘날 책의 기준으로 1페이지 정도의 분량이 된다. <제1권>은 482칼럼, <제2권>은 462칼럼, <제3권>은 1,062칼럼, <제4권>은 124칼럼으로 구성되어 있다.

에 수록되지 않고 따로 암스테르담에서 출간되었다.

이 시기의 대표적인 작품일 뿐 아니라 교수학 교재의 절정으로 평가되는『그림으로 이해하는 세계』와『놀이학교』가 여기에 수록되었다.

<제4권> 총 4권 중 가장 짧은 분량의 글들이 수록되었다.

『교수학 대전집』의 출판 비용을 대준 로렌티우스 드 기어와 암스테르담 시의회, 동인도 회사의 의장에 대한 감사의 글 다음에 수록된 "바퀴의 활력(*Vita gyrus*)"은『교수학 대전집』에 수록된 그의 모든 작품에 대한 자전적 설명이다. 뒤이어 암스테르담에서 받은 비판이나 문의 사항 등에 대해 답변한 글들과 새로운 교육적 제안들이 수록되었다.

"부활한 라틴어(*Latium redivivum*)"에서는 그가 제시한 교수방법인 '분석(analysis)', '종합(synthesis)', '혼합(synkrisis)' 중에서 '혼합'의 방법을 더 사용할 것을 권장하였다.

특별히, "교육의 미로에서 탈출하는 교수학 기계(*E scholasticis labyrinthis exitus in planum Sive Machina didactidca*)"에서 코메니우스의 교수방법의 획기적인 구상을 볼 수 있는데, 여기서 그는 기계법칙에 따라 설계된 '교수학 기계(Machina didactidca)'에 대한 구상을 소개하고 있다. 그는 기존의 교육은 마치 미로와 같아서 이 미로에서 탈출하는 길은 기계 법칙에 따라 설계된 '교수학 기계'를 통해서 가능하다고 보았다. 코메니우스가 고안한 '살아 있는 인쇄술(Typographeum vivum)'은 이러한 기계장치의 초기 단계를 구체화하여 정신의 개념들을 놀라운 속도로 종이 위에 새기는 기술이다. 그는 이 '살아 있는 인쇄술'이라는 새로운 교수방법을 사용하여 교육의 혁신을 꾀하고자 하였다.

"교수학 소고(*Paralipomena Didactica*)"에서는 학교를 즐거운 곳으로 만들기 위해 연극을 도입한 그의 『놀이학교』를 비판한 글들에 대해 방어하고 있다. "영원한 비밀로부터의 교수학 이념(*Didacticae idea ex arcanis aeternis*)"에서는 요한복음 5장 19~20절에 근거하여 교사 및 교육자는 하나님께서 행하시는 것, 예수님께서 행하시는 것에서 교수방법의 원형을 찾아 항상 모범을 보여야 할 것을 강조하고 있다.

코메니우스는 『교수학 대전집』 출판 후에 남은 생을 『범지학 대전집』을 완성하는 데 모두 다 바쳤다.

『인간 사물의 개선을 위한 포괄적 제언』(*De rerum humanarum emendatione consultatio catholica*)

인간 사물의 개선에 관한 새로운 계획은 『보헤미아의 낙원』(Boehmisches Paradieses)과 『기독교 범지혜』(Pansophia christiana)에 기술한 기본 방침을 확대하고 더 높은 단계로 통합하여 방대한 일곱 권의 저작인 『인간 사물의 개선을 위한 포괄적 제언』으로 구체화 되었다. 이 작품의 사고과정은 코메니우스 사상의 근본적인 긴장관계, 즉 신학과 철학 사이의 긴장관계를 보여주며, 광범위한 철학 체계를 보여주고 있다. 그의 사상은 성경의 사상, 특히 구약의 원(原) 역사와 구체적인 구속사의 개관에서 유래했고, 다른 한편으로는 철학적인 의미에서의 존재의 질서와 사물의 연관성에 대한 글들에서 유래했다. 여기서 코메니우스는 아주 강하게 신플라톤주의적인 사상을 따르고 있음을 볼 수 있다.

이 작품들을 통해 코메니우스는 그의 근본 사상을 전체적인 조화 속에서 확립하였다. 그는 자신의 범지혜의 주요 작품인 『인간 사물의 개선을 위한 포괄적 제언』을 완성하려고 몇 번이나 시도했으나, 그의 40대 중반에 시작한 주요 작품을 더 이상 완성시키지는 못했다. 그러나 그의 유작들을 정리한 사람들 덕분에 방대한 그의 작품이 소실되지 않고 1960년대(1966)에 모두 출판되었다.

코메니우스가 엘빙 시절에 이미 암시했듯이, 그는 그의 범지혜 주요 작품인 『인간사 개선에 관한 포괄적인 제언』을 일곱 부분으로 구성했다. 각 부분의 내용은 하나님의 형상인 인간이 다스려야 할 사물들과의 관계, 진지하게 대해야 할 평등한 다른 사람들과의 관계, 하나님과의 관계와 관련된 지식, 즉 학문(eruditio), 정치(politia), 종교(religio)로 이루어져 있다. 학문(eruditio), 정치(politia), 종교(religio)가 바로 이 인간 사물(rerum humanarum)의 영역에 해당되는 지식인 것이다.

코메니우스가 자신의 일곱 권의 라틴어 저서 이름 앞에 '판($\pi\alpha\nu$)'이란 헬라어 개념을 끌어와 라틴어 '판(Pan)'이라는 접두어로 바꾸어 사용한 개념은 한자어 '汎'에 해당한다. 이것은 '모든 것', '우주적인 것', '일반적인 것', '보편적인 것', '전체'를 의미하며 궁극적으로 '손상됨이 없는 온전한 전체', 즉 하나님을 의미한다.

<제1권> 모든 사물의 발생의 처음과 마지막은 하나님이시기 때문에 사물의 근원에 대한 질문은 최종 목표인 하나님을 가리킨다. 그 중간에 낙원 세계, 타락한 세계, 회복된 세계라는 세 가지 상태가 있

는데, 인간은 현재의 타락한 세계를 회복시킬 책임과 과제가 있다. 세계 개선의 이 과정에서 인간은 중심적인 역할을 해야 한다. 따라서 학식이 있는 지성인들과 권력을 잡은 정치인들이 현실 사회에서 가난하고 소외당하고 있는 모든 사람과 함께 힘을 합쳐 세계의 개혁과 더불어 우주적 조화를 모색해야 한다.

그러나 현실 세계에서 이 세 가지가 어떠하길 하나님이 원하시는지 이 인간 사물의 본질에 따라 관찰해볼 때, 그 어느 것도 제대로된 것이 없고 모든 것이 혼돈 가운데 있다고 말할 수밖에 없기에 개선에 대한 소망의 마음을 일깨워야 한다고 촉구한 것이 이 책의 첫 번째 부분인『범각성학』(Panegersia)이다. 서문에 해당되는 이『범각성학』에서 코메니우스는 지금까지 종교, 정치, 학문 영역에서 시도되었던 개혁들이 그 어떤 성공도 이루지 못한 것은, 결국 잘못된 방법들만 사용했기 때문이라는 것을 밝히고 있다.

<제2권> 다음으로 두 번째 부분에서는, 어떻게 사람들이 유일하고, 분명하며, 강력하고, 모든 것을 자신에게로 빨아들이는 이성의 빛으로 인간적인 혼돈의 어두움을 효과적으로 몰아낼 수 있는지 그 방법을 보여주고자 하였다. 이 부분이 바로 '보편적인 빛', 곧『범조명학』(Panaugia)이다. 코메니우스는『범조명학』에서 전개한 그의 인식론을 '빛', '거울', '거울에 비친 상'이라는 선명한 그림을 사용하여 설명하였다. 존재의 근원이자 인식의 근원이신 하나님은 그의 빛을 세상에 보내셨다. 인간은 하나님의 형상으로서, 하나님이 자신의 형상인 인간을 보고 기뻐하시도록 그 빛을 하나님께로 다시 반사시켜야 하는 과제를 지닌 거울이다. 왜냐하면 유사한 것은 자기와 유

사한 것을 보고 기뻐하기 때문이다. 인간의 두 번째 과제는 하나님이 사물세계로 보낸 그 빛을, 거기에서 다시 직접 하나님께로 반사시키는 것이다. 즉, 그 빛을 자연으로부터 받아서 하나님께로 다시 반사시키는 것이다. 그래서 인간은 마치 방에 걸린 유리거울같이 주변에 있는 모든 사물의 모습을 다 받아들인 다음, 거기에서 다시 그 모든 사물을 마지막 끝까지 하나님에게로 다시 반사시킨다. 인간이 이러한 과제를 성취하기 위해서는 세 가지 전제조건이 필요하다. 첫째, 하나님이 열어두신 빛의 세 가지 원천인 인간 정신의 책, 자연의 책, 성경책이다. 둘째, 빛을 인식하는 기관인 세 가지 눈인 감각, 이성, 신앙이다. 셋째, 하나님의 충만함 가운데서 흘러나오는 빛의 세 가지 통로인 비교·연결, 분석, 종합이라는 인식방법이다.

  <제3권> 세 번째 부분에서는, 존재하는 모든 것을 그들의 본성과 질서에 따라 한눈에 볼 수 있도록, 모든 사물의 경계선이 결코 무너지지 않게 확고하고 합당하게 주어진 그 범위 안에서 모든 사물들이 어떻게 이 빛을 위해 길을 밝힐 수 있는지를 제시하고 있다. 이 부분은 사물들의 '포괄적인 존재질서' 혹은 '우주적 상호관계'인 '판탁시아(Pantaxia)'와 범지학인 '판소피아(Pansophia)'라 부른다. '판탁시아'와 '판소피아'는 "본질과 원인과 목적은 무엇인가?"라는 질문을 제기하는데, 존재에 대한 질문은 세 가지 근본적인 영역, 즉 하나님, 인간, 자연(사물)의 세 가지 세계로 이끈다. '판소피아'는 이 세 가지 근본적인 영역에서 체계적이며 통전적인 교육을 통해 인간 사물의 범조화를 이루게 된다.

<제4권> 네 번째 부분에서는, 교육받은 인간이 하늘 아래에 있는 모든 사물의 구조를 이해할 수 있도록 인간 이성을 우주적 빛의 영역으로 데려가는 방법에 대해 설명하고 있다. 이 부분은 '이성의 포괄적인 교육', 곧 『범교육학』(Pampaedia)이라고 부른다.

교육은 인간을 한편으로는 잘못된 위치에서 이끌어 오는 것이고, 다른 한편으로는 바른 위치로 이끌어 가는 것이다. 따라서 교육학은 인간을 '올바른 위치로 되돌려놓는 것'을 과제로 삼고 있으며, 이것은 세상을 회복시키는 데 필요한 결정적인 조건이기도 하다. 코메니우스는 이러한 맥락에서 50년대 초에 저술된 『범교육학』을 『인간 사물의 개선을 위한 포괄적인 제언』의 중심에 놓았다. 현대 교육학에서 다루어도 손색이 없는 그의 교육지침들은 모두 전인적인 교육을 지향하는 구조 속에서, 좁게는 어머니의 배 속에서부터 시작하여 넓게는 세상에 이르기까지 인간의 전인성이 형성되는 교육의 장인 '학교(schola)'에서 실천되도록 제시되었다. 여기서 코메니우스가 언급한 '학교'는 매우 포괄적이고 한 개인의 생애주기 발달에 따른 단계적인 학교이다.61)

<제5권> 다섯 번째 부분에서는, 이러한 빛을 세상의 모든 민족에게 바르게 깊숙이 파고들어가 확장시키는 방법을 찾아본다. 이것은 오직 언어라는 도구를 통해 이루어질 수 있다. 그래서 이 부분은 '언어의 포괄적인 육성', 곧 『범언어학』(Panglottia)이라고 부른다. 모든 사람을 위한 범언어는 영어, 독일어, 체코어, 터키어에 이르는 기존

---

61) 특별히, 태아기 학교와 유아기 학교에 대한 그의 교육적 발상과 교육적 체계를 갖춘 이론은 많은 교육학자들로 하여금 그를 태아교육과 유아교육의 효시로 간주하게 하고 있다.

의 언어와 히브리어, 희랍어, 라틴어의 모든 장점을 종합하는 언어를 의미한다. 이 범언어는 모든 사물과 사건과 표현되는 낱말들을 논리적으로 결합하는 가장 명쾌한 학문적 언어가 되어야 한다. 또한 무엇보다 말로 의사소통이 용이하고 국가 간의 문화교류와 민족들 사이의 우의와 이해를 증진시킬 수 있는 새 언어가 되어야 한다.

<제6권> 여섯 번째 부분에서는, 하나님의 도움으로 영광스럽고 거룩하며 평화로운 시대, 곧 천년왕국이 세상에 도래하도록, 이미 논의된 것들의 도움을 통해 어떻게 학문적인 작업, 신앙적인 삶과 정치적인 삶을 개선할 수 있는지 보여주고자 한다. 이 부분은『범개혁학』(Panorthosia)이라고 부른다. 개혁의 시도들은 그 시도가 '종교'나 '정치' 혹은 '학문'의 어느 한 특정 분야에만 치우쳐 있었기 때문에 제대로 이루어지지 않았다. 개혁은 오직 이 세 영역이 포괄적으로 삶의 모든 영역에서, 즉 전체의 개혁 혹은 세계 개혁으로 나아갈 때 온전히 이루어지게 된다.

세계 개선에서 하나님의 행동과 인간의 행동 사이에는 서로 모순이 있지 않다. 세계 개선은 그리스도의 일이며, 또한 인간의 조력이 요구된다. '학문' 영역에서는 학자들의 모임인 '빛의 교수회(Kollegium des Lichtes)', '종교' 영역에서는 성직자들의 기관인 '성직자협의회(Konsistorium der Heiligkeit)', '정치' 영역에서는 '세계평화재판소(Weltfriedensgericht)'가 개혁을 위해 활동한다. 일을 계획하기 위해 마침내 하나의 포괄적인 세계회의, 즉 개혁을 진행시킬 '범세계적인 회의(ökumenisches Konzil)'를 소집할 수 있다.

<제7권> 끝으로 일곱 번째 부분에서는, 위의 여섯 부분에서 이 모든 것에 대한 가능성과 용이성에 대해 설명한 바와 같이, 하나님이 이미 이러한 길을 보여주셨기 때문에 이 바람직한 일들을 관철하도록 학자들과 성직자들과 정치가들, 그리고 세상에 있는 모든 그리스도인에게 권고하고 있다. 이 부분은『범훈계학』(Pannunthesia)이라고 부른다. 코메니우스는 이『범훈계학』으로 그의 방대한 저작의 끝을 맺고 있는데 자기 자신과 모든 사람에게, 특히 학자들, 그리스도인들, 정치가들에게 다 함께 세계 개혁을 막지 말고 오히려 적극적으로 추진할 것을 권고하고 있다.

『꼭 필요한 한 가지』(*Unum necessarium*)

코메니우스는『세상의 미로와 영혼의 낙원』에서 표현한 '미로'를 그의 교육학 저서들에서 혼란스럽고 왜곡된 인간 지식의 속성을 표현하기 위해 사용하였다. 그는 말년(1667~1668)에 암스테르담에 머물면서 저술하여 1668년에 출판한『꼭 필요한 한 가지』에서 이 세상이 죄악으로 인해 '지혜의 극장'에서 '기만의 미로'로 변화되었다고 개탄하였다.『꼭 필요한 한 가지』에서 코메니우스는 인간이 세상에서 미로에 빠져 헤어 나오지 못하는 이유를 다시 한 번 더 지적하며 세상의 미로에서 탈출할 수 있는 출구를 제시하고 있다. 코메니우스는 이 세상의 모든 미로는 필요한 것과 필요하지 않은 것을 제대로 구별하지 못하는 데서 비롯되는 것임을 밝히면서 오직 꼭 필요한 한 가지인 '그리스도의 규칙(der Relgel Christi)'만이 인간을 세상의 미로에서 구해낼 수 있음을 알려준다고 강조하고 있다. 여기서 코메니우스는 이러한 신학적 진술을 "인간에게 가장 필요한 것은 무엇인가?"라는 철학적 질문을 함으로써 철학적 진술로 연결시키고 있다. "그 대답은 바로 자기 자신이다. 인간은 자기 자신을 알고, 자신을 다스리며, 자신을 사용하고, 누리는 법을 배워야 한다"고 하면서 인간은 이것을 학문의 영역, 정치의 영역, 그리고 종교의 영역 이 세 가지 영역에서 배워야 한다고 포괄적인 제언을 하고 있다. 코메니우스는 이러한 세 가지 영역에서의 긴 배움의 과정을 교육이라고 하였는데, 여기서 우리는 코메니우스가 사람들이 세상의 혼돈을 초월하여 관찰하면서 하나님과 우주의 기초적 조화를 발견하기 위해 훈련받는 훈련의 과정으로 교육을 이해하였음을 볼 수 있다.

코메니우스의 방대한 저작들 중 많은 부분들이 20세기까지만 해도 세상에 알려지지 않은 채 숨겨져 있었다. 그런데 '현대 코메니우스 연구의 아버지'라 불리는 슬로바키아 신학자 얀 크바찰라(Jan Kvacala, 1862~1934)가 코메니우스의 라틴어 저작들을 세계 도처에 있는 도서관을 돌아다니며 찾아내어 모라비아에서 출판을 하기 시작하면서 비로소 세상에 알려지게 되었다. 1990년대에 체코슬로바키아의 학문 학술원은 모든 코메니우스의 저작을 라틴어 혹은 체코어로 출판하는 원대한 계획을 실행에 옮겨 지금까지 약 15권의 두꺼운 책들이 출판되었다. 또한 번역의 어려움에도 불구하고 독일어와 영어로 된 코메니우스의 저작들도 천천히 그러나 꾸준히 증가하고 있다. 세계 여러 나라에서 진행되고 있는 코메니우스 연구가 속력을 내지 못하는 이유는 코메니우스를 연구하는 사람들에게 제공되는 대부분의 저작이 라틴어로 되어 있다는 점이 가장 크다고 볼 수 있다(Igor Kišš, 2013b, p.55).

교육적 공헌

> 코메니우스에게서는 인간이 하나님과 바른 관련을 맺는 것뿐만 아니라 다른 인간과 문화와의 바른 관계 형성, 자연과 창조세계 전체의 올바른 관계 형성이 모두 교육의 과제이다. 그에게서는 일 반교육과 기독교교육이 통합되고 그 모든 것이 기독교교육의 카 테고리 안에서 이해된다(양금희, 2001, P.127).

교육의 체계성과 통전성 – 범조화 확립

이 세계를 하나의 유기체로서 내적 균형을 가진 하나의 조화로운 전체로 본 코메니우스는 그의 동시대의 학자, 정치가들이 추구하는 것들이 포괄적이고 통전적이지 못한 것에 대해 비판하였다. 그는 하나님과 세계와 인간과의 통일성을 강조하면서 이 세계를 개선하기 위해서는 창조세계의 유기체 논리에 따라 행동하고 그것을 존중할 줄 아는 피조물 간의 조화를 배워야만 한다고 역설하였다: 이를 위해 인간은 인류의 모든 욕구를 충족시키려고 시도할 때 서로가 조화를 이루게 하며, 상호보완적이며 관련을 맺도록 힘써야 한다. 전체적인 것은 단편적이지 않은 상태로 인식되어져야 하며, 부분적이지 않은 방법으로 현재와 미래를 파악해야 한다. 그렇지 않을 경우, 대부분의 사람은 인식의 대상에만, 또 어떤 사람들은 의지의 대상에만,

그 밖의 사람들은 행동의 대상에만 몰두하게 될 것이다. 그래서 그 밖의 모든 것은 중요하지 않게 되고 관심 밖의 것으로 간주하게 된다. 만약 그러한 사람들이 부분적인 지식에만 빠져들게 되면 무익한 것을 과도하게 추구함으로써 필수적인 것에는 오히려 결핍이 생기게 된다. 코메니우스(1666/1991)는 이것을 다음과 같이 묘사하였다:

> 형이상학자들은 혼자서 노래를 부르고, 물리학자들은 혼자서 박수갈채를 보내며, 천문학자들은 혼자서 춤추고, 윤리학자들은 혼자서 자신들의 법칙을 정하고, 정치가들은 혼자서 자신들의 토대를 고안해내며, 수학자들은 혼자서 승리의 개가를 연주하고, 신학자들은 혼자서 다스린다(pp.69~70).

이와 같은 지식과 학문의 제각각의 몰두는 오류로 인도한다는 것이 코메니우스의 지적이다. 만일 각자 오로지 자기 자신과 자신의 사상 세계에만 몰두한다면, 이것은 마치 음악가들이 공동의 방식을 무시한 채 각자 혼자서 연주하려고 하여 불협화음을 피할 수 없는 것과 마찬가지이기 때문이다. 이러한 오류를 극복하기 위해 코메니우스는 모든 지식의 영역을 셋으로 나누어 설명하면서 이 영역들이 새로운 통일적인 체계와 더불어 조화로운 일치를 이루어야 함을 역설하였다. 즉, 하나님에 대한 지식, 자연에 대한 지식, 기술/예술에 대한 지식이라는 세 영역의 상응관계와 조화를 통해 우주만물에 대한 통일된 지식을 얻어야 한다는 것이다. 이것을 도표로 표현하면 다음과 같다:

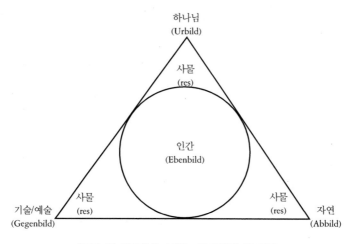

〈도표 3〉 범조화를 이루는 범지학의 세 영역

이처럼 사물들은 그들의 원형인 하나님(Urbild) 안에, 도장처럼 자연(Abbild) 속에, 복사물처럼 기술/예술(Gegenbild) 속에 있다. 모든 사물의 창조와 지식의 근본 토대는 조화이기 때문에 오케스트라가 소리의 화음을 이루듯 하나님 안에 있는 영원한 덕성, 자연 안에 창조된 덕성, 기술/예술 속에 묘사된 덕성의 조화가 이루어져야 한다. 코메니우스는 이 세 영역에서 조화를 이루게 하는 중심 존재로 인간을 지명한다. 여기서 인간의 위치는 창조주 하나님과 완전히 상응할 정도로 아주 닮은 존재(Ebenbild)이다.[62] 다시 말해서, 인간은 창조주 하나님의 형상을 닮은 존재로서 그 형상을 회복하는 과제를 교육적으로 수행해야 한다. 이러한 교육적 과제를 수행하기 위해, 즉 범조화를 이루기 위해서 우리에게 필요한 것은 우리의 모든 능력(이성, 감각, 신앙)을 사용하는 것이며, 우리가 선호하는 부분에서만

---

62) Dieterich, 1991, pp.71~72 참조.

하는 것이 아니라 전 창조세계에 그것을 적용하는 것이다. 이러한 과업을 위한 교육은 부분이 아닌 완전하고도 총체적인 것이며, 피상적이고 현혹하는 것이 아니라 충실하고 실제적인 것이며, 가혹하거나 강요하는 것이 아닌 부드럽고 평화적이어서 견딜 만한 것이어야만 한다. 코메니우스는 이를 위해 학교에서는 학생들이 하나의 사건에서 독립적으로 계속하여 다른 사건을 추측할 수 있고, 모든 것의 원인을 캐낼 수 있도록 체계적으로 교육되어야 함을 그의 모든 교육적 저술들에서 강조하였다.

인간의 교육적 능력과 책임을 강조한 코메니우스는 "네가 사람의 말, 사물과 감각을 유사한 법칙으로 긴밀하게 결합시키고자 한다면 세상은 완전한 조화가 이루어진다"며 인간의 교육적 능력과 책임을 강조한 코메니우스는 다음과 같이 경고하고 있다.[63]

> 인간 본성의 총체적 힘을 어느 하나에 배타적으로 사용하거나 자연의 전체 무대에 적용하지 않는다면 이 세 영역은 조화롭게 지속될 수 없으며, 그 자체와 자연과 인류 전체에게 치명적인 해를 끼칠 수 있는 잘못된 길로 가게 될 것이다.

평등교육, 평생교육, 평화교육, 보편교육, 기독교교육, 전인교육, 조기교육, 가정교육, 유아교육, 부모교육, 교사교육, 언어교육, 실물교육, 교수법의 확립

코메니우스는 거의 모든 교육학 영역에서 대단한 사람으로 드러났다. 즉, 그는 먼 미래를 꿰뚫어보는 사상가였다. …… 그의 교육

---

63) Katechismus der Brüderunität, Amsterdam 1661, zit. nach H. Geissler, *Comenius und die Sprache*, Heidelberg, 1959, S.155(Gossmann./Schröer, 1992, p.155에서 재인용).

학에 나타난 깊은 민주주의적인 정신과 인간애가 담긴 내용은 이제
야 비로소 완전히 가치를 발견하고 실현할 수 있게 되었다(Robert
Alt, 1954).[64]

모든 인간은 하나님이 주신 세 가지 책들, 즉 인간 정신의 책, 자
연의 책, 성경책을 읽을 수 있는 이성과 감각, 신앙의 눈을 부여받
았기 때문에 교육에서 제외된 인간은 아무도 없다는 코메니우스의
범교육적 관점은 어린이, 부녀자, 평민, 장애인 모두가 평등하게 교
육을 받을 수 있는 평등교육과 보편교육의 장을 열어놓았다. 또한
범교사에 의해 하나님과의 관계를 위해 '경건성'이 함양되고, 자연
세계와의 관계를 위해 '지성'이 연마되고, 인간과의 관계를 위해
'덕성'이 계발되는 전인교육의 내용[65] 및 방법을 제시한 코메니우
스의 범교육은 전인교육과 교사교육이 확립되는 데 공헌하였다. 이
것은 『빛의 길』과 『대교수학』, 『범교육학』 등을 통해서 확인할 수
있다.

---

64) Dieterich, 1991, pp.144~145 참조.

65) 지성을 위하여 학문(eruditio)이, 덕성을 위하여 도덕과 예절 교육(mores)이, 경건성을 위해서는
    종교교육(religio)이 필요하다.

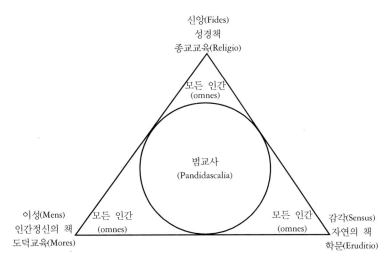

신앙(Fides)
성경책
종교교육(Religio)

모든 인간
(omnes)

범교사
(Pandidascalia)

이성(Mens)　　　모든 인간　　　　　　　　　　모든 인간　　감각(Sensus)
인간정신의 책　　(omnes)　　　　　　　　　　(omnes)　　자연의 책
도덕교육(Mores)　　　　　　　　　　　　　　　　　　　학문(Eruditio)

〈도표 4〉 평생교육을 위한 범교사의 세 가지 역할

코메니우스는 모든 인간은 평등하게 보편적으로 교육을 받아야 할 뿐만 아니라 일생을 통해 범지학교에서 범교사에 의해 평생에 걸쳐 받아야 하는 평생교육을 제시하고 있다. 그런데 교육은 아주 어릴 때부터 가정에서 일찍 시작되어야 한다. 가정에서의 교육이 제대로 수행되지 못할 때 인간, 가족, 세계 전체가 멸망하게 되고, 학교, 교회, 국가는 곤경과 어려움에 처하게 된다고 경고한 코메니우스는 모든 인간을 근본적으로 개선시킬 수 있으며, 인간의 본성을 완성시키며, 완성에로 인도할 수 있는 힘을 가진 범교사의 역할에 대해 강조하였다.[66] 특별히 가정에서 일차적 교사로서의 어머니의 역할을 매우 강조한 그의 교육론은 가정교육과 조기교육의 토대를 마련하였으며, 교사교육의 기틀을 마련해주었다. 이에 대한 그의 저서로는

---

66) Comenius, 1666/1991, pp.122~154 참조.

『대교수학』과 『범교육학』, 『어머니 학교 소식』 등이 있다. 가정교육의 내용과 방법 등이 자세히 제시된 이 책들에는 유아교육과 부모교육의 내용이 함께 담겨 있어 유아교육과 부모교육의 지침서로 사용되어 오고 있다.

코메니우스(1666/1991)에 의하면 모든 인간은 이성(ratio)과 언어(oratio), 그리고 행위(operatio)의 세 기능을 생득적으로 소유하고 있다. 즉, 모든 사물을 현명하게 관찰할 수 있는 정신(mens)과 그 정신이 인지한 모든 것을 다른 사람들에게 전달하는 언어(lingua)와 그 인지된 것들을 수행하는 손(manus)의 기능을 소유하고 있다. 이러한 기능들을 전체적으로 명확하고 철저하게 사용하는 방법을 인생의 초기부터 교육받지 않게 되면, 사물을 희미하게 부분적으로 파악하게 되어 전 생애에 걸쳐 생각이나 말, 행동에 오류와 혼동을 일으키게 된다(p.148). 모든 사물을 인지하고, 전달하며, 실천하기 위해 가장 적합한 이 세 가지 기능을 활용한 교육을 제시한 코메니우스는 언어교육과 실물교육을 통합한 새로운 교수법의 확립에 공헌을 하였다.

언어와 사물의 결합을 시도하고 자연의 원리를 따른 그의 새 교수법은 빈부나 귀천, 남녀노소, 재능을 가진 자나 못 가진 자 등의 차별을 뛰어넘어 모든 사람을 위해 활용할 수 있는 보편적인 방법으로 평가받고 있다. 이에 관한 주요 저서로는 『열린 언어의 문』, 『대교수학』, 『새로운 언어습득 방법론』, 『분석교수학』, 『그림으로 이해하는 세계』, 『놀이학교』 등이 있다.

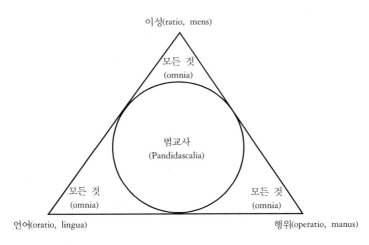

이성(ratio, mens)

모든 것
(omnia)

범교사
(Pandidascalia)

모든 것
(omnia)

모든 것
(omnia)

언어(oratio, lingua)

행위(operatio, manus)

〈도표 5〉 코메니우스의 인간 이해에 기초한 교수법 원리

감각을 통해 사물을 이해해야 한다는 코메니우스의 교수학적 관점은 실물교육의 새로운 장을 열어주었다. 과학교육의 최초 모습인 실물교육의 원리는 그의 범교육학 이론에서 출발하였다.[67] 그는 모든 사물을 올바르게 활용하는 방법을 알고 있는 범교사로부터 수업 시에 실물 관찰을 통해 실제 사물의 지식을 자연 질서에 따른 수업방식으로 배워야 함을 강조하였다. 이것은 자연과학 분야에서 실물교육의 중요성을 일깨워준 것으로서 이와 관련된 주요 저서로는『물리학 개요』와『사물의 문』,『대교수학』,『범교육학』등이 있으며, 어린이의 실물교육을 위한 학습교재인『그림으로 이해하는 세계』가 있다.

코메니우스의 평생의 삶을 통해 '평화'는 매우 절실한 과제였다. 그 당시 전쟁의 소용돌이에 휩싸여 있던 세상을 '미로'로 묘사한 코메니우스는 무질서와 부패, 이기심과 편견, 어리석음과 무지의 어둠

---

67) 정병훈, 2007, pp.30~42 참조.

『교수학 대전집』에 수록된 코메니우스의 표어:
"모든 것이 자연스럽게 흘러가게 하라(omnia
sponte fluant), 사물에 폭력을 가하지
말라(absit violentia rebus)"

에서 벗어나올 수 있는 '빛의 길'을 제시하였다. 스스로 빛으로 존재하시는 예수 그리스도는 인류의 구원을 위하여 더 이상의 전쟁이 없으며, 더 이상의 인간의 탐욕과 전쟁을 허용하지 않는 우주적 평화를 실현할 수 있는 빛을 주신다는 코메니우스의 확신은 평화를 위한 교육적 노력 및 정치적 노력을 하도록 이끌었다. 이를 통해 코메니우스의 인간 사물세계 개선을 위한 최종 목표는 "전체성의 구현으로 인하여 나타나는 평화의 세계(안영혁, 2005, p.195)"였음을 알 수 있다. 이에 관한 주요 저서로는 『세상의 미로와 마음의 낙원』, 『안전의 중심』, 『평화의 천사』, 『빛의 길』 등이 있다.

새로운 평화 공동체에 대한 코메니우스의 이상은 유토피아적 환상이라는 비판도 받았지만, 그의 확신은 예언적 신앙과 사회윤리와의 관계성을 자연스럽게 일치시키고 있다. 즉, 그는 궁극적으로, 하나님께서 그의 창조의 집(the house of creation)에 채워주신 풍성함이 모든 사람의 교육을 위해 적합하도록 마련되어 있기 때문에 참된 평화교육을 통해 질서 있는 새로운 사회 공동체가 곧 실현된다는 사실을 확신하였다.68)

그때에 온 세상을 덮고 있는 우주적 평화가 있을 때, 미움과 미움의 원인들이 없어질 것이며, 사람들 사이에서 불화와 의견의 충돌도 사라지게 될 것이다. …… 그때에 나라들이 칼을 쟁기로, 창을 낫으로, 투창을 곡괭이로 만들고, 나라가 나라를 대적하여 더 이상 칼을 들지 않고, 사람들이 더 이상 전쟁을 일으키지 않고, 모든 사람이 포도나무와 무화과나무 밑에 앉아 있을 것이며, 어떤 사람도 다른 사람을 두려워하지 않을 것이라는 예언이 성취될 것이다. 그리고 땅에서 더 이상 폭력의 소리가 들리지 않을 것이다(Comenius, 1668/1938, pp.202~203).

---

68) 이숙종, 2007b, P.57 참조.

제6장

필자의
코메니우스 연구 논문

한국 최초의 코메니우스에 관한 종합적이며
체계적인 연구자 이숙종 이해

전인성 계발을 위한 기독교교육의 가능성 모색:
생의 주기 8단계를 중심으로

전인적 기독교 가정교육의 사상적 기초로서의
코메니우스와 부쉬넬 이해

포스트모던 시대에서 코메니우스의 교육사상의
현대적 해석과 적용

한국에서는 1969년에 최초로 석사학위 논문에서 『대교수학』의 내용이 한국어로 소개된 이후로 코메니우스에 관한 체계적인 연구 및 학술활동이 활발해지게 되었다. 필자의 박사학위 논문 지도교수였던 이숙종(1996)은 "한국에서 코메니우스에 관한 최초의 종합적이며 체계적인 연구(p.6)"인 『코메니우스의 교육사상』이라는 방대한 저서를 비롯해 코메니우스 관련 논문 및 역서와 저서를 저술한 대표적인 한국의 코메니우스 연구자였다. 그는 2003년에 한국-체코 코메니우스 연구소(Korea-Czech Comenius Society)를 설립하여 2003년부터 2008년에 이르기까지 6회에 걸쳐 국제 및 국내 학술대회를 개최하면서 코메니우스의 교육사상을 한국의 기독교교육학계에 알리려는 수고와 노력을 아끼지 않았다.

제6장에서는 '고 이숙종 교수 추모 1주기 기념 학술대회(한국기독교교육정보학회 주최)'에서 이숙종의 한국에서의 코메니우스 연구 업적을 기리기 위해 필자가 발표한 주제 강연 논문과 17세기의 코메니우스의 교육사상이 21세기 포스트모던 시대에서도 적용 가능한 교육사상임을 논하기 위해 필자가 다학제 간 연구방법론을 따라 연구한 논문들을 수정 보완하여 실었다.

한국 최초의 코메니우스에 관한 종합적이며 체계적인 연구자 이숙종 이해[69]

1. 이숙종의 기독교교육 사상의 기초

이숙종의 기독교교육 사상의 기초가 코메니우스의 교육사상이라고 말하는 데 있어서 이론을 제기할 사람은 아무도 없을 것이다. 1987년에 미국의 뉴저지(New Jersey) 주립대학교에서 "The Relationship of John Amos Comenius' Theology to His Educational Ideas(코메니우스의 신학과 교육사상과의 관계)"라는 주제로 교육학 박사학위를 받고 한국에 돌아온 이후 하나님의 부르심을 받기 전까지 이숙종은 줄곧 코메니우스에 관한 논문 발표 및 단행본 출간, 그리고 학회 활동 및 강연을 통해 코메니우스에 대해 불모지와 같던 한국 기독교교육학계에 코메니우스를 알리는 일에 주력하였다.[70]

이숙종의 기독교교육 사상을 올바로 이해하려면 이숙종의 학문적 여정에 늘 동행한 코메니우스의 교육사상을 '범지혜(Pansophia)'와 관련하여 살펴보아야만 한다. 그럼으로써 코메니우스의 '범지혜'적 교육사상을 21세기 새 천년의 시대적 요청에 부응하여 재구성하고자 현대사회에 대해 심도 깊게 탐구한 이숙종의 학문적 족적이 드러나기 때문이다. 현대를 살아가는 현대인의 삶의 자리에 대한 학자로서의 책임은 이숙종으로 하여금 현대사회에 대한 학문적 탐구에 열

---

69) 이 글은 필자가 2010년도 추계학술대회(한국기독교교육정보학회 주최)에서 주제 강연을 한 원고를 수정/보완한 것이다.

70) 이에 대한 결과물은 한미라 교수(2010)가 편집한 『'빛'의 신학과 '마음'의 교육; 이숙종의 코메니우스 이해-고 이숙종 교수 논문집-』에 수록되어 있다.

정을 쏟게 하였다. 이러한 학문적 노고는 현대사회에서의 전인적 인간성 실현과 새로운 공동체 모색, 즉 '복지 공동체' 실현[71])이라는 교육적 과제로 나타나게 되었다. 이러한 일련의 작업을 통해, 이숙종의 현대사회에 대한 학문적 탐구는 코메니우스의 교육사상을 재해석하여 현대사회에서 요청되고 있는 기독교교육으로 재구성하게 만든 원천이 되었음을 알게 될 것이다.

1) 코메니우스의 교육사상

코메니우스의 사상은 첫째로, '범지혜'적 특징이 드러난다. '범지혜'는 하나님, 인간, 사물세계 전체에 대한 온전한 모든 지식을 말하는데, 이 범지혜적 체계 안에서 인간의 위치와 역할은 매우 중요하다. 코메니우스의 '범지혜'는 전체에 있어서 인간의 위치와 책임을 결정적으로 규정하는 교육인간학적 입장을 보여준다.

둘째로, 전인적 인간성 교육을 지향하는 '범교육'의 특징이 드러난다. 당시에 희랍철학에 기초를 둔 지·정·의를 위한 이원론적 교육론을 극복한 코메니우스의 범교육적 입장은 전인성 계발을 위한 교육의 가능성을 제시해주었다. 전인적 인간성 교육을 위해 인간은 다른 피조물과의 관계개선을 위해 '지성'을 연마해야 하고, 인간과의 관계개선을 위해서는 '도덕과 예절'을 훈련해야 하고, 하나님과의 관계개선을 위해서는 '경건성'을 함양해야 한다는 코메니우스의

---

71) 이숙종(2006)은 "새로운 공동체는 현대사회의 모순과 갈등, 부정과 부패, 비도덕적·비인간적인 자기중심적 요소들을 개혁할 수 있는 인간이 인간답게 이웃을 돌보며 살아갈 '복지 공동체(welfare community)'가 되어야 한다(pp.1~2)"고 강조하면서 새로운 공동체의 모형으로서 '복지 공동체'를 제시하였다.

범교육적 입장(1657/1993, p.29)은 이숙종의 기독교교육 실천의 기본적인 입장이기도 하였다.

2) 현대사회의 이해

이숙종(2001a)은 교육을 세계와 자연(문화)의 회복의 통로로 작용하는 핵심적인 개념으로 이해한 코메니우스의 교육사상을 그의 학문적 기초로 삼는 것에 그치지 않고, 현대사회와 문화를 분석하고 문제점을 파악하는 학문적 노력을 경주하였다(pp.62~138). 현대사회의 다양한 문제를 해결하기 위한 방안을 코메니우스로부터 발견하기 위해 21세기의 특징과 그 문제를 파악하는 것이 선행되어야 함을 강조하면서 그는 현대사회를 첫째, 정보사회로 이해하였다. 정보사회란 지식정보와 컴퓨터가 만나 로봇과 사이보그와 같은 인공지능을 갖춘 기계인간이 출현하여 기술만능 의식이 팽배해진 사회이며, 모든 업무가 컴퓨터로 처리되어 개인의 일반적 신상 정보뿐 아니라 신용정보, 진료정보, 거래정보 등이 데이터베이스에 수집, 축적되어 정보 공개라는 조건하에 상호 신용과 신뢰에 의해 성립된 사회이다. 둘째, 가상세계와 현실세계와의 교류가 이루어지는 사이버세계로 이해하였다. 현대인들에게 사이버 공간은 현실세계 못지않게 중요한 삶의 터전이 되어 지구촌 구석구석까지 고속·고질의 네트워크가 연결되면서 현대인들은 가상과 현실 세계를 오가며 호기심과 상상력을 마음껏 펼치게 되었다는 것이다.

비록 정보사회와 사이버세계로 특징지어지는 현대사회가 가지고 있는 긍정적인 면이 있음에도 불구하고 현대사회의 문제점을 피해

갈 수 없다는 것이 이숙종의 견해이다. 현대사회는 첫째, 시공간을 초월하여 일상생활에서 편리하고 수월한 삶을 살 수 있게 하였고, 둘째, 지식과 정보의 신속한 교류와 이해를 가능하게 하여 풍요로운 경제적 생활 안정과 향상을 가져다주었으나, 다음과 같은 비인간적이고 부정적인 사회문제를 야기했다는 것이다. 즉, 현대의 정보화 사회는 모든 현실적 가치 평가의 기준이 정보가치에 의해 좌우될 수 있어 인간의 본래적 가치보다도 정보 가치에 의해 평가받게 되어 인간이 정보에 예속되는 '비인간화'의 현상을 초래할 위험성이 도사리고 있다는 것이다. 또한 시공간의 장벽이 허물어져 가는 사이버 공간에서 가상을 현실로 받아들여 자아 확장의 새로운 과정으로 착각하여 살아가는 사건들이 수없이 발생할 수 있다는 것이다. 특히 청소년들은 인터넷을 통해 집단 자살과 폭탄 제조 등과 같은 행위를 모방할 수 있는 위험에 노출되어 있다.

이러한 현대 정보화 사회의 역기능을 극복하기 위한 제도적 장치로 이숙종은 다음과 같이 제언을 하였다: 첫째, 개인 및 기업의 정보 보호를 철저히 해야 한다. 이를 위해서는 개인을 확인하는 정보처리 과정에서 오남용을 방지하는 장치와 기업의 업무기밀의 외부 유출이나 정보 복제를 통제할 새로운 감시체제와 보호 장치가 요구된다. 둘째, 인터넷을 통해 구성된 인공적 환경과 가상현실을 극복해야 한다. 이를 위해 개개인의 자기능력을 관리할 수 있는 새로운 지식과 에너지가 창출되어야 한다.

결론적으로, 현대사회의 다양한 문제들을 해결하기 위한 중요한 방안은 현대의 기계기술과 인간성과의 조화에 있다고 간파한 이숙종은 인간성 상실의 위기 앞에서 경건성72)교육을 포괄한 코메니우스의 전인성 교육에 관심을 집중시키고자 하였다.

3) 전인적 인간성 교육 이해

이숙종(2001a, p.221)은 "인간의 내면세계에 잠재해 있는 무한한 능력을 계발하여 자기 자신의 인간성을 확립하고, 다른 사람들과 이웃과의 원만한 인간관계와 공동체 생활을 영위하고, 초월적인 신과의 영적 관계를 유지해야 하기 때문에" 지성교육, 덕성교육, 경건성 교육을 포괄하는 전인교육이 필요함을 역설하였다. 이것은 인간을 대우주 안에 있는 소우주로서 이해한 코메니우스(1657/1993)가 소우주인 인간의 내면에는 발달의 잠재력이 내재해 있어서 인간은 출생에서 성숙에 이르기까지 내적 발달의 법칙을 따라 성숙해야 한다는 교육적 입장을 견지한 것이기도 하다(p.33). 코메니우스(1657/1993)의 인간 성장 단계에 따른 교육지침들은 모두 전인적인 인간성 교육을 지향하는 구조 속에서 좁게는 어머니의 배 속에서부터 시작하여 넓게는 세상에 이르기까지 인간의 전인성이 형성되는 교육의 장인 학교에서 실천되도록 제시되었다(pp.193~214).

역사적으로, 기독교교육은 가정과 제도적인 교회를 포괄하는 신앙 공동체 안에서 이루어져 왔다. 가정과 교회는 개인의 신앙을 성장시킬 수 있는 신앙의 매개자로서 개인이 성숙한 신앙을 소유할 수 있도록 상호 긴밀한 관계성 속에서 신앙여정을 함께해 왔기 때문이다. 이숙종(2001a)은 역사적으로 발전되어 온 기독교교육의 신앙공

---

72) 영성과 경건성에 대한 유장춘(2006)의 구별 참조: "영성은 하나님과의 진정한 관계이고 그 관계가 삶을 통해 표현되는 것이 경건이다(p.135)."

동체성을 인정하면서도 현대사회가 당면한 문제에 직면하여 교육의 새로운 이해와 필요성이 요청되고 있음을 다음과 같이 강조하였다:

> 인터넷의 확산으로 세계화 추세는 가속화될 것이지만, 인터넷은 어느 한 사람이 통제할 수 없는 공간이 되기 때문에 그것을 통제할 수 있는 전문 지식과 그 공간을 함께 공유하고 있는 다른 사람들과 협동하고 삶을 나눌 수 있는 바람직한 인간성을 위한 교육이 강조되어야 할 것이다(p.235).

이것은 "인간성의 중요성과 위대함을 자극하는 모든 지성적 혁명이 생동력 없는 타성적 개념에 반대하는 열정적인 항거(p.235)"를 하는 '새 교육(1998, pp.88~98)'을 요구한다. 이숙종(2001a, pp.236~237)은 생동력 있는 이념을 가진 인간성을 배양하기 위해 교육이 지향해야 할 목적에 대해 다음과 같이 언급하였다: 첫째, 교육은 인간의 창의성에 목적을 두어야 한다. 현대사회에서 창의성을 위한 교육은 새로운 시대에 필요한 기계기술의 이용과 통제를 올바로 배움으로써 사회 공동체에 이바지하는 것에 목적을 두어야 한다. 둘째, 교육은 '새로운 의식(new consciousness)'의 계발에 목적을 두어야 한다. 이 '새로운 의식'은 새로운 인간성 회복을 위한 사회 공동체의 합의에 의해 인간의 자기 이해와 다른 사람들의 이해, 자연과 하나님과의 관계성을 위한 도덕적·종교적·예술적 가치들을 사회 공동체의 혁신적 기반이 되게 하는 것이다. 셋째, 교육은 인간의 해방과 초월성에 목적을 두어야 한다. 즉, 교육은 현대사회의 굴절된 의식으로부터 초월하려는 인간 해방운동이어야 한다. 넷째, 교육은 '공동체 의식(consciousness of community)'의 배양에 목적을 두어야 한다. 다섯째, 교육은 자연과의 상생 관계 정립에 목적을 두어야 한다.

이숙종은 인간의 세 가지 속성(지성·도덕성·경건성)을 계발하는 인간성을 위한 전인교육을 가정과 교회에만 국한하지 않았다. 다시 말해 이숙종(2001a)은 현대사회에 대한 폭넓은 통찰력과 함께 전인적 인간성 교육이 학교라는 교육현장에서 정상적으로 수행되어야 할 것과 더 나아가 사회 공동체를 포함한 모든 집단에서 사람들의 미래를 위한 보편적인 사회활동의 중요한 핵심적 부분이자 원동력이 되어야 할 것을 제안하였다(p.234).

2. 이숙종이 제시한 현대 기독교교육의 과제 및 역할과 전망

코메니우스에게 있어서 기독교교육의 과제는 인간이 하나님과 바른 관계를 맺는 것뿐 아니라 다른 인간과 문화와 바른 관계를 맺고, 자연과 창조세계 전체와 올바른 관계를 맺는 모든 것이 포괄적으로 포함된다. 이숙종은 코메니우스가 제시한 기독교교육의 과제에 근거하여 현대 기독교교육의 과제 및 역할과 전망을 제시하였다. 이러한 이숙종의 교육적 시도들은 현대사회의 인간성 상실의 위기 상황에서 교육의 의미와 역할을 재발견하고자 현대 기독교교육의 재구성을 제안한 것을 알 수 있다. 또한 현대 기독교교육에서 영성교육의 중요성을 제시한 이숙종의 교육적 시도는 온전한 인간성 교육을 위해 지성과 덕성, 그리고 경건성 교육의 조화를 강조한 코메니우스의 중요성을 새롭게 각성하게 한다. 마지막으로 이숙종이 다원화된 현대의 기계기술 사회에서의 '비인간화'를 극복할 수 있는 새 공동체를 지향하고, 더 나아가 현대인의 삶의 전 영역에 걸친 다양한 문제들을 복음의 '실천'으로 해결하기 위해 '복지 공동체' 실현의 중요성을 강조한 것은 현대사회에서 요청하고 있는 기독교교육의 과제 및 역할에 대한 실천적 전망임을 확인할 수 있다(한미라, 2004; 2005; 2010).

1) 코메니우스의 재해석 및 현대 기독교교육의 재구성 제안

코메니우스는 사회적 딜레마를 초래한 원인에 대해 철저하게 재평가하고 각성할 때 인간의 사고와 의식을 새롭게 변화시킬 수 있고 사회를 전반적으로 개혁시킬 수 있다는 희망으로 그의 교육적 노력을 기울여왔다. 이숙종(1998)은 코메니우스가 "비록 4세기 전의 사람이지만 그는 새로운 인간 이해를 위해 아리스토텔레스의 심리학과 그의 기독교 신학의 관점에서 인간의 내면세계인 마음의 구조와 육체와의 관계성을 심층적으로 분석하였다"고 평가하면서 코메니우스의 교육적 영향을 현대사회에서 재조명하여 현대사회의 맥락에서 코메니우스의 교육사상을 재해석하는 작업을 필생의 과업으로 삼았다(p.88).

오늘날 기독교교육에서 코메니우스의 교육사상을 실천하기 위해 코메니우스는 재해석 되어야 하고 현대사회에서 실천될 수 있는 새 패러다임으로 재구성되어야 한다는 교육적 일념으로 이숙종은 그의 모든 학문적 열정을 쏟아왔다.[73] 이숙종의 이러한 학문적 열정은 그의 모든 논문과 저서 속에서 발견된다.

무엇보다 이숙종은 현대사회의 인간성 상실의 위기 상황에서 교

---

73) 이에 대한 대표적 논문으로 "The Modernity of Comenius", Korean Journal of Comenian Studies(Vol. 1, 2008)와 "The Reinterpretation of John Amos Comenius and the Reconstruction of Education in Modern Society." **기독교교육논총**, 제3호(1998) 참조.

육의 의미와 역할을 재발견하는 작업을 코메니우스의 교육 사상을 통해 재구성하고자 하였다. 특별히 현대사회의 청소년들에게 그들의 내면세계에 잠재해 있는 '지성'과 '덕성', 그리고 '경건성'의 세 가지 씨앗들을 조화 있게 배양하기 위한 지성교육, 덕성교육, 경건교육을 통해 청소년들의 인간성 회복과 전인적 인격성장을 꾀해야 할 것을 강조하였다. 이것은 이숙종(2007)으로 하여금 "인간의 전 유기체적 구조의 핵심이 되는 영성의 갱생과 회복을 가능하게 하는 영성교육(p.198)"의 중요성을 제기하게 하였다.

2) 현대 기독교교육에서 영성교육의 중요성과 전망 제시

이숙종(2007)은 기독교적 영성이란 "하나님의 영이 전인적으로 인간에 거하는 상태"라고 정의한 로저스(Frank Rogers)에게 동의하여 영성을 "하나님을 향한 인간의 경험적 노력과 자신을 초월하는 하나님과의 경험적 관계성의 추구"라고 이해하였다(p.199). 결국 영성은 인간이 궁극적으로 추구하고자 하는 영적인 성숙의 상태를 포함하는 하나님과 인간에 대한 사랑의 과정이요, 인간 삶의 모든 영역이 이웃과 자연만물, 그리고 예수 그리스도와 하나님과 바른 관계를 맺어가는 여정으로 이해할 수 있으므로 인간 삶의 모든 단계에서 영성교육이 이루어져야 함을 알 수 있다.[74] 따라서 영성교육이란 종교를 초월한 인간의 영적 속성을 위한 교육을 의미한다고 볼 수 있

---

74) 신앙공동체에 대한 관심과 함께 사회에서의 도덕적 책임성을 강조함으로써 사회적 실천의 측면을 강조하는 '실천형 영성'으로 통합적으로 이해하려는 것이 현대 영성학의 특징이 되고 있음을 지적한 손원영(2009, p.185)을 참조.

으며, 기독교교육에서는 신앙교육 혹은 경건교육으로 축소하여 보다 구체적으로 표현할 수 있다.

영성교육은 현재 교육 현장 곳곳에서 요청되고 있다. '인간 의식의 변화(이숙종, 2001a, pp.31~41)'와 '영성의 회복'75)을 통해 현대 사회를 지배하고 있는 기계기술의 공룡을 극복할 수 있는 가능성을 발견한 이숙종은 『기독교 대학과 교육』76)의 머리말에서 "한국의 기독교 대학은…… 탁월한 학문성과 고결한 도덕성과 신령한 영성을 겸비한 지도자들의 배출을 염원하고 있다"고 밝히면서 영성교육이 필요함을 역설하였다. 특별히 지금까지 시도된 모든 교육적 노력들이 바람직한 인간성 형성이라는 교육적 과제를 적절하게 수행하지 못했다는 이유에서 이숙종(2007, p.188)은 영성교육의 중요성을 제시하였다. 이것은 김기숙(2008, p.137)이 "인간역사가 증명하듯이 도구적 이성에 내몰린 기능적 지식인들이 만들어낸 세상은 오히려 그들이 진정으로 원한 바가 아닌 인간소외, 인간성 상실, 진정한 의사소통의 부재가 난무하는 세상이 될 수 있다"고 우려하면서 기독교 대학 교양교육에서 영성교육에 기초한 인간성 교육을 강조한 것과 맥을 같이한다고 볼 수 있다. 그런데 이러한 교육적 요구는 비단 대학에서만 일어나고 있지 않다. 이원영(2007)은 유아교육의 현장에서

---

75) 코메니우스(1666/1991)는 인간의 영성(Geistlichkeit)을 구체적으로 세 가지 능력, 즉 '이성(ratio)', '언어(oratio)', '행위능력(operatio)'으로 세분화하여 설명하면서 이 세 가지 인간 영혼의 능력이 신적인 조명에 의해 유지되고 활성화되어야 진정한 영성을 이룬다고 보았다(pp.51~52).

76) 2007년에 발간된 이 책은 이숙종의 기독교교육사상을 체계적으로 정리한 마지막 저서가 되었다. 이 책에서 이숙종은 제1부에서, 한국의 기독교 대학의 사명과 정체성을 재확인하는 작업을 시도하였다. 제2부에서는 기독교 대학의 교육을 신학교육과 기독교교육, 그리고 기독교 사회 복지교육의 범주로 구분하여 그 중요성과 전망을 제시하면서 인간성 계발의 기초가 되는 영성교육의 중요성을 강조하였다. 제3부에서는 다양한 학문의 대화를 가능하게 하는 학제 간 연구를 위한 지식 종합의 원리와 필요성을 제시하면서 새로운 신앙 공동체와 복지 공동체에 대해 심층적으로 연구하였다.

일어나고 있는 문제를 영성교육과 관련하여 다음과 같이 진단하고
있다:

> 현대 유아교육과 코메니우스의 유아교육론을 비교할 때 가장 큰
> 차이는 현대 이론에서 하나님을 경외하는 마음을 유아들에게 가
> 르치지 않게 된 것이다. 유아교육 목적 중에도 경외심을 기른 후
> 에 도덕성을 기르고 그 후에 지식을 가르치라고 한 그의 주장은
> 이제 현대 유아교육에서 사라졌다. 코메니우스가 주장한 바와는
> 달리 교육의 목표 역시 순위가 완전히 반대가 되어 지식을 가르치
> 고 도덕성은 자연히 습득되도록 놔두고 하나님을 경외하는 일은
> 학교의 교육과정에서 빠져 있고, 대부분의 가정에서도 이루어지지
> 않고 있다. 현재 우리나라에서 일어나고 있는, 아니 전 세계에서
> 일어나는 크고 작은 사회적 문제들은 교육의 목적 순위가 바뀌었
> 기 때문일 수도 있다(p.29).

이와 같은 교육 현장에서 들려오는 목소리를 통해 우리는 현대사
회에서 이루어지고 있는 교육의 문제점들을 극복하기 위해 올바른
영성교육이 이루어져야 함을 절감하게 된다. 이숙종(1998)은 "교육
은 인간의 영적 속성을 다루는 신적 은혜의 유일한 도구이며, 그러
므로 교육의 본질은 종교적이어야 한다(p.98)"는 화이트헤드(A. N.
Whhitehead)의 말을 인용하면서 지식과 기술 습득 수단으로 전락한
교육을 비판하였다. 그렇다면 이숙종이 주장하는 올바른 영성교육은
어떤 것인가?77) 이숙종(2001a)은 올바른 영성교육은 첫째, 인간으로
하여금 '하나님의 형상'을 닮게 해야 하고, 둘째, 다원화된 현대 기
계기술 사회에서 사람마다 인간성을 회복하는 일에 목적을 두어야
하고, 셋째, "궁극적으로 사람들에게 세상에서 근본적이며 수단적인,

---

77) 이에 대해서는 이숙종, 2001a, 2001c, 2007 참조.

영속적이며 일시적인, 그리고 영적이며 물질적인 모든 것을 분명하게 분별하는 신령한 지혜를 부여하는 데 목적을 두어야 한다(p.233)"고 제안하였다.

영성교육을 통해 영적인 통찰력과 가치 판단력을 겸비하게 되면 하나님의 형상을 회복하여 세계를 개혁하려는 영적인 비전을 가지게 된다. 이것은 곧 코메니우스의 영성이었고, 이러한 영성교육의 전망에서 이숙종은 그의 학문의 여정에서 일관되게 영성교육의 중요성과 우선순위를 강조하였다. 즉, 모든 인간은 몸과 영과 혼이 건강하고 건전하게 활동할 수 있도록 좋은 지식을 갖추고, 덕스럽게 되고, 경건하게 될 특별한 책무와 책임성을 수행해야 하지만 지성적 학문과 도덕적 행위보다 더욱 중요한 것은 하나님을 경외하는 영성임을 강조하였던 것이다.

3) 새 공동체를 지향하는 기독교교육의 역할과 전망 제시

이숙종은 코메니우스가 진정한 평화는 인간의 내적인 마음과 조화와 일치를 이룰 새롭게 건설된 공동체에서 이루어질 수 있다고 강조한 것에 기초하여 "기독교교육은 현대사회가 지향하는 새 공동체의 형성과 도래를 위해 중요한 역할과 사명을 감당해야 할 것(2001a, p.419)"을 역설하였다. 모든 인류의 구원과 평화가 성취될 새로운 사회 공동체를 예시한 코메니우스에게서 영감을 받아 "한국 역사의 지평에 새 공동체를 실현하고자 하는 일념으로(2001a, p.5)" 새로운 공동체 모색에 심혈을 기울인 이숙종은 현대사회를 풍미하고 있는 기계기술의 문제와 한계성을 발견하여 해결하는 일이 우선되어야

함을 강조하였다. 이 일을 위한 교육의 역할에 대한 그(2001b)의 말
을 직접 들어보자.

> 예를 들면, 인류의 역사를 교육과 학습의 역사로, 인간의 통신수
> 단을 지식의 성장과 진보에 필수적인 것으로, 기계기술을 쌍방을
> 연결하는 수단으로, 새로운 지식을 구조의 포괄적인 통찰력으로
> 탐구해야 한다. 현대인이 이와 같은 새로운 가능성으로 문제들을
> 다루는 방법을 알게 될 때만 인간의 존엄성과 마음의 평화가 실현
> 될 수 있을 것이다. 동시에 이러한 새로운 방법과 대안은 현대인
> 들로 하여금 복잡한 정보세계의 미로에서 공동의 선을 지향하는
> 새로운 사회 공동체의 실현을 가능하게 할 것이다(p.32).

초대교회 공동체에서 새 공동체의 전형을 발견[78]한 이숙종은 어
거스틴(St. Augustine, 354~430)의 신의 도성(Civitas Dei), 캄파넬
라(Tommaso Campanella, 1569~1639)의 태양의 도성(Civitas solis),
코메니우스의 천년왕국(Chiliasmus) 등을 섭렵하며 새 공동체의 실
현을 지향하는 교육적 탐색을 하였다.[79] 그는 역사적으로 신앙공동
체는 '하나님 나라' 사상을 중심으로 한 세대에서 다음 세대로, 그리
고 한 지역에서 다른 지역으로 하나님의 구속의 이야기를 언어와 행
위로 실천하면서 존속해왔음을 밝혔다(2007, pp.305~308). 이러한
역사적 발전과정을 통해 신앙공동체에 속한 개인의 정체성 및 기독
교적 가치관 형성이라는 교육행위를 수행해온 신앙공동체는 다음과
같은 특징들을 가지게 되었다:

---

78) 초대교회 공동체는 세상에서 '하나님 나라'의 아름다움과 그리스도의 한 몸 됨을 실제로 보여
주는 '하나님나라'의 가시적 실재(visible reality)이며, 미래에 실현될 대안적 사회(alternative
society)로서 공동체의 전형이 되어왔다는 것이 이숙종(2006)의 평가이다(p.5).

79) '사회', '인간', '신앙', '교육'의 네 가지 주제가 깊이 상호 관련되는 가운데 새 공동체의 정립
을 탐구하는 것이 이숙종(2001a)의 교육적 관심이었다. p.5 참조.

첫째, 신앙공동체는 세상에서 그리스도의 현존을 체험할 수 있는 영적 교제를 창출하는 실재이다. 둘째, 신앙공동체는 '종교사회화' 혹은 '신앙문화화'를 통해 신앙의 성장을 촉진할 수 있다. 셋째, 신앙공동체는 그 자체의 독특한 유산인 신앙을 전달하기 위한 교육적 기능으로 존속하고 있다. 이러한 특징을 지닌 신앙공동체의 교육적 사명은 신앙의 절대적 가치를 강조하여 왔던 고유한 신앙교육과 함께 인간 의식의 변화를 위한 교육도 함께 병행해야 한다는 것이다. 이러한 신앙공동체의 사명은 브라질의 인간해방교육가로 알려진 프레이리(Paulo Freire)를 비롯해 미국의 웨스터호프(J. H. Westerhoff III)와 그룸(T. H. Groome)과 같은 저명한 교육신학자들의 신앙공동체 교육을 통해 시도될 수 있음을 이숙종(2007)은 시사하였다(pp.320~322).

이숙종은 학문 후기에 이르러 이와 같은 신앙공동체의 실현뿐만이 아니라 사회와 세계 가운데 침투하여 생명을 살리는 '복지 공동체(welfare community)'의 실현을 추구하였다. 이것은 현대의 다원화된 사회에서 신앙공동체가 교회를 중심으로 그 본래적 사명을 감당하는 데 있어 한계에 이르렀으므로 과감히 교회를 중심으로 한 '신앙공동체'에서 사회와 문화를 중심으로 하는 '복지공동체'로 전환해야 한다는 그의 시대적 각성에서 연유하였다. 그(2007)는 복지 공동체에 대한 성서신학적, 사회학적 이해를 기초로 하여 복지 공동체의 특징을 다음의 네 가지로 서술하였다(pp.329~342).

첫째, 복지 공동체는 '하나님 나라' 사상이 전형이 된다. 둘째, 예수께서 선포한 복음의 내용이 복지 공동체의 이상과 목적이 된다. 셋째, 병든 자들과 가난한 자들의 치유와 소외된 자들의 돌봄을 실천하는 생명존중의 공동체이다. 넷째, 사회적 신분과 계층을 불문하고 모든 사람을 보살피는 평등성과 공동 소유의 공동체이다.

공동체의 정체성과 가치를 전달하고 계승하는 역할을 하는 교육의 기능적 측면에서 볼 때, 복지 공동체 교육의 패러다임은 첫째, 예수의 삶과 교훈에서 제시된 복지 공동체의 전형을 현대사회에 실현하는 창조적 방안이 되어야 하며, 둘째, 현대인의 삶의 현장에서 복지공동체의 속성과 특징을 구체적으로 구현할 경험과 현장 중심의 교육이 되어야 한다는 것이 이숙종(2007)의 제안이다(p.345). 또한 인간 생명과 자연 생명과의 상생 관계를 정립하는 것이 복지 공동체를 위한 교육 목적이 될 것을 제안하며 현대사회에서 전 인류와 공생할 수 있는 자연 생태계와 모든 생명체를 포괄하는 인류 생명 공동체의 실현을 전망하였다(pp.351~352). 이것은 코메니우스가 하나님이 인간에게 자연과의 관계와 보존, 그리고 자연의 종말론적 완성에 동참하게 하는 과제를 부여하셨음을 강조한 것과도 통한다.

이와 같이 코메니우스의 새 공동체 사상과 자연관에 근거한 이숙종의 복지 공동체 제시는 기독교교육과 사회복지와의 다학제 간 논의를 가능하게 한다. 또한 기독교교육의 방법론으로 볼 때 많은 통찰을 제공하고 기독교교육의 시대적인 요청에 부응하고 있다고 평가할 수 있다(김희자, 2006, p.18).

3. 이숙종의 학문적 업적

이숙종의 학문 세계는 코메니우스의 신학과 교육사상이 그 토대를 이루고 있었다. 필자는 이숙종의 학문적 탐구를 추적하고 이해해 가는 과정에서 그의 모든 학문 활동의 근저에는 '코메니우스의 신학과 교육사상을 한국의 현대사회에서 어떻게 재해석하고 재구성할 수 있을까' 하는 고뇌가 깃들어 있음을 간파할 수 있었다. 이러한 그의 고뇌는 그의 기독교교육사상의 밑거름이 되어 수많은 논문들과 단행본 저서들 및 번역서들을 통해 학문적 결실을 맺게 하였다. 따라서 필자는 우선적으로 그의 글들에 준하여 그의 학문적 업적을 기리고자 한다.

첫째, 그의 박사학위 논문 제목에서도 밝히 드러나듯이 코메니우스의 교육사상이 신학적 관점과 매우 밀접한 관련성이 있음을 규명하였다. 즉, 단순히 교육이론가로서만이 아니라 '기독교적 세계관에 기초한 범지혜 사상가로서 범교육 체계를 완성한 교육실천가'로 코메니우스를 자리매김하였다. 둘째, 코메니우스의 인간 이해에 기초한 전인성 교육의 중요성을 제시함으로써 현대사회가 당면하고 있는 비인간화 및 인간성 상실, 소외 문제 등을 해결할 수 있는 실마리를 제공하였다. 셋째, 코메니우스의 진정한 관심이었던 평화교육, 영성교육이 이루어지는 새 공동체를 현대사회에서 어떻게 구체적으로 실천해갈 것인가를 제시하였다. 그것은 인간의 마음에 내재하는 평화의 개념을 성서적이고 신학적인 관점으로 해석하여 현대사회에서 요구되고 있는 새로운 공동체와 연결시키려는 노력으로 나타났다. 이러한 노력은 그의 학문 후기에 '복음'이라는 'Theoria'를 '복지 공동체'에서 실천하려는 'Praxis'와의 합류의 양태를 보여준다.[80] 넷째, 코메니우스 교육사상에 대해 다학제 간 접근을 장려함으로써 현대 기독교교육의 모형으로 재구성할 수 있게 하였다. 이것은 후기에

[80) 이숙종의 논문, "예수님의 삶과 교회의 복지 선교 운동(2002)", "신학과 사회복지학의 합류의 중요성과 대사회적 과제 및 전망(2005)", "복지공동체의 유형과 교육적 과제(2006)" 등 참조.

그의 관심사가 사회복지학과의 연계로 이어지면서 '복지 공동체의 실현'이 기독교교육의 중요한 패러다임이 되어야 함을 역설한 논문들에서 엿볼 수 있다.

전인성 계발을 위한 기독교교육의 가능성 모색: 생의 주기 8단계를 중심으로[81)

1. 코메니우스의 '학교론'과 에릭슨의 '자아발달론'의 대화는 가능한가?

이 세상에서의 삶 전체가 곧 학교라고 보았던 코메니우스는 인간의 내면에는 발달의 잠재력이 내재해 있어서 이 학교에서 내적 발달의 법칙을 따라 성숙해야 하는 교육적 과제가 인간에게 있음을 피력하였다. 즉, 발달의 잠재력이 내재해 있는 인간은 출생에서 성숙에 이르기까지 내적 발달의 법칙을 따라 성숙해야 하는데, 좁게는 어머니의 배 속에서부터 시작하여 넓게는 세상에 이르기까지 인간의 전인성이 형성되는 교육의 장인 학교에서 실천되어야 한다는 것이다 (1657/1993, pp.193~214).

인간을 평생 동안 인생의 단계마다 그 단계의 발달적 특성과 경험의 특성에 맞는 학교에서 종말적 하늘나라를 이 땅에서 준비하는 도

---

81) 이 글은 2009년, 『기독교교육정보』 제23집에 실린 필자의 논문을 수정한 것이다. 필자는 본 논문을 통해 필자의 스승이신 고 이숙종 교수님의 주요 관심사였던 '전인성 계발을 위한 기독교교육'의 가능성을 코메니우스의 '학교론'과 에릭슨의 '자아발달론'과의 학제 간 대화를 통해 모색해보고자 하였다.

상의 존재로 이해하고 있는 코메니우스(1666/1991)는 인간을 하나의 통일되고 조화된 인격을 가진 전인적인 존재로 보고 있다. 인간은 다양한 이성적 지식을, 다른 사람들과의 조화 있는 관계를 위해서는 덕성을, 하나님과의 신앙적 관계를 위해서는 경건성을 터득해야 한다는 그의 전인교육적 관점은 인생 주기에 따라 8단계 학교론에서 상세히 설명되어 있다(p.155, p.222).

코메니우스보다 300년 후의 학자인 에릭슨(1968)은 태내발달 동안 일어나는 모든 일에는 특별히 우세한 시기가 있고, 이에 대한 계획은 유기체의 유전인자에 내재되어 있으며, 인간의 발달은 내재된 기초안(ground plan)에 의해 이루어진다고 확신하였다: "성장하는 모든 것은 기초안을 가지고 있으며, 이 기초안으로부터 각 부분이 파생하고, 각 부분에는 특별한 상승기가 있으며, 궁극적으로 통합된 전체로 기능하게 된다(p.92)." 인간 삶에서 자아가 중심적인 역할을 한다고 주장하는 자아 심리학에 기초하여 자신의 이론을 발전시킨 에릭슨은 자아의 발달은 일생을 통해 계속되는 것임을 강조한 것이다.

모든 인간은 인간의 내면에 내재해 있는 발달의 법칙에 따라 전인성을 향해 성장해가야 한다는 코메니우스의 전인교육적 입장에 기초한 '학교론'은 (시대와 학문의 차이점에도 불구하고) 전 생애를 통한 인간발달의 과제를 제시한 에릭슨의 '자아발달론'과 대화할 수 있는 가능성을 가지고 있다는 것이 필자의 견해이다. 따라서 필자는 생의 주기 8단계를 중심으로 전개한 코메니우스의 '학교론'과 에릭슨의 '자아발달론'과의 대화를 통해 **전인성 계발을 위한 기독교교육의 가능성을 모색**하고자 한다.

2. 코메니우스의 8단계 학교의 특징과 발달과제

인간의 성장단계에 따라 이루어져야 할 교육의 장으로서 코메니우스가 지칭한 것은 학교이다. 코메니우스(1666/1991)는 한 사람이 태어나서 그의 인생이 완성되기까지 8단계의 학교를 통해 시기를 놓치지 않고 각 단계에 알맞은 인생의 열매를 맺어가야 함을 강조하였는데(p.87), 그가 언급한 생의 8단계 학교는 다음과 같다(pp.162~297):

1) 태아 학교(Schola geniturae)

이 태아학교는 출생 전의 존재를 위한 학교로서 인간이 태어날 때 잘 태어나야 하는 과제를 가지고 있다. 첫째, 존경할 만한 부모의 예우를 받고 태어나야 한다. 예우 받지 못하는 아이로 태어나지 않게 하기 위해서는 부부 이외의 어떠한 성적인 관계도 맺어서는 안 된다. 둘째, 건강한 육체, 건강한 감각, 건전한 정신을 갖고 태어나야 한다. 이를 위해 부모는 분별 있게 하나로 연합되어야 하며 우선적으로 자신들의 후손이 나오게 되는 것을 염려하여 건강에 힘써야 한다. 셋째, 주님의 공동체에 속해 있는 경건한 부모에 의해 태어나야 한다. 이를 위해 부모들은 자신의 자녀가 하나님의 후손임을 인식할 수 있도록 경건에 힘써야 한다.

2) 유아기 학교(Schola infantiae)

출생에서 5세까지의 유아의 인격형성을 위한 학교로서 이를 위해 어머니가 행해야 할 교육 내용들에는 세 가지 영역의 배움이 있다. 첫째, 시각과 청각 등 감각을 매개로 이용하여 자연 세계의 제 사물, 제 현상을 학습하는 지식교육, 유아의 정서함양과 활동성을 기르는 작업 및 기예교육, 그리고 모국어와 관련된 언어교육이 포함된 정신교육의 영역. 둘째, 예의범절, 좋은 습관의 형성, 자신의 의지를 다스릴 수 있는 인내의 훈련 등이 포함되어 있는 도덕교육의 영역. 셋째, 유아의 마음이 하나님의 발자취를 인식하고 도처에서 그분을 경외하고 사랑과 순종으로 섬기는 것 등이 포함되어 있는 종교교육의 영역.

코메니우스의 이러한 교육내용들을 보면 그의 유아교육 입장은 전인교육임을 알 수 있다. 유아는 어머니의 품에 있는 생후 6년 동안에 인간의 생득적인 능력에 속하는 사고(ratio), 언어(oratio), 행위(operatio)의 세 가지 능력을 계발하기 위해 기초적인 과제들을 훈련받고 교육받게 된다.

3) 아동기 학교(Schola pueritiae)

6세에서 12세까지의 아동을 위한 학교로서 이 시기의 아동은 사물세계와의 교제에 미숙하여 각별히 신실하고 성실한 교사를 만나야 한다. 아동기 학교의 궁극 목표는 신체와 감각과 선천적인 정신능력을 가동시켜 주는 것이다. 따라서 첫째, 아동은 그들의 가동력을 마음껏 발휘하는 법을 배워야 한다. 둘째, 온 세상에 덮여 있는 사물들을 알기 위해서 모든 내적·외적 감각과 상상력과 기억력을 대상물들로 가득 채워야 한다. 셋째, 수, 음악과 같은 예술을 통해 이성을 사용하는 방법을 배워야 한다. 총명과 행실 바른 인륜과 경건의 기초를 배워야 한다. 인간의 삶은 타인과 함께 사는 사회 내에서 영위하며 활동한다는 점을 주목해야 한다.

코메니우스는 "정신 형성에 있어 아동기의 한 해는 머리에 여러 근심이 들어 있어서 더 이상 배우는 것이 쓸모없어져 버린 시기의 10년보다 더 중요하다"는 에라스뮈스의 말을 인용하면서 이 시기 아동의 성장과 발달단계의 특성을 강조하였다.

4) 청소년 학교(Schola adolescentiae)

유아기와 아동기 학교에서는 아직 다듬어지지 않은 정서를 완전한 분량에 이르도록 양육하는 것에 초점을 둠. 청소년 학교에서는 성장과정에 있는 정신의 틀을 잡아주는 것에 초점을 맞춤. 많은 참된 것들을 알고 허위에 속지 않을 수 있을 때 정신은 성장한다. 사물 세계에 대한 통찰을 획득한다는 것은 사물 자체가 무엇인지, 그것이 무슨 목적을 위해 존재하는지, 그것이 어디에서 와서 어떻게 사라질 것인지를 오성으로 파악하는 것을 뜻한다. 따라서 오성을 자극해주어야 한다.

성숙기 학교의 목표는 청소년기에 성장을 돕우는 모든 물적 요소의 감각을 통해 하나의 확고한 형태에 이르고 오성의 능력을 온전하고도 명석하게 이용하게 하는 데 있다. 또한 이 시기에는 무엇보다도 성장과정에 있는 청소년의 마음에 경건함과 도덕성이 침륜될 수 있도록 전력을 다해 진지한 배려를 해주어야 한다.

청소년이 더욱더 하나님을 신뢰하기 위해서는 애정을 쏟을 대상, 즉 하나님과 그 아들과 성령에 대한 묵상을 통해 성자들을 본받으려

해야 한다. 청소년은 현인과 인도자와 지도자의 말을 경청하고 따라야만 하고 교사는 성숙과정에 있는 청소년들을 고무시켜야만 한다. 나무가 먼저 꽃을 피우지 않으면 열매를 맺지 못하듯이 성숙기에 엄격한 훈육을 받지 않은 자는 그 누구도 노년에 존경을 받지 못한다.

5) 청년기 학교(Schola juventutis)

청년기 학교의 목표는 첫째, 지혜와 둘째, 도덕과 셋째, 신앙의 충만으로 인도하는 것이다. 이 시기의 학교는 첫째, 아카데미아, 둘째, 아포데미아−여행, 셋째, 직업선택의 세 부분으로 구성된다. 아카데미아를 졸업한 모든 이는 다소나마 정신과 정서를 환기시키고, 신선한 기쁨을 느끼고, 적합한 직업을 선택하는 부담을 줄이기 위해 여행을 떠나는 것이 좋다. 어디로, 어떠한 목적을 가지고, 어떻게 여행해야 하는가를 미리 알고 떠나야 성공적 여행을 할 수 있다.

이 시기의 청년은 무분별하고 음흉한 교제를 하지 않도록 조심하여야 한다. 이 시기에 과다하게 사회적인 교제에 너무 많은 시간을 허비하는 것은 인생을 낭비하고 계획 없이 방황하게 한다. 쉼이 없고 휴식이 없다는 것은 질병의 징후이다. 따라서 자숙할 수 있는 사람은 훌륭한 정신의 소유자이며, 스스로 자신의 친구가 될 수 있는 사람은 많은 것을 해낼 수 있는 자이다. 청년기에 모든 것을 주의 깊게 관찰하고 그에 따른 일상생활과 일을 할 충분한 시간을 가져서 노년기의 인생을 의식하면서 안식과 평안을 누리는 것이 지혜롭다.

6) 장년기 학교(Schola virilitatis)

이 단계는 넘치는 힘을 소유한 중간 단계로서 이전의 초기 유아기, 아동기 등의 학교 단계는 여기에 이르기 위한 도정의 단계에 불과하다. 이 단계에서는 진정한 행위를 통해 배워야 하며, 이 단계에서 전진하지 못하는 자는 이전 단계로 되돌아가야 한다. 또한 이 단계에서는 다른 사람의 치유를 통해 자신이 치유되고, 일을 통해서 비로소 일의 장인이 된다.

이 장년기 학교에는 세 단계의 학급이 있다. 첫째, 성년이 되어 직업 생활을 시작하는 자들의 반, 둘째, 그 삶의 직업을 실행하는 자들의 반, 셋째, 자기 스스로 임무를 설정하고 해결하는 반.

성숙과정에 있는 사람들은 자기 자신과 가족을 위해 자신의 전문성으로 재산을 모을 임무가 부과되었다. 그러므로 가족 생계를 돌볼 수 있는 직업에 대해서 고려해야 한다. 축적된 지혜의 빛을 생의 모든 임무를 성취함에 있어 자신이 어떻게 사용하여 선하고 악한 것 모두를 별 무리 없이 섭렵하여 결국에는 좋은 결말을 맺을 것인지 배워야만 한다. 장년기 학교에서는 각자의 천직이 자신에게는 하나의 학교이기 때문에 자기 자신과 자기가 접촉하는 사람들에 대해 모범과 규칙과 진보된 연습을 마련해둠으로써 자기 자신과 주변 사람들에게 교사와 책과 학교가 되는 것도 필요하다고 볼 수 있다.

이 성숙과정에 있는 사람들은 자신을 위해서는 생의 막바지에서 하길 원하는 것을 해야 하며, 타인을 위해서는 공공의 복지를 위해 살아야 한다.

7) 노년기 학교(Schola senii)

노년의 시기에 있는 사람들은 수고로운 삶 속에서 육체뿐만 아니라 영혼까지 노쇠하여 활력과 치유가 필요한 운명에 놓인 사람들이다. 이들에게는 죽음을 받아들이고 그 죽음과 더불어 새로운 생명, 죽지 않는 생명으로 들어갈 과제가 주어져 있다.

이 과제를 위해 첫째, 자신의 과거지사를 회고해봄으로써 선하게 행했던 것에 대해서는 기뻐하고 선하지 못하게 종결되었던 것에 대해서는 그 개선책을 생각해야 한다. 둘째, 현재를 둘러보아야 하며 가까이 있는 생의 경계를 마치 하루의 저녁때인 것처럼, 주간 중 일요일인 것처럼, 한 해의 결산 때인 것처럼 기뻐해야 한다. 셋째, 나머지 해야 할 일을 살펴보고 이러한 의도를 성취해야 한다. 넷째, 언제라도 발생할 수 있고 빈번하게 노인들에게 닥치는 불행에 주의해야 한다. 불행을 두려워하고 경계해야 할 것이며 기도를 통해 예방하려고 노력해야 한다. 다섯째, 질병과 기타 해로운 것을 경계해야만 하며 우선적으로 건전한 생활방식의 삶에 주의를 쏟아야 한다.

8) 죽음의 학교(Schola mortis)

노인들에게는 선하게 축복받으며 죽는 것이 행복이며, 모든 경건한 인간을 추모하고 바라보는 것이 마땅하다. 사망이 가까이 있음을 알고 있는 자는 하나님의 자비로움을 믿는 신앙을 상시적인 기도와 탄식으로 공고히 하기를 잠시도 멈추어서는 안 된다. 태어난 것과 죽는 것은 하나님의 손에 달려 있으므로 우리의 태어난 장소와 시간과 혈통의 선택을 창조주에게 위탁했듯이 죽음도 하나님께 맡겨야 한다. 그러므로 탄생의 학교와 죽음의 학교는 서로 상응한다. 더 나아가 죽음의 학교는 노인층에게만 필요한 학교가 아니고 모든 연령층에게 필수불가결한 학교이다.

3. 에릭슨의 '자아발달론'의 발달과제 및 그 특징

에릭슨도 인간은 출생에서 사망에 이르는 생의 전 과정에 걸쳐 여덟 단계의 발달과정을 통해 성장해간다고 본다. 그에게 있어서 발달이란 자아가 전인성을 확립해가는 과정을 의미한다. 이때 자아는 성적 에너지보다는 사회 환경과 대인관계의 질에 영향을 받아 발달한다고 본다.[82] 그는 전인성 확립을 위한 생의 전 과정에서 인간이 각 단계에 겪어야 하고 겪어낼 수밖에 없는 발달의 위기를 설명하는데 단계마다 자아의 특정 발달과제를 성취하느냐 못하느냐에 따라 발달의 정상 측면이나 비정상 측면이 나타난다고 본다.

사회적 성격 형성의 기초는 1~2세에 이루어져서 생의 마지막 단계까지 계속되는데 단계마다 정상적이고 건전한 발달이 이루어지지 못하면 비정상적이고 병리적인 발달이 이루어진다. 즉, 어느 단계의 발달과업이 미진하면 다음 단계의 발달이 힘들고 전인성 형성에 막대한 지장을 초래한다.[83] 그러나 각 시기의 발달과제를 잘 수행하면

---

82) 에릭슨의 이론은 비록 프로이트의 정신분석학에 기초를 두고 있으나 프로이트가 리비도의 역동에 초점을 맞추어 발달단계를 나누었음에 비해 에릭슨은 인간이 사회 속에서 타인과 관계를 맺어가는 데 맞추어 발달단계를 제시하였다. 따라서 프로이트의 정신분석학은 '심리성적 발달론', 에릭슨의 정신분석학은 '심리사회적 발달론'이라 불리기도 한다.

83) 에릭슨의 발달 이론은 앞 단계의 발달이 다음 단계의 발달에 기초가 된다는 '후성적 원리 (epigenetic principle)'를 따르고 있다. epigenetic은 라틴어 epigenesis에 어원을 두고 있는데

다음 단계의 과업수행에 도움을 주어 바람직한 자아 형성의 토대를 마련해준다.

1) 1단계: 신뢰감 대 불신감(Trust vs Mistrust)

제1단계는 프로이트의 구강기에 해당하는 시기로서 출생에서 약 1세까지이다. 이 시기의 주된 발달의 위기는 아기가 세상을 신뢰할 수 있느냐 없느냐 여부에 관한 것으로, 어머니의 관여가 이 신뢰의 초점이 된다. 어머니의 보살핌이 신뢰감을 제공할 때 아기는 경험의 일관성, 지속성, 일체감을 체험하게 되어 아주 초보적인 단계의 자아 정체감을 형성하게 된다. 이 정체감은 후에 '자신이 괜찮은 사람'이라는 느낌, 자신의 존재감, 그리고 다른 사람들이 '자신이 무엇이 될 것임'을 믿어주는 느낌과 결합되어 인생 주기의 궁극적 통합을 향해 나아가는 과정에서 경험하게 될 모든 좌절감을 인내해낼 수 있게 한다(Erikson, 1995, p.288).

그러나 사람이 살다 보면 때로는 불신도 필요하기 때문에 완전한 신뢰감만이 바람직한 것은 아니다. 지나친 신뢰는 아동을 너무 순진하고 어수룩하게 만들므로 건강한 자아발달과 성장을 위해서는 불신감도 경험해야 한다. 건강한 발달을 위해 중요한 것은 신뢰와 불신 사이의 적당한 비율인데 물론 불신감보다는 신뢰감이 더 큰 비중을 차지해야 한다. 이 시기의 기본적 신뢰감은 종교와 관련되어 종교제도 속에서 형상화되기도 한다. 즉, 절대자에 대한 전적인 신뢰의 관계는 이

---

epi(upon)와 genesis(emergence)의 합성어로서 '어떤 것 위에 나타나다'라는 의미를 가지고 있다.

시기의 기본적 신뢰감이 기초가 된다(Erikson, 1995, pp.289~290).[84)

신뢰감과 불신감이 균형 있게 형성되면 아기는 '희망'이라는 덕목을 발전시키게 된다. '희망'은 어머니가 지금 당장은 반응을 보이지 않는다 하더라도 곧 아기의 요구에 응해줄 것이라는 믿음이다. 따라서 이 시기에 아기는 어머니가 눈에 보이지 않아도 쓸데없는 불안이나 분노를 나타내지 않게 되는 최초의 사회적 성취를 이루게 된다(정옥분, 2007, p.70).

2) 2단계: 자율성 대 수치심과 의심(Autonomy vs. Shame and Doubt)

제2단계는 프로이트의 항문기에 해당하는 시기로서 약 1세에서 3세까지이다. 이 단계의 쟁점은 자율적이고 창의적인 사람이 되느냐, 아니면 의존적이고 자기 회의에 빠진 부끄러운 인간이 되느냐 하는 것이다. 이 시기에 유아는 여전히 다른 사람들에게 의존하고 있지만 자유로운 선택의 자율성도 경험하기 시작한다. 새롭게 얻은 자율감은 사회적 갈등을 일으킬 정도로 지나치게 과장될 수 있다. 자율성을 향한 투쟁은 완강한 거부나 떼쓰기 등으로 나타날 수도 있다. 이 단계의 중요한 과업은 자기통제인데 그중에서도 특히 배변훈련과 관련된 배설 기능의 통제가 중요하다.[85)

---

84) 아기가 어머니로부터 적절하게 수용되거나 거부당하는 경험을 통해 자연스러운 성격발달을 이루게 된다는 견해는 자기 심리학자 H. Kohut의 '최적의 좌절(optimal frustration)'이라는 개념을 통해서도 설명된다. 김선아, 2008, p.191 참조.

85) 항문은 '보유'와 '배출'의 기능을 수행한다. 이것은 두 가지 사회적 양식으로 드러난다. '보유하는 것'은 파괴적이고 잔혹한 유지나 구속이 될 수 있고, 보살핌의 한 형태가 될 수도 있다. '방출하는 것'은 파괴적 힘을 해롭게 방치해둘 수 있거나 혹은 느슨하게 지나치도록 하거나 그

따라서 이 단계에서는 유아 자신의 행동을 통제할 수 있는 정도를 스스로 발견하는 과업이 요구된다. 자기통제로부터 지속적인 호의와 자긍심이 생겨나고 자기통제의 상실감과 외부적인 과잉통제감에서부터 지속적인 의심과 수치심이 생겨나기 때문이다(Erikson, 1995, p.294). 부연해서 설명하자면, 유아에게 새로운 것들을 탐색할 기회가 주어지고 독립심이 조장되면 건전한 자율성이 발달할 것이다. 반면, 유아에게 자신의 한계를 시험해볼 기회가 주어지지 않고 유아가 지나친 사랑을 받고 과잉보호를 받게 되면 세상사에 효과적으로 자신의 능력에 회의를 느끼고 수치심을 갖게 될 것이다. 그러므로 이 시기의 유아는 자신의 주변 환경에서 자율성이 고무되어야 하며, 무의미하고 모호한 수치심과 초기의 의심을 경험하게 되는 것으로부터 자신을 보호해야 한다(p.291).

자율성 대 수치심과 의심의 갈등을 성공적으로 해결한 결과로 나타나는 덕목은 '의지(will)'이다. 의지는 억제되지 아니하는 고집과 통제당하는 것에 대한 분노로 야기되는 예전의 수치심과 의심의 경험에도 불구하고 자기통제와 자유로운 선택을 하려는 꺾이지 않는 결의이다(정옥분, 2007, p.71).

3) 3단계: 주도성 대 죄책감(Initiative vs. Guilt)

3단계는 프로이트의 남근기에 해당하는 시기로서 3세에서 6세까

냥 그대로 있게 하고 상관하지 않는 것도 될 수 있다. 에릭슨은 이 단계에서 반드시 외부적 통제, 즉 선별적으로 행동을 보유하거나 방출할 수 있는 능력을 통해 유아의 자율성 획득이라는 발달과제가 이루어져야 함을 강조한다. Erikson, 1995, p.291 참조.

지이다. 이 단계에서 경험하는 심리사회적 갈등은 '주도성 대 죄책 감'이다. 이제는 활동, 호기심, 탐색의 방법으로 세상을 향해 돌진하는 것과 두려움이나 죄책감으로 인해 주저하는 것 사이에 갈등이 발생한다. 3세에서 6세 사이의 아동은 보통 생기와 활력, 호기심이 넘쳐나고 활동수준이 높으며 에너지가 남아돈다. 아동은 놀이를 발달시키는 과정에서 목표를 설정하는 것이 보이고 목적에 따라 활동하는 경향이 늘어난다. 이 단계의 위험성은 아동이 갖게 된 새로운 이동력과 정신력이란 풍성한 즐거움 속에서 아동이 마음속에서 기대하는 목표와 주도된 행위에 대한 죄책감이다. 이때 주도된 행위란 유기체와 정신이 감당할 능력의 범위를 훨씬 넘어서 너무 지나치게 진행된 공격적인 조작과 강제 행위다. 이것은 어머니로부터 사랑받는 자리를 차지하기 위한 궁극적인 다툼에서 절정을 이룬다. 이때 어머니의 사랑을 독차지하지 못하는 일상적인 실패의 경험은 체념, 죄의식, 불안을 유발한다(Erikson, 1995, pp.295~297).

이 단계의 초기에 아동은 끊임없이 질문을 하며, 사물, 특히 장난 감을 적극적으로 조작하기 시작한다. 아동은 호기심으로 그 안에 무엇이 들어 있는지 보기 위해 물건을 뜯어보기도 한다. 그러나 이러한 호기심이 파괴성으로 해석되어 아동이 처벌을 받게 되고, 그로 인해 죄책감을 느끼게 된다면 주도성이 이지러질 수도 있다. 또한 아동은 자신의 몸뿐만 아니라 친구의 몸도 탐색하게 되는데 이러한 탐색적 행동에는 성기에 대한 호기심도 포함되어 있다. 성적 탐색과 관련된 사회적 비난과 처벌은 죄책감의 발달을 조장할 수 있다. 아동의 탐색과 주도성이 가혹한 질책과 직면하게 되면 그 결과는 죄책 감으로 나타난다(정옥분, 2007, p.72).

이 시기의 아동은 여전히 동성의 부모를 동일시하고 있으나, 교사를 이상적 원형(ideal prototypes)으로 삼아 모방하려고 갈망한다. 또한 그림책이나 우화 속에 나오는 영웅을 충분히 대치할 수 있는-'이상적인 성인의 형태'를 취하고 있는-실제적인 이상형을 갈망한다. 이 시기의 아동에게 사회적 제도는 직업 동일시(work-identification)의 기회를 탐색할 수 있는 '경제적 기풍(economic ethos)'을 제공한다(Erikson, 1995, p.299).

주도성 대 죄책감의 균형 잡힌 발달은 '목적(purpose)'이라는 덕목을 가져온다. 목적은 사람들이 인생에서 갈망하는 그 어떤 것이다. 과거의 실패나 자신의 한계를 이해하고 이를 극복하는 용기와 진취성으로 그 목적을 달성하게 된다(정옥분, 2007, p.72).

4) 4단계: 근면성 대 열등감(Industry vs. Inferiority)

이 단계는 6세부터 11세까지이며 프로이트의 잠복기에 해당한다. 프로이트는 이 단계를 비활동적인 시기로 보았으나 에릭슨은 이 단계를 역동적이고 활동적인 시기로 보았다. 즉, '삶 속으로의 입학'을 위한 내적 단계가 완전히 준비된 시기로 보았다(Erikson, 1995, p.299).

에릭슨은 이 시기가 아동의 근면성에 결정적이라고 믿는다. 근면성은 아동이 속한 사회에서 성공적으로 기능하고 경쟁하는 데 필요한 기술을 습득하는 능력이다. 이 시기는 학교교육이 시작되는 시기로 읽기, 쓰기, 셈하기 등 가장 중요한 인지적 기술과 사회적 기술을 습득해야 한다. 만약 이러한 기술을 개발하지 못하게 되면 아동은 열등감을 느끼게 된다.[86] 열등감은 아동이 그가 속한 세계에 대처함에 있어서 자신의 무능력이나 자신이 중요하지 않음을 지각하면서 생겨난다. 만일 아동이 성공에 대한 느낌이나 일을 잘 처리해서 인정을 받고자 하는 과업에 실패한다면, 근면성이 결여되고 무력감이 나타날 것이다. 그런 아동들은 즐거움을 느끼지 못하고 잘한 일에 대한 자부심을 발달시키지 못할 수도 있다. 또한 그들은 열등감에 시달릴지도 모르고, 결코 대단한 사람이 되지 못할 것이라는 믿음에 빠질 수도 있다(Erikson, 1995, pp.300~301).

이 시기에 아동이 처하게 되는 '부적절감'과 '열등감'의 위험을 극복하기 위해서 가정에서는 아동의 학교생활을 위한 준비를 도와야 하며, 학교에서는 아동이 도구와 기술의 사용을 적절히 할 수 있도록 도와야 한다. 이 시기의 '근면성'의 발달과업에 실패하게 될 때 아동은 매우 고립적인-오이디푸스 시기의 무의식적인-가족 경쟁을 하게 되기 때문이다(p.301).

근면성과 열등감의 균형 있는 발달은 '유능감(competence)'이라는 덕목을 낳는다. 유능감은 유아적인 열등감에 의해 손상되지 않은 채, 발달과업을 완수하면서 지능을 자유롭게 발휘하는 것이다(정옥분, 2007, p.73).

---

86) 에릭슨은 이 시기에 문화의 '기술적 기풍(technological ethos)'에 대한 감각이 발달한다고 보면서, 만약 아동이 자신의 도구와 기술에 절망하거나 자신의 도구적 동반자들(his tool partners) 속에서 자신의 지위에 절망한다면 아동은 자신의 도구와 기술에 대한 동일시로 인해 좌절할 수 있다는 위험을 상기시켰다. 1995, p.301 참조.

5) 5단계: 정체감 대 정체감 혼란(Identity vs. Identity Confusion)

이 단계는 12세에서 18세까지이며 프로이트이론의 생식기에 해당한다. 급속한 신체성장과 생식기관의 성숙은 청소년으로 하여금 자신의 내부에서 일어나고 있는 생리적 혁명과 더불어 자신 앞에 놓여 있는 확실한 성인으로서의 과제에 직면하게 한다. 청소년은 자신이 '타인들의 눈에 어떻게 보이는지'를 자신이 '자신에게서 느끼는 점들'과 비교해서 생각하게 되고, 이전에 길러둔 '역할과 기술들'을 당시의 '직업적 원형(occupational prototypes)'과 연결시키는 방법을 생각하게 된다(Erikson, 1995, p.303).

이러한 청소년기의 가장 중요한 발달과제는 자아 정체감의 확립이다. 정체감은 지속적인 노력을 통해 획득하게 된다. 이 단계에서 청소년은 자신의 성에 대한 정체감과 관련하여 생겨난 강력한 의심에 근거를 둔 '역할혼란(role confusion)'의 위험을 겪게 된다. 더욱이 '직업 정체감(occupational identity)' 문제를 해결해야 할 당면과제 앞에서 청소년은 자아 정체감을 상실할 정도로까지 자신이 속한 집단이나 군중의 영웅에게 잠정적으로 과잉 동일시하게 된다. 또한 청소년들은 모든 '다른' 사람들을 배척함에 있어서 대단히 배타적이고 무자비해질 수 있다. 이들은 일당을 형성함으로써 자신들, 자신들의 이상, 자신들의 적에 대한 고정관념을 만들어 자신들이 느끼는 불편한 감정으로부터 일시적으로 서로를 돕는다(pp.304~305).

대변혁의 사회 속에서 정체감 탐색에 실패해 정체감 혼미를 경험하는 청소년은 다른 사람의 견해에 병적으로 열중하거나 아니면 또 다른 극단에 치우쳐 다른 사람의 생각은 더 이상 아랑곳하지 않고 정체감 혼미에 따른 불안을 떨치기 위해 약물이나 알코올 남용에 빠질 수 있다. 정체감 혼미 상태가 영구적이 되면 만성적 비행이나 병리적 성격장애를 가져올 수 있다(p.304).

정체감 대 정체감 혼미의 위기를 제대로 극복하면 '충실(fidelity)'이라는 덕목을 갖게 된다. 충실은 다양한 가치체계 간의 불가피한 충돌에도 불구하고 충성을 유지할 수 있는 능력이다. 충실은 정체감 형성의 기초가 되며 이념의 확립이나 진리의 확인을 통해 얻어진다. 충실은 또한 청년기의 부분적 위기인 권위 혼미와 가치관 혼미를 피할 수 있게 도와준다(정옥분, 2007, p.74).

6) 6단계: 친밀감 대 고립감(Intimacy vs. Isolation)

6단계는 성인기가 시작되는 단계로서 이 시기에는 타인과의 관계에서 친밀감을 이룩하는 일이 중요한 발달과제이다. 에릭슨은 친밀감을 자신의 정체감과 타인의 정체감을 융합시키는 능력이라고 표현한다. 자신의 정체감을 추구하고 유지하면서 자신의 정체와 타인의 정체를 융합시키려는 이들은 친밀감을 갖출 태세를 갖추게 된다. 이것은 비록 커다란 희생이나 위험이 요구되더라도 자신을 구체적인 동반관계 속에 몰입시키는 능력이자 이런 관계에 따르는 윤리적 감정을 발달시키는 능력이다. 그러나 만일 친밀감을 형성하게 되지 못하면 고립감을 느끼고 자기몰두에 빠지게 된다. 자신을 남에게 주는 것은 진정한 친밀감의 표현일 수 있기 때문에 남에게 줄 자아를 가지고 있지 않다면 친밀감 형성은 불가능하다. '자아 상실의 두려움' 때문에 일어나는 친밀감 경험의 회피로 깊은 고립감이나 그에 따르는 자아 몰두를 유발할 수 있다(Erikson, 1995, p.306).

친밀감 대 고립감의 위기로부터 성숙한 '사랑'이라는 덕목이 형성 된다. 사랑은 인생에서 매우 중요한 관계의 기초가 되는 것으로서 상호 헌신하는 것을 의미한다(정옥분, 2007, p.74).

7) 7단계: 생산성 대 침체성(Generativity vs. Stagnation)

에릭슨에 의하면 인간은 중년기에 생산성 대 침체성이라는 일곱 번째 위기를 경험한다고 한다. '생산성(generativity)'[87]이란 성숙한 성인이 다음 세대를 구축하고 이끄는 데 관심을 기울이는 것을 말한 다. 생물학적 생산성은 자녀를 낳아 기르는 것이고, 직업적 생산성 은 다음 세대에게 기술을 전수하는 것이며, 문화적 생산성은 문화의 어떤 측면을 창조하고 혁신하고 보존하는 것이다. 이 경우에 생산성 의 대상은 문화 그 자체이다. 자기의 핵심과 문화공동체의 핵심에 도달하는 과정은 두 정체성의 실체를 파악하는 일이 된다. 정체감을 형성하는 근본적 요소가 심리적인 것과 사회적인 것이라는 사실이 문화적 생산성에 참여할 때 더욱 명확하게 드러날 수 있기 때문이다 (Erikson, 1968, pp.22~23).

침체성은 지나치게 분투적인 자수성가적 성격(self-made personality) 에 기인한 극단적 자기애로부터 생겨나는데 궁극적으로 신뢰감이

---

87) generativity는 productivity나 creativity와 같은 단어와 비슷한 의미를 내포하나 이 개념들이 generativity를 대치할 수 없다. generativity는 심리사회적(psycho-social) 스케줄뿐 아니라 심리성 적(psycho-sexual) 스케줄에 있어서도 근본적인 단계이다. Erikson, 1995, p.311.

부족한 경우에 나타난다. 생산성의 풍요(enrichment)가 전혀 없는 경우에 자주 거짓 친밀감(pseudo-intimacy)의 강박적 욕구에로의 퇴행이 침체성과 신체적 위축감의 팽배와 함께 발생하기도 한다(Erikson, 1995, p.311).

생산성 대 침체성의 위기에서 '배려(care)'라는 덕목이 나타난다. 배려는 보살핌, 사랑, 필연 또는 우연에 의해 생산된 것들에 대한 폭넓은 관심과 자비이다(정옥분, 2007, p.75).

8) 8단계: 통합감 대 절망감(Integrity vs. Despair)

마지막 단계인 8단계는 노년기로서 이 단계의 발달과제는 자아 통합감과 절망감의 위기를 극복하는 것이다. 노인들은 자신의 죽음에 직면해 자신이 살아온 삶을 되돌아보게 된다. 이때 자신의 삶을 의미 있고 만족스러운 것으로 인식하고 지금까지 살아온 인생을 별다른 후회 없이 그대로 받아들이며, 인생의 피할 수 없는 종말로 죽음을 받아들이게 되면 통합감이라는 정점에 이르게 된다. 반면, 자신의 삶이 무의미한 것이었다고 후회하면, 이제는 시간이 다 흘러가버려서 다른 삶을 다시 살아볼 수 있는 기회가 없다는 느낌에 직면하게 되어 절망감에 빠지게 된다.

개인의 문화나 문명에 따라 발달된 통합감은 '개인의 영혼의 유산' 그 자체로 개인의 도덕적 부성(paternity)의 표시가 된다. 따라서 자아 통합이란 리더십의 책임을 수용함은 물론 지도자를 추종함을 통해 참여를 허용하는 정서적 통합을 내포한다. 이와 같은 궁극적 통합을 이루게 되면, 죽음은 당사자에게 심한 고통을 주지 못하게 된다. 그러나 자아 통합의 결여나 상실은 죽음에 대한 두려움으로 나타난다. 즉, 유일무이한 인생주기가 삶의 마지막 지점으로 받아들여지지 않는다. 또 다른 삶을 다시 시작하거나 통합을 향한 다른 방법을 모색하는 시도를 하기엔 시간이 너무나 짧다는 느낌은 절망감을 표현한다. 혐오감은 절망감을 숨기는 데 사용된다.[88]

자아 통합감 대 절망감의 갈등을 성공적으로 해결하는 경우에 나타나는 덕목은 '지혜(wisdom)'이다. 지혜는 자신의 죽음에 직면하여 얻게 되는 인생의 의미에 대한 통찰이다. 이러한 지혜는 노년기의 지적인 힘일 뿐만 아니라 중요한 심리적 자원이 된다(정옥분, 2007, p.76).

4. 에릭슨의 '자아발달론' 관점에서 재구성한 코메니우스의 '학교론'

에릭슨은 그의 종교심리학적 탐구 저서인 『청년 루터』(*Young Man Luther*)에서 자아 발달의 과제에 대한 세 가지 주제를 자신의 종교 심리학에 연결시켜 설명하였다.[89] 첫 번째로, 에릭슨은 건강한 자아 발달의 기초가 되는 신뢰감 형성의 첫 단계는 유아와 어머니 사이에 존재하는 최초의 내적인 신뢰 경험에로 되돌아가기 원하는 종교적 바람이 표현된 것으로 간주한다. 이러한 신뢰감 형성이라는 발달과

---

88) 에릭슨은 웹스터 영어사전의 'trust'라는 어휘 설명을 예를 들어 건강한 아동은 자신들의 부모가 죽음을 두려워하지 않는 통합감을 소유한다면 삶을 두려워하지 않을 것임을 밝히고 있다. 즉, 'trust'가 "다른 삶의 자아 통합에 관한 확실한 믿음"을 뜻한다는 정의는 '성인의 자아 통합'과 '유아의 신뢰감'의 관계를 좀 더 밀접하게 관련하여 생각할 수 있다고 보았다. Erikson, 1995, p.314.

89) 에릭슨은 기독교에 국한하여 종교를 이해하거나 전통적인 방식으로 종교를 이해하지 않았으나, 호먼스(P. Homans)는 에릭슨이 그의 저서 『청년 루터』(*Young Man Luther*)에서 그의 종교심리학적 관점을 피력하면서 인간 발달 과정에 미치는 종교의 영향을 긍정적으로 평가했음을 지적하였다. P. Homans, "Psychology for Understanding of Religion", in *Childhood and Selfhood*, ed. Peter Homans(London: Associated University Press, 1978, p.241)/사미자, 2001, pp.70~72 참조.

제는 전인성 형성이라는 발달과제와 이념의 맥락과 연결시켜 종교를 이해하게 한다. 에릭슨은 이념은 전인성 형성을 위한 제도적인 지원체계로서 그 역할이 중요하며, 종교는 일종의 신념체계로서 이념의 역할을 한다고 보았다. 신뢰감은 이념의 정서적 측면으로서 밀접하게 연결되어 있다. 이념은 세계관인 동시에 종교적·과학적·정치적인 사고의 근본이 되는 무의식적인 경향으로서 세상에 대한 신뢰와 논리적 근거를 이념이 제공해주기 때문이다. 그러므로 이성적이고 지적인 측면과 함께 정서적인 측면을 내포하고 있는 종교는 죽음 앞에서도 삶을 관조할 수 있는 자기 초월도 가능하게 한다. 이것은 에릭슨(1995)이 죽음과 삶을 두려워하지 않는 '성인의 자아 통합'과 '유아의 신뢰감'의 관계를 표현한 데서 더욱 잘 드러난다(p.314).

두 번째로, 에릭슨은 역사적인 현실에서 개인들에 의해 이룩된 성취와 종교를 연결시켜 생각하였다. 여기서 역사적 현실은 심리적인 현실을 포함하면서도 그것을 넘어서서 상호적인 활성화(mutual activation)를 유도하는 역할을 하는 것을 의미한다. 이런 점에서 에릭슨에게 있어서 종교는 실천적인 측면인 동시에 타인과 맺게 되는 관계의 형식으로 이해되고 있음을 알 수 있다.

에릭슨은 세 번째 주제로 '그리움(nostalgia)'과 관련하여 종교를 이해하고 있다. 종교가 그리움으로 이해될 때, 종교는 어머니와의 일체감을 원하는 강한 바람과 인간의 양심을 인도해주는 아버지의 음성에 대한 일깨움, 그리고 순수한 자아 그 자체에 대한 그리움을 의미한다. 신뢰감의 원천으로서의 어머니와의 일체감과 지배적인 아버지의 음성, 그리고 부모의 지배로부터 벗어나 자기 자신에게로 돌아옴으로써 찾게 되는 자기 초월은 순수한 자아가 자리하는 곳, 곧 종교의 자리이며, 이것은 종교의 첫 번째 주제와 다시 연결된다.[90] 이러한 에릭슨의 종교 이해는 자아 발달단계에서 이루어지는 전인성 형성과정에 있어서 종교의 역할을 인정한 것으로서 경건성(신앙)의 영역을 강조한 코메니우스의 범교육적 '학교론'과 대화를 모색할 수 있는 가능성을 더욱 확장해준다.

본 장에서는 이러한 에릭슨의 종교 이해와 관련된 '자아발달론'적 관점에서 기독교적 세계관에 의해 형성된 코메니우스의 범교육적 '학교론'을 재구성하고자 한다.[91] 좀 더 상세히 표현해서, 각 시기의 발달과제를 잘 수행하면 다음 단계의 과제수행에 도움을 주어 바람직한 자아, 즉 전인성의 자아를 형성하게 된다는 자아발달론적 관점에서의 발달과제에 근거하여 다음과 같은 발달과제를 제시함으로써 경건성(신앙)의 영역을 포함한 전인성 교육을 위한 학교론의 모델을 구성하고자 한다.[92]

1) 태아학교 – 존중받는 생명의 학교

전인성 형성을 위해 첫 출발부터 잘 태어나야 한다는 과제를 가지

---

90) 에릭슨의 이와 같은 종교 및 인간 발달 과정 이해는 탄생의 학교와 죽음의 학교가 서로 상응한다는 코메니우스의 견해와 일맥상통한다.

91) 사미자(2001)는 "에릭슨에게 있어서 종교는 인간이 건강하게 성장하고 성숙해지는 데 매우 중요한 역할을 하고 있기 때문에 마땅히 받아들여져야 할 인간 삶의 중요한 부분임이 분명히 드러났다(p.76)"고 에릭슨의 종교이해를 평가하였다.

92) 정신의학과 종교 간의 학제 간 연구로 유명한 베커(E. Becker)는 키르케고르가 영을 '자아' 또는 상징적인 내적 정체성으로, '전인성'을 유한과 무한의 통합으로 봄으로써 '자아'를 '전인성'과 동의어로 이해하고 있음을 지적하면서 키르케고르는 프로이트의 자아 이해를 뛰어넘고 있다고 평가하고 있다. 2009, pp.146~163 참조. 이러한 키르케고르의 자아 이해는 에릭슨(1995)이 자아를 '신체자아(p.232)'로 이해하면서도 종교적 기능과 밀접한 관련이 있는 통합된 자아로, 즉 전인성의 자아로 이해하는 관점과 상통한다.

고 있는 태아 학교는 태아가 '존중받는 아이'로 태어나기 위해서 산모의 정상적인 성관계, 건강한 육체, 건강한 감각, 건전한 정신을 가르쳐야 한다. 이를 위해 아기의 부모는 생명을 잉태함에 있어서 분별 있게 하나로 연합되어야 하며, 자신들의 후손이 출생하게 되는 것을 염려하여 건강에 힘써야 하며, 교회 공동체에 속해 있는 경건한 부모가 되어야 하는 것이 요구된다. 태아가 존중받는 생명으로 태어나야 한다는 발달 과제를 위해 다음과 같은 학급이 운영되어야 한다.

(1) 첫 번째 학급: 몸과 마음이 성인이 된 성장한 연령의 사람으로서 생명을 잉태하고 양육하는 데 적합한 부부가 되도록 해야 한다.

(2) 두 번째 학급: 임신시기에 산모는 잉태된 생명을 위해 해로운 생활습관을 피하도록 해야 한다. 산모의 마음가짐, 산모의 생활습관, 산모의 정서 등이 태아에게 그대로 전달되기 때문이다.

(3) 세 번째 학급: 자녀를 잘 양육할 수 있는 경건하며 거룩한 삶의 방식과 능력을 지닌 부부가 되도록 해야 한다. 태아를 건강하게 양육할 수 있는 부부의 능력과 삶의 방식은 태아가 출생하기 전부터 준비되어야 한다.

2) 유아기 학교 – 신뢰와 탐색의 학교

출생에서 6세까지의 유아의 전인적 인격형성을 위한 학교로서 이를 위해 제일 먼저 어머니와 유아와의 관계경험을 통한 신뢰감 형성의 중요성이 가르쳐져야 한다. 이러한 신뢰감 형성을 기초로 하여 유아는 이 시기에 자율성과 자발성의 발달과제를 성취하여야 한다.

이것은 유아로 하여금 자신과 주변 환경의 모든 것을 탐색하고자 활발하게 활동하게 한다.

(1) 첫 번째 학급: 이 단계의 학급에서는 아기로 하여금 어머니의 충분히 좋은 보살핌을 받게 하는 것이 가장 중요하다. 어머니의 보살핌이 신뢰감을 제공할 때 아기는 경험의 일관성, 지속성, 일체감을 체험하게 되어 아주 초보적인 단계의 자아 정체감을 형성하게 된다. 아기로 하여금 이러한 정체감을 형성하게 하여 인생 주기의 궁극적 통합을 향해 나아가는 과정에서 경험하게 될 모든 좌절감을 극복할 수 있는 기초를 마련해주도록 해야 한다.

(2) 두 번째 학급: 유아에게 새로운 것들을 탐색할 기회가 주어지고 독립심이 조장되면 건전한 자율성이 발달하게 된다. 그러나 이 시기에 유아가 새롭게 얻은 자율성은 사회적 갈등을 일으킬 정도로 지나치게 과장될 수 있으며, 완강한 거부나 떼쓰기 등으로 표현될 수도 있다. 이 단계의 중요한 과제는 자기통제인데 그중에서도 특히 배변훈련과 관련된 배설 기능의 통제가 중요하다. 자기통제로부터 지속적인 자율성이 생겨나고, 자기통제의 상실감과 외부적인 과잉통제감에서부터 지속적인 의심과 수치심이 생겨나기 때문이다. 이 시기의 유아는 생기와 활력, 호기심이 넘쳐나고, 에너지가 남아돈다. 따라서 유아가 갖게 된 새로운 자발성과 정신력이라는 풍성한 즐거움 속에서 유아가 마음속에서 기대하는 목표와 주도된 행위에 대한 죄책감에 사로잡히지 않도록 배려해야 한다.

(3) 세 번째 학급: 유아의 자기통제 훈련과 함께 타인과 함께 사는 법을 터득하기 위해 행실 바른 인륜을 배워야 하며, 하나님과의 신뢰관계를 바탕으로 자발적으로 경건의 기초를 쌓아야 한다.

3) 아동기 학교－근면성과 유능감의 학교

6세에서 12세까지의 아동을 위한 학교로서 아동기 학교의 궁극 목표는 신체와 감각과 선천적인 정신 능력을 가동시켜 주는 것이다. 이것은 이 시기에 아동으로 하여금 근면성과 유능감을 성취해야 하는 발달과제를 제공한다. 따라서 첫째, 아동은 그들의 상상력을 마음껏 발휘하는 법을 배워야 한다. 둘째, 온 세상에 덮여 있는 사물들을 알기 위해서 모든 내적·외적 감각과 상상력과 기억력을 대상물들로 가득 채워야 한다. 셋째, 이 시기는 학교교육이 시작되는 시기로 읽기, 쓰기, 셈하기 등 가장 중요한 인지적 기술과 사회적 기술을 습득해야 한다.

(1) 첫 번째 학급: 아동기는 학교교육이 시작되는 시기로 읽기, 쓰기, 셈하기 등 가장 중요한 인지적 기술과 사회적 기술을 습득해야 한다. 아동이 이러한 기술들을 개발하지 못하게 되면 열등감을 느끼게 된다. 이 시기에 아동이 처하게 되는 '부적절감'과 '열등감'의 위험을 극복하기 위해서 아동이 도구와 기술을 적절히 사용할 수 있도록 도와야 한다.

(2) 두 번째 학급: 아동이 '삶 속으로의 입학'을 위한 내적 단계가 완전히 준비된 시기가 되도록 해야 한다. 즉, 아동이 그가 속한 세계에 잘 대처해나갈 수 있도록 일처리를 잘하게 도움으로써 성공에 대한 느낌이나 자부심을 느끼도록 도와야 한다. 그럴 때 아동의 근면성이 활성화되고 자긍심도 증가하게 된다.

(3) 세 번째 학급: 이 시기의 '근면성'의 발달과제에 실패하게 될 때 아동은 매우 고립적인－오이디푸스 시기의 무의식적인－ 가족

경쟁을 하게 된다. 아동이 유아적인 열등감에 의해 손상되지 않고
지능을 자유롭게 발휘하는 유능감(competence)을 획득하도록 마음
껏 상상하고 즐겁게 놀이하도록 도와야 한다.

4) 청소년기 학교─자아 정체감의 학교

12세에서 18세에 해당하는 이 단계의 학교는 급속한 신체성장과
생식기관의 성숙을 이룬 청소년으로 하여금 자신의 내부에서 일어
나고 있는 생리적 혁명과 더불어 자신 앞에 놓여 있는 확실한 성인
으로서의 과제에 직면하게 한다. 청소년기의 가장 중요한 발달과제
는 자아 정체감의 확립이다. 정체감 확립은 청소년이 자신의 성에
대한 정체감과 관련하여 생겨난 강력한 의심에 근거를 둔 역할혼란
의 위험을 극복할 수 있게 해준다.

(1) 첫 번째 학급: 청소년으로 하여금 정체감을 확립하게 함으로
써 자신이 '타인들의 눈에 어떻게 보이는지'를 자신이 '자신에게서
느끼는 점들'과 비교해서 생각하게 하고, 이전에 길러둔 '역할과 기
술들'을 현재의 직업 선택과 연결시켜 생각하게 도와야 한다.

(2) 두 번째 학급: 청소년은 자아 정체감을 상실할 정도로까지 자
신이 속한 집단이나 군중의 영웅을 과잉 동일시하는 경향이 있다.
또한 청소년들은 모든 '다른' 사람들을 배척함에 있어서 대단히 배
타적이고 무자비해질 수 있다. 그러므로 다양한 가치체계 간의 불가
피한 갈등과 충돌에도 불구하고 충성을 유지할 수 있는 능력인 충실
(fidelity)이 청소년의 마음에 자리 잡을 수 있도록 도와야 한다. 충
실은 청년기의 부분적 위기인 권위 혼미와 가치관 혼미를 피할 수

있게 도와준다.

(3) 세 번째 학급: 이 시기에는 무엇보다도 성장과정에 있는 청소년이 더욱더 하나님을 신뢰하도록 애정을 쏟을 대상, 즉 하나님과 그 아들과 성령에 대한 묵상을 통해 성자들을 본받도록 해야 한다. 종교는 청소년이 탐색하고 있는 이상적인 삶의 모델을 다양한 지도자들을 통해 제시함으로써 미래의 삶을 준비하는 청소년들에게 엄청난 영향을 미칠 수 있다.

5) 청년기 학교 - 친밀감과 사랑의 학교

18세에서 30세에 이르는 성인 초기의 이 학교의 주요 발달과제는 청년들로 하여금 타인과의 관계에서 상호 헌신할 수 있는 친밀감을 이룩하게 하는 것이다. 자신의 정체감과 타인의 정체감을 융합시키는 능력인 친밀감은 청년으로 하여금 자신의 정체감을 추구하고 유지하면서 자신의 정체와 타인의 정체를 융합시키려는 태세를 갖추게 한다. 이때 필요한 것은 상호 헌신의 관계에서 자연스럽게 우러나오는 사랑이라는 미덕이다.

(1) 첫 번째 학급: 이성 간의 교제나 우정, 성적 결합이나 자신의 내면으로부터의 직관 같은 경험에서 신체와 자아가 핵심적 갈등을 다스리는 주체가 되도록 해야 한다. 자아 상실의 두려움 때문에 이러한 경험을 회피하게 되면 깊은 고립감이나 그에 따르는 자아 몰두를 유발할 수 있다.

(2) 두 번째 학급: 타인을 깊이 이해하고 공감을 나눌 수 있는 친밀감을 형성하도록 도와야 한다. 그러나 이 시기에 사회적인 교제에

너무 많은 시간을 허비하여 인생을 낭비하지 않게 해야 한다.

(3) 세 번째 학급: 청년기에 모든 것을 주의 깊게 관찰하고 그에 따른 일상생활과 일을 할 충분한 시간을 가져 다음 단계의 발달과제를 잘 직면할 수 있는 힘을 배양하도록 해야 한다.

6) 장년기 학교-생산성과 돌봄의 학교

이 단계의 학교는 성숙한 성인이 다음 세대를 구축하고 이끄는 데 관심을 기울이는 생산성을 요구한다. 성인들의 삶 속에 이러한 생산성의 풍요가 전혀 없는 경우에 자주 거짓 친밀감이라는 강박적 욕구에로의 퇴행이 생겨나며, 이것은 침체성과 신체적 위축감을 가져오기도 한다. 이러한 심리적 침체성과 신체적 위축감이라는 발달적 위기를 극복하기 위해서는 보살핌과 배려, 즉 돌봄이 필요하다. 이 단계에서의 생산성이라는 발달과제는 진정한 행위를 통해 배워야 하며, 일을 통해서 비로소 생산성의 주인공이 된다. 각자의 천직이 자신에게는 하나의 학교가 되는 장년기 학교에서는 자기 자신의 더 나은 진보를 위해, 공동체 내에서의 공공의 복지를 위해, 경건성의 돈독함을 위해 더욱 힘을 써서 자기 자신과 주변 사람들에게 교사와 책과 학교가 되는 것, 즉 모범이 되는 것이 필요하다. 이것은 자신의 삶에서 획득한 경험과 지혜를 세대 간 교류를 통해 다음 세대들과 나눌 때 더욱 그 가치가 드러난다.

(1) 첫 번째 학급: 성인으로 하여금 자녀를 낳아 기르는 생물학적 생산성의 발달과제를 이루도록 도와야 한다. 자녀에 대한 배려는 출생 이전부터 시작되어야 함을 알게 하여 자녀를 낳아 부모가 되기로

계획한 시기부터 성년은 경건하며 좋은 습관으로 살아가도록 해야 한다.

(2) 두 번째 학급: 성인으로 하여금 다음 세대에게 기술을 전수하는 직업적 생산성이라는 발달과제를 성취하도록 도와야 한다. 성숙 과정에 있는 사람들은 자기 자신과 가족을 위해 자신의 전문성으로 재산을 모을 임무가 부과되었다. 그러므로 가족 생계를 돌볼 수 있는 직업에 대해서 고려하도록 해야 한다.

(3) 세 번째 학급: 성인들의 윤리적·종교적 삶의 기초가 되는 생산적 행위(generative behavior)를 격려하고 강조하여 돌봄의 능력을 개발시켜 주어야 한다. 교회 공동체에서 서로 다른 세대들이 함께 모여 예배의 경험을 나누거나 봉사활동을 하는 일 등은 세대 간의 이해의 폭을 넓혀주고 성인들의 삶의 경험과 지혜를 다음 세대와 나눌 수 있게 해준다. 이것은 성인들이 다음 세대에게 삶에서 돌봄이 필요한 이유와 돌봄의 방법을 알려주어 다음 세대가 돌봄의 의미와 행위를 전승할 수 있는 기회를 제공해준다.

7) 노년기 학교-자아 통합과 지혜의 학교

노인들은 자신의 삶을 되돌아보게 될 때 자신의 삶을 의미 있고 만족스러운 것으로 인식하고 지금까지 살아온 인생을 별다른 후회 없이 있는 그대로 받아들일 수 있는 통합감이라는 발달과제를 이루어야 한다. 그렇게 되지 않으면, 자신의 삶이 무의미한 것이었다고 후회하고 이제는 다시 새롭게 살아볼 기회가 전혀 주어지지 않는다는 느낌에 직면하게 된다. 이것은 절망감이라는 발달 위기에 빠지게 한다. 노년기 학교에서는 지나온 여정의 삶을 만족스럽게 받아들이고, 여생을 의미 있게 완성하고, 현세의 전 생애를 바르게 종결짓고 기쁘게 영생에 들어가는 것이 목표이다. 이것을 위해 인생의 후반기의 과제인 인생의 유한성을 받아들이는 지혜가 필요하다.

(1) 첫 번째 학급: 노인으로 하여금 지나온 인생을 만족하며 받아들이도록 해야 한다. 지금까지 살아온 인생을 후회 없이 있는 그대로 받아들여 자아 통합감을 이루도록 해야 한다. 이러한 자아 통합감은 노인으로 하여금 인생주기의 마지막 지점에서 인생무상의 비탄감에 사로잡히지 않고 여생을 의미 있게 마무리 짓도록 격려한다.

(2) 두 번째 학급: 노인으로 하여금 자신의 생활방식에 대해 긍정적인 의미 부여를 하게 함으로써, 즉 개인의 문화나 문명에 따라 발달된 통합양식을 있는 그대로 받아들이게 함으로써 죽음까지도 담담하게 받아들일 수 있도록 해야 한다.

(3) 세 번째 학급: 자아 통합의 결여나 상실은 죽음에 대한 두려움을 가져온다. 따라서 노인으로 하여금 종교적 신앙을 통해 지혜를 얻도록 하여 자신의 죽음에 직면하여 삶의 한계를 초월하는 희망과 활력을 갖도록 해야 한다. 종교적 신앙은 인생에 대해 지혜롭게 통찰하게 하며, 죽음과 화해하게 하여 자기 초월의 경지로 인도해준다.93)

---

93) 키에르케고르(S. A. Kierkegaard, 1813~1855)도 인간이 자신의 완전하고 비참한 피조물성, 즉 죽음의 불안의 홍수 앞에 속수무책인 인간 조건의 진실을 깨달을 때 비로소 자기를 초월할 수 있음을 주장하였다. Becker, 2009, p.173 참조.

8) 죽음의 학교-그리움과 영원한 생명의 학교

출생과 함께 죽음도 인간의 능력 밖에 존재한다. 이런 의미에서 탄생의 학교와 죽음의 학교가 서로 상응한다는 코메니우스의 통찰은 올바르다. 이 죽음의 학교는 모든 연령층에 해당한다. 그러므로 모든 연령층의 학교에서는 언제든 죽음의 문턱에 서게 될 때 죽음의 두려움을 극복할 수 있도록 영원한 생명과 본향에 대한 기대와 그리움을 갖도록 도와야 한다.

(1) 첫 번째 학급: 인간의 피조물성을 깨닫고 죽음의 불안에 직면할 수 있도록 해야 한다. 인간을 위한 교육이란 자신의 자연적 무기력과 죽음에 직면한다는 것을 뜻하기 때문이다.[94]

(2) 두 번째 학급: 죽음은 인간의 종말이 아니라 인간의 '마지막 성숙을 제공하는 학교'로 받아들일 수 있게 해야 한다. 불안의 학교를 마친 사람은 죽음을 마치 현재에 있는 것처럼 맛보면서 죽음의 현실을 다르게 해석할 수 있다. 즉, 죽음에의 절망을 진정으로 다시 태어나기 위한 희망으로 바꿀 수 있다.

(3) 세 번째 학급: 죽음을 통하여 절대 종말이 없는 영원한 생명으로 들어가게 되므로 신앙의 배와 기도의 탄식 없이는 죽음의 심연을 건너지 못함을 깨닫게 해야 한다. 더 나아가 죽음의 심연 건너편에 있는 영원한 하늘나라를 바라보며 그리워하도록 해야 한다.

---

94) 코헛(H. Kohut)은 인간이 이룰 수 있는 가장 위대한 심리적 성취는 자신이 죽을 운명임을 수용하는 것이라고 보고 개인이 이런 성취를 이루려면, 자신이 전능하지 않으며 영원하지 않다는 것을 인정하는 자세가 필요함을 주장하였다. Allen Siegel, 2002, p.103 참조.

5. 전인성 계발을 위한 8단계 학교론의 모델을 위한 제언

필자는 코메니우스의 생의 주기 8단계에 따른 '학교론'과 에릭슨의 8단계 '자아발달론'과의 대화를 모색하였고, 전인교육적 관점에 기초하여 전인성 계발을 위한 8단계 학교의 모델을 재구성하여 제시하였다. 이러한 작업을 통해 필자는, 전 인생을 통해 통일되고 조화된 인격체로 인간을 교육하고자 했던 코메니우스의 전인교육적 관점에 기초한 '학교론'과 자아 발달의 단계를 통해 온전한 인격을 이루는 개인만이 인생을 풍요롭고 통전적으로 살 수 있다는 에릭슨의 '자아발달론'적 관점은 교육적으로 조화를 이루어 전인성 계발을 위한 학교론의 모델이 될 수 있음을 확인할 수 있었다.

필자가 에릭슨의 자아발달론적 관점에서의 발달과제에 근거하여 코메니우스의 학교론의 모델을 현대적으로 재구성하는 작업을 시도한 것은 고 이숙종 교수님의 권고에서 비롯된 것이다. 스승의 혜안에 감사하면서 필자는 다음과 같은 몇 가지의 제언을 하고자 한다.

첫째, 기독교교육의 이론과 실천을 비판적으로 성찰하고 기독교교육의 재구성을 모색하려는 학문적 풍토가 활성화되어야 한다. 이것은 최근의 학제 간 연구 방법의 다양한 접근방식을 필요로 한다. 특별히 기독교교육이 인간을 대상으로 행해지는 신앙교육이라는 특성을 지닌다는 점을 감안할 때 기독교교육과 정신분석학, 기독교교육과 발달심리학, 기독교교육과 대상관계이론, 기독교교육과 종교심리학 등 제반 심리학과의 다양한 대화의 모색을 필요로 한다.

둘째, 이러한 타 학문과의 학제 간 연구방법을 통해 모색된 연구결과는 구체적인 교육의 장에서의 실천적 수행을 요청한다. 구체적 실천이 없는 이론은 실천신학으로서의 기독교교육의 정체성에 의문을 제기하지 않을 수 없기 때문이다.

셋째, 본 논문의 구체적 실천을 위해 사회적·교육적·심리적 위기를 겪고 있는 학습자들로 하여금 몸과 정신과 영혼이 분리되지 않은 통합적인 전인적 인간으로 살아갈 수 있는 구체적인 프로그램이 개발되어 이론의 정당성이 뒷받침되어야 할 필요성이 요청된다는 것이다. 따라서 필자가 에릭슨의 자아발달론적 관점에서 재구성한 코메니우스의 학교론의 모델은 추후 전인성 계발을 위한 기독교교육의 구체적인 프로그램의 개발이라는 과제를 안고 있음을 밝힌다.

전인적 기독교 가정교육의 사상적 기초로서의 코메니우스와 부쉬넬 이해[95]

1. 왜 코메니우스와 부쉬넬인가?

현대사회는 가족의 형태가 다양하게 변화된 모습을 보이고 있다. 전통적인 대가족의 형태가 사라지고 핵가족화된 지 이미 오래되었으며, 한 부모 가족, 입양 가족, 위탁 가족, 다문화 가족 등의 다양한 가족 형태가 생겨나고 있다. 이렇게 사회의 변화에 따른 가족 형태의 다양화는 부모와 자녀 간의 관계와 역할에 대해 재고하게 만들고, 자녀양육 환경의 기초가 되는 가정교육의 중요성에 관심을 가지

---

95) 이 글은 필자가 2011년, 한국기독교정보학회 학술 콜로키엄에서 발표한 논문을 수정/보완한 것이다.

게 한다. 특별히 기독교 가정은 '기독교 신앙의 전수'라는 종교적 책임과 아울러 자녀를 전인적으로 양육해야 하는 교육적 책임을 가지고 있음을 감안할 때 기독교 가정이 21세기 현대사회의 사회적·문화적 대변화의 물결 속에서 어떻게 온전하게 그 책임을 감당하겠는가라는 물음에 직면하게 된다.

본 연구의 목적은 이러한 물음에 직면하여 현대사회에서 전인적 인격형성의 과제를 책임적으로 수행할 수 있는 기독교적 가정교육의 가능성을 탐구하고자 하는 데 있다. 이 목적을 위해 연구자는 전인적 기독교 가정교육의 사상적 기초로서의 코메니우스와 부쉬넬의 교육사상을 이해하고, 그들의 공통된 전인교육적 관점을 오늘날 가정교육 부재의 현실 속에서 어려움을 겪고 있는 기독교 가정의 부모와 자녀를 위해 전인교육적 입장에서 재구성하고자 한다.

코메니우스는 그리스도인 부모들은 가정에서 자녀들의 신앙뿐 아니라, 도덕, 교양 및 다른 필요한 것들을 훈련하여 그들이 성장했을 때 종교, 정치, 시민의식, 사회적 관계 등 삶의 다양한 측면에서 일어나는 자신의 문제를 다양하게 처리하는 사람이 되게 해야 함을 일찍부터 제시하였다. 코메니우스의 교육사상은 30년 전쟁으로 암울했던 17세기 유럽의 시대적 상황에서 기독교적 세계관에 근거한 범지학(pansophie)적이고 범교육(pampaedia)적인 교육목적과 이상을 실현하고자 형성되었다. 범지학과 범교육 사상에 기초한 그의 교육사상의 중심에는 유아와 어머니가 놓여 있으며, 그의 유아교육론은 유아기에 있는 어린 자녀와 어머니와의 관계성 속에서 이루어지는 가정교육을 다루고 있다.

그 후 200년의 시간이 지나 부쉬넬은 가정 안에서의 기독교적 양육의 가능성을 강력히 제시하면서 전인적 기독교 가정교육의 기초를 마련하였다. 교육을 인간과 사회의 구원을 성취하는 매개로 간주하고, 인간은 교육을 통해 개발될 수 있는 가능성을 지닌 존재로 본 부쉬넬[96]은 그 당시 미국을 휩쓸고 있었던 대각성 운동(the Great Awakening)[97]이 인간을 교육에 의해 개선될 수 없는 존재로 보는 교육적 한계를 가지고 있다고 비판하였다. 그는 기독교 가정 안에서 이루어지는 양육을 통해 어린이도 하나님의 언약의 공동체의 일원이 될 수 있으며, 가정의 냄새가 어린이의 옷에 배어 있듯이 어린이는 가정 안에서 자연스럽게 기독교적 성품과 덕성을 형성한다고 보고, 가정에서 이루어지는 기독교적 양육의 중요성을 강조하였다.[98]

이와 같은 코메니우스와 부쉬넬의 교육적 관점은 그들 사이에 비록 200년의 시간 차이가 있고, 시대적·역사적·종교적 상황이 일치하지 않음에도 불구하고 공통된 관점을 보이고 있다. 즉, 부모는 하나님이 위탁하신 자녀를 가정에서 영혼과 신체 및 성품을 잘 돌보고 양육하여 하나님의 형상에 이르게 하는 교육적 책임과 의무를 부여받았고, 이러한 기독교적 양육과 훈육은 전인적인 관점에서 총체적으로 이루어져야 한다는 것이다.

여기서 코메니우스에 대한 재평가가 이루어져야 하는 부분이 있

---

96) 미국의 종교교육 운동의 아버지라 불리는 부쉬넬(Horace Bushnell, 1802~1876)은 1802년 코네티컷에서 태어나 1831년 대각성 운동이 예일 대학을 휩쓸고 있을 때 회심의 경험을 하게 되었다. 그러나 그는 후에 회심 일변도인 이 운동에 반기를 들고 어린이도 어른과 같이 언약 공동체(교회)의 일원이 될 수 있으며, 이것은 가정에서 부모의 기독교적 양육을 통해 가능함을 역설하여 큰 반향을 일으켰다.

97) 대각성 운동은 종교적 무관심과 도덕적 타락 현상이 팽배해진 미국의 중부에서 1720년대부터 일어난 영적 대각성 운동이자 종교 부흥운동이었다.

98) 부쉬넬은 그리스도의 구원의 객관성은 가정과 교회를 장으로 하여 인간의 경험과 참여에 의해 주관화될 때 비로소 구원은 사건이 된다고 보고, 그의 종교 교육적 입장을 그의 구원관과 관련하여 피력하였다. 은준관, 1997, p.204 참조.

다. 그것은 은준관(1997)의『교육신학』에서 "가정을 장으로 하는 기독교교육의 가능성을 처음 신학적으로 풀이한 사람(p.199)"으로 부쉬넬이 평가되고 있지만 오히려 부쉬넬보다 200년 앞서 가정에서의 기독교교육을 신학적으로 접근한 코메니우스가 '가정을 장으로 하는 기독교교육의 가능성을 처음 신학적으로 풀이한 사람'으로 평가되어야 한다는 점이다.

본 연구의 범위는 코메니우스의『유아기 학교』와 부쉬넬의『기독교적 양육』을 중심으로 공통된 전인교육적 관점을 도출하여 현대사회에서 전인적 인격형성의 과제를 책임적으로 수행할 수 있는 기독교적 가정교육의 가능성을 탐구하는 데 한정되어 있다.

따라서 연구자는 본고 제2장에서 코메니우스와 부쉬넬의 교육사상에 대한 기본이해를 살펴보고, 코메니우스의『유아기 학교』와 부쉬넬의『기독교적 양육』을 중심으로 두 학자의 교육이론 간에 대화를 통해 공통된 전인교육적 관점을 도출해보고자 한다. 제3장에서는 현대사회의 기독교 가정교육을 위한 교육적 목적과 과제 및 내용 그리고 방법을 코메니우스와 부쉬넬의 전인교육적 관점에서 재구성하여 전인적 기독교 가정교육을 위한 지침을 제시하고자 한다.

2. 코메니우스와 부쉬넬의 교육사상

1) 코메니우스와 부쉬넬의 교육사상에 대한 기본적 이해

(1) 교육사상관

(가) 코메니우스의 교육사상관

하나님을 우주 만물을 창조하신 창조주로 이해한 코메니우스(1657/ 1993)는 창조주 하나님을 그의 신학사상의 출발점으로 삼았다(p.38): 창조주 하나님은 자신의 형상대로 인간을 창조하셔서 인간에게 다른 피조물은 가지고 있지 않은 세 가지 특별한 능력을 부여하셨는데, 그것은 '사고(ratio)'와 '언어(oratio)', 그리고 '행위(operatio)'라는 능력이다. 이러한 세 가지 능력을 위해 하나님은 인간에게 특별한 도구를 주셨는데, 즉 '사고'를 위해서는 사물을 보고 관찰할 수 있는 '눈(Auge)'을 주셨다. '언어를 위해서는 이름을 명명할 수 있는 '혀(Zunge)'를 주셨다. 그리고 '행위'를 위해서는 사고하여 언어로 전달한 것을 실행할 수 있는 '손(Hand)'을 주셨다(p.163).

하나님은 인간에게 세 가지 특별한 능력을 부여하시고 하나님 자신과 인간과 자연을 올바르게 연결해주는 역할을 인간에게 맡기셨는데, 이 일을 수행할 수 있는 사람을 길러내는 것이 교육이라고 코메니우스는 보았다. 그러한 사람은 건강한 신체에 빛나는 지성과 훌륭한 도덕과 자유롭게 사용할 수 있는 기술을 연마한 하나님을 경외하는 사람, 곧 전인적 인격을 소유한 사람이라고 하였다(1636/1956, p.66). 더 나아가 코메니우스(1657/1993)는 성서와 자연세계의 저자로서 하나님을 말하였다: 인간 정신의 책과 하나님께서 직접 말씀하고 계시하신 성경책과 자연의 책의 저자이신 하나님은 하나님의 창조인 이 세 가지 책을 이해할 수 있는 세 가지의 눈을 인간에게 주셨다. 즉, 인간 정신의 책을 이해하는 눈으로 '이성(ratio)'을, 자연의 책을 이해하는 눈으로 '감각(sensus)'을, 성경책을 이해하는 눈으로 '신앙(fides)'을 주셨다(p.21).

이러한 이성과 감각과 신앙의 눈을 통해 하나님이 우리에게 주신 세 가지 책을 바르게 이해하고, 하나님과 인간과 자연과의 바른 관계를 맺어 인간세계의 개선을 이루어야 한다는 것이 코메니우스의 교육사상의 핵심이다.

(나) 부쉬넬의 교육사상관

부쉬넬의 교육사상을 이해하기 위해서는 그 당시 미국사회를 휩쓴 종교 부흥운동, 혹은 대각성운동의 영향을 배경으로 그의 교육사상이 싹트게 되었음을 먼저 인식해야 할 것이다. 이것은 부쉬넬(1888)의 다음과 같은 언급에서 확인할 수 있다:

> 종교부흥을 위해 자녀들을 기르는 양육법은 거의 학대라고 할 수 있다. 가족이 드리는 기도는 점차 차가워지고 형식적이 되며 자주 중단되기도 한다. 훈육은 사랑이 아니라 분노에서 이루어진다. 자녀들은 불같은 언어의 설교와 꾸중, 비난을 듣는다(p.63).

이와 같이 많은 진실한 그리스도인들이 성인에게만 알맞은 기계적 회심을 강요함으로써 자신도 모르게 인간적인 부모 양육의 방법을 놓치고 있는 현상을 개탄한 부쉬넬(1888)은 욥기 39장 14~17절을 인용하면서 타조와 같은 양육방법을 사용하는 그리스도인 부모의 그릇된 양육 모습을 비판하였다. 그는 "왜 자녀들에게 자기 길을 가게 하고, 자기 생각을 하게 하며, 자신의 원리를 생성하게 하여 꽃의 자유와 아름다움으로 발달하도록 내버려두지 않는가?(p.54)"라는 질문을 던지면서 어린이들이 가정과 교회에서 참된 성품의 인간으로 성장해야 할 것을 강조하였다. 부쉬넬(1888)은 "자녀들이 자신 스스로에게 맡겨질 때 가장 참되고 가장 고귀한 인간 성품으로 성장한다"는 교육적 입장을 피력하면서도 "자녀들은 자유로운 존재로서 자신의 선택과 성품에 대해 책임을 져야 하고 또한 이미 악을 접하였기 때문에 그들의 본능을 넘어서는 일정한 훈련을 필요로 한다(p.54)"며 양육과 훈련의 필요성을 역설하였다.

가정에서의 자녀양육을 책임지고 있는 그리스도인 부모는 자신들과 같은 종류의 성품을 자녀에게서 재생산하게 하는 성품의 씨앗을 가지고 있음을 예로 들면서 부쉬넬이 유아 세례의 합당성과 교육적 의미를 부여한 것은 그 당시 매우 획기적인 사상이었다. 그 당시 교회는 성경이 유아세례를 직접적이고 구체적으로 명하지 않기 때문에 유아세례를 행하는 것은 바르지 않다는 견해를 지지하고 있었다. 그러나 부쉬넬은 베드로가 첫 설교에서 명백하게 언급한 그 지점으로부터 유아세례가 어떻게 필연적으로 발전되었는지, 특별한 언급이 없이도 세례 제도 그 자체에 유아세례가 어떻게 필연적으로 포함되었는지를 상세하게 언급하면서 유아세례의 당위성과 필연성을 강조하였다.99) 이것은 부쉬넬(1888)이 그리스도인 부모 안에 있는 자녀

---

99) 이에 대해서는 Bushnell, 1888, pp.102~135 참조.

를 그리스도인으로 가정하고 부모와 함께 세례를 줌으로써 가정의 기독교적 양육의 특권을 인정한 것으로서(p.30) 교육 신학사에 매우 획기적인 전환점이 되었다.

(2) 인간관 및 아동관

(가) 코메니우스의 인간관 및 아동관

인간을 이해함에 있어서 코메니우스(1657/1993)는 철학자들의 용어를 빌려 인간을 소우주로 이해하기도 하였다(p.32). 인간은 넓은 우주 안에서 드러나게 되는 모든 것을 포함한 작은 우주로 볼 수 있다는 것이다. 이것은 마치 식물의 씨나 나무의 열매에 식물이나 나무의 형상이 실제로 현존하지 아니한다고 하더라도 식물이나 나무는 이미 현실 안에, 즉 씨나 열매에 포함되어 있는 것과 마찬가지이다. 그러나 인간은, 더 정확히 말해 "인간의 이성은 원죄를 범한 직후에 어두워지고 은폐되고 스스로 해방될 수 없게 되었기(p.33)" 때문에 인간성의 회복이 관건이 된다고 말할 수 있다.

"인간이 인간으로 행동하기를 배우지 않고도 인간이 되며, 교육되지 않는 인간이 존재할 수 있다고 믿는 사람은 아무도 없다(p.41)"고 '교육 가능한 존재(animal disciplinabile)'로서의 인간을 언급한 코메니우스(1657/1993)는 하나님의 형상대로 태어났으나 불순종의 결과로 타락한 자리에 있게 된 인간은 타락한 자리에서 이끌려 나와 하나님의 형상을 회복하는 자리에 있어야 하며, 자연세계(사물)와 올바른 관계를 맺어야 한다는 입장을 취하였다(pp.40~41).

이러한 인간 이해에 기초하여 코메니우스에게 있어서 어린이는 모든 부분에서 인격이 형성되지 않았기 때문에 전체와 관련된 인격 형성이 필요한 존재, 즉 교육이 필요한 존재로 이해되고 있다.[100) 또한 어린이는 이 밖에도 자연 질서 안의 순수하고 순결한 존재, 꽃피우고 가꾸어야 할 인간적 소질과 능력을 내재한 자연적 존재로 이해되고 있다. 이것은 코메니우스(1636/2001)가 어린이를 낙원에 심겨진 어린 나무로 묘사하면서 "그들이 접붙임과 물을 줌과 땅을 갈아엎음, 잘라냄을 통하여(p.151)" "유용하고 우아하게 자라 맛있는 열매가 가득 맺힐 수 있도록(p.152)" 양육해야 한다고 강조한 언급에 잘 나타나 있다.

(나) 부쉬넬의 인간관 및 아동관

부쉬넬(1888)도 코메니우스와 같이 어린이들은 거룩한 진리의 씨앗을 내재하고 있기 때문에 '교육 가능한 존재'라고 주장한다(p.5). 또한 자녀와 부모 사이에 존재하는 성품의 유기적 결합에 관한 견해는 기독교교육의 기초 개념이 된다고 주장한다(p.22). 부모에게 성품의 유기적 권능을 강조한 부쉬넬은 부모의 삶 속에 살아 있는 복음은 부모와 자녀와의 유기적 결합에서 비로소 그 복음이 자녀의 삶 속에서 다시 살아난다는 것을 강조함으로써 어린이가 죄 가운데서 자라다가 분별력이 생기는 성숙한 연령에 이르러 비로소 회심하게 된다는 종교 부흥운동의 아동관을 극복하고 어린이의 교육적 가능성을 회복시켰다.

---

100) 그 당시 어린이는 교육에서 소외된 존재였으나 코메니우스(1666/1991)는 모든 인간은 예외 없이 자신의 인간성을 완성해야 하며, 모든 방법으로, 모든 것을 교육받아야 한다고 강조하였다. p.31.

기독교교육의 의도는 하나님의 영 안에 있고 하나님의 영에 의해 존재하는 부모의 그리스도적 삶과 영혼이 어린이의 마음으로 흘러 들어가게 하여 생각, 의견, 믿음, 사랑이 생기게 하는 것이라고 본 부쉬넬(1888)은 어린이가 가정 안에서 그리스도인으로 성장하기 위해 아무런 조건이나 꾸밈없이 그 순간 존재하는 감정을 행동으로 표현할 수 있어야 함을 강조하였다(pp.21~22). 그리하여 기독교 가정에서 자라난 어린이는 자신이 기계적으로 회심했던 경험을 기억하지 못하는 채로 끊임없이 영적으로 새롭게 되어 자신을 에워싸고 있는 세상에 대해 열린 자세로 살아가게 된다는 것이다(p.4).

(3) 가정관

(가) 코메니우스의 가정관

가정을 어머니 학교로 표현한 코메니우스(1657/1993)는 어머니 학교를 "싹이 터서 향기를 발하는 다양한 꽃들로 꾸며진 봄과 같다(p.192)"고 하였다. 어머니 학교로 표현된 가정은 정원처럼 아름답고 다양하고 싱그러운 모습이어야 한다는 것으로 이해할 수 있다. 이러한 가정 안에서 부모는 어린이들이 신앙 안에서뿐 아니라 도덕과 교양을 비롯해 그 밖의 필요한 것을 연마할 수 있도록 교육적 책임을 갖게 된다.

코메니우스(1666/1991)는 가정에서의 교육이 제대로 수행되지 못하게 될 때의 위험성에 대해서도 경고하였다: "올바른 교육에 대한 무관심은 인간, 가족, 세계 전체를 멸망시키고, 잘못된 가정교육은 학교, 교회, 국가를 곤경과 어려움에 처하게 한다(p.190)."

더 나아가 코메니우스(1636/2001)는 어린이들이 사는 집은 작은 교회가 되어야 함을 강조하였다. 작은 교회인 이 가정에서 아침과 저녁으로 모여서 기도하며, 하나님을 생각하고 찬양하며, 하나님의 말씀을 읽고 경건한 대화를 나눌 것을 권하였다(p.209).

(나) 부쉬넬의 가정관

어린이는 가정의 대기를 숨쉬며, 집안의 냄새가 항상 어린이의 의복에 배어 있듯이 어린이의 본성은 가정이라는 씨앗으로부터 싹틀 것이라고 언급한 부쉬넬(1888)은 은혜의 성령이 거하는 가정은 유년기의 교회가 되어야 한다고 강조하였다(p.12, p.88). 부쉬넬은 부모들이 진정 그들의 집을 은혜의 환경으로 만들기 위해 살고, 그들의 삶의 환경을 숨 쉬는 모든 존재를 위한 천상의 정서와 모든 신적인 열망의 환경으로 만들기 위해 살 것을 권고하였다. 기계적 회심의 교리로 어린이들이 회심하는 것이 아니라 어린이들은 그들이 거하는 은혜로운 회심환경으로 인해 모두 회심하기 때문이라는 것이다. 그러므로 부모는 가정 안에서 어린이의 연령에 가능하고 적합한 회심이 있다는 것을 믿고 성인에게만 가능하고 적합한 기계적인 양식으로 어린이들을 회심시키려고 애쓰지 말아야 한다. 가정 그 자체가 회심의 의식이기 때문이다(Bushnell, 1888, pp.61~62). 이것을 부쉬넬은 다음과 같이 묘사하였다:

> 식탁과 화로가 거룩한 의식이 되며, 삶은 구원과 권능의 한 요소가 되어야 한다. 삶의 아름다움, 신앙의 평온, 의로운 기대의 자신감, 성령의 성스럽고 기쁜 자유 이 모든 것은 따뜻하고 온화한 양육이 되어 조용하고 완벽한 방법으로 어린 영혼 주위에서 빛나며,

그 영혼 안에 하나님에 대한 의무와 종교적 순종의 정신을 형성해 준다(p.12).

또한 가정은 자녀의 도덕적 본능을 조이고 풀어주는 권세에 의해 법과 규칙을 유지하며, 다스리고 권위를 사용한다는 점에서 철저한 구조적 개념이며, 그 개념 안에서 가정이 다스려진다고 부쉬넬은 이해하였다. 부모는 때때로 가정의 다스림에 대한 권세를 가지고 있는 것이 일종의 혹독함이나 가혹한 장악이라고 생각하여 자녀에게 그 다스림의 권세를 적절하게 사용하지 못한다. 그러나 다스림이 부재한 가정은 무질서하고 열등하며 불명예스러우며 몰락한 가정과 동의어로 생각할 수 있다고 부쉬넬(1888)은 경고하였다(p.270).

2) 전인적 기독교 가정교육을 위한 코메니우스와 부쉬넬의 대화

(1) 가정 안에서 초기 교육의 중요성 및 부모의 교육적 위치와 역할

유아기는 코메니우스와 부쉬넬이 인생의 가장 중요한 시기로 인정하고 깊은 관심을 가진 시기이다. 이 시기에 유아는 어머니 품 안에서 좋은 돌봄을 받고 교육을 받아야 한다. 이 시기는 어머니와의 관계 안에서 인격과 신앙의 형성의 기초를 이루는 시기이므로 자녀의 나이가 이른 시기에 교육이 이루어져야 하는 중요성을 알게 한다. 이런 과정에서 형성된 인성은 거의 평생을 유지하게 된다.

코메니우스(1657/1993)는 키케로의 "어린이들은 수많은 일들을 빠르게 이해한다"는 말을 인용하면서 밀랍과 비교될 수 있는 인간의 두뇌는 어릴수록 매우 유연하고 수용성이 크기 때문에 딱딱해지고 건조해지기 전에 교육을 행해야 한다고 강조하였다(p.46). 다시 말해서, 교육은 어릴 때부터 행하는 것이 효과적이고 인간이 어린 시절에 흡수한 것만이 확고하고 지속적이기 때문이다(Comenius, 1657/1993, p.47). 코메니우스(1636/1956)는 그 예로, 나무는 높이 자라거나 낮게 퍼지거나 곧은 가지나 비뚤어진 가지나 처음에 방향이 지어진 그대로 자라게 되며, 그것이 다 자라난 후에는 변화시킬 수 없는 것을 보면 알 수 있다고 말한다(p.14). 또한 나무로 만든 차바퀴의 테는 바퀴의 모양으로 구부러진 후에는 바로 펼 수가 없고 억지로 펴고자 한다면 부러지고 마는 것을 예로 들면서 이른 시기부터 고귀한 씨앗을 어린이에게 심고 끊임없는 교육과 모범에 의해 훌륭하게 성장하도록 해야 할 것을 권고하였다(p.15).

부쉬넬(1888)도 어린이들은 어릴 때에 확립된 의로운 원칙의 뿌리가 있음을 언급하면서 초기 교육의 중요성을 강조하였다. 또한 그는 유아기는 유순한 감정과 부드러운 민감함으로 자신을 내어놓는 시기여서 자녀는 부모의 권위에 잘 따르는 특징이 있다고 보았다. 이때 어린이는 어린이다운 기쁜 표정과 행복하고 즐거운 태도로, 그리고 권위를 기꺼이 즐거워하는 마음으로 진실한 순종을 실천하는 미덕을 보인다는 것이다(p.17).

유아기를 중요시한 부쉬넬은 특별히 '언어'와 '책임적인 선택' 이전의 유아기를 '각인(impression)의 시기'라고 명명하면서 이 시기는 어린이의 밀랍 같은 의지가 지혜로운 통제력의 주형에 맡겨지는 시기로 강한 맹목적 의지를 갖고 있는 시기라고 보았다. 즉, 유년기 초기의 이 각인의 시기는 영혼의 의지력을 길들이고 더 고차원의 통제, 즉 부모에 대한 순종의 통제 그리고 의무와 종교의 통제에 종속시키는 시기로서 종교적 성품에 가장 중요한 요소들이 바로 이 시기에서 바뀐다고 보았다(p.208).

어린이에게 각인되거나 전염된 것은 어린이의 선택적 의지가 발현됨으로써, 즉 어린이들이 이제는 스스로의 의지에 의해 전에 각인되거나 전염된 것을 드러낸다. 어린이들은 이 특성들을 기억해내지 못하나 이 특성들은 어린이들을 기억하며, 이제 이 어린이들에 대한 권리를 주장한다. 따라서 기독교적 양육에서 가장 중요한 시기는 바로 이 처음 시기이다. 부쉬넬(1888)은 각인의 시기라고 부르는 이 시기에 아직 그 시기가 오지 않았다고 생각하면서 참된 그리스도인의 양육의 의무와 배려를 지연하고 있는 그리스도인 부모들이 많음을 개탄하였다(p.211).

이 각인의 시기는 그 자녀들이 나중에 받을 지도와 훈육을 모두 합한 것보다 더 많은 유익이나 더 많은 손실을 그 자녀들에게 줄 수 있고, 각인은 앞으로 펼쳐질 모든 성품의 씨앗이 될 수 있기 때문에 성품의 형성에 가장 절대적인 영향력을 갖는 이 시기 동안 자녀는 어머니의 얼굴을 보고 어머니의 목소리를 들으며 어머니의 부드러운 손을 느낄 필요가 있다.

코메니우스(1666/1991)는 어머니들이 아주 이른 시기부터 자녀에게 미치는 자신의 영향과 역할의 중요성을 각성해야 함을 강조하였다. 어머니는 자신의 품 안에 안긴 자녀의 인격을 형성하는 최초의 인격 형성자임을 잊지 말아야 한다는 것이다. 이를 위해 어머니는 어린 자녀에게 세심한 관심을 끊임없이 기울여서 자녀로 하여금 "맑은 거울처럼 빛나고 어둠 속에서도 온 세상을 보여주는 정신의 소유자(p.163)"가 되게 해야 한다고 하였다. 즉, 말이 아닌 행동을 앞세우고, 바람직한 습관을 형성하고, 어느 누구에게도 해를 끼치지 않고 오히려 모든 이에게 봉사하는 생각만을 하는 사람으로 교육해야 한다는 것이다.

이와 같은 어머니의 역할과 그 중요성에 대한 코메니우스의 견해는 부쉬넬의 견해와 매우 유사한 관점을 가지고 있는데, 이것은 다음과 같은 어머니의 중요성에 관한 부쉬넬(1888)의 언급에서 확인할 수 있다:

> 어머니는 수유를 통해 아이를 그 가슴에 안는다. 시선과 손길에서 읽혀지는 그녀의 모성적 영혼은 아이의 표정을 살피고 몸을 굽히면서 세상의 거룩한 것에 대한 감각을 처음으로 일깨워준다. 어머니가 그 사랑의 어조에 어느 정도의 결단력을 넣어 부드러운 명령어를 말하기 시작할 때 그 어머니는 가장 부드러울 수 있는 권세를 행하기 시작하는 것이다(pp.271~272).

부쉬넬(1888)은 코메니우스의 견해와 동일하게 자녀의 영원성은 어머니의 모성적 책임과 존재에서 가장 영향을 많이 받게 되고, 어머니와의 정서적 경험은 자녀에게 절대적 영향을 미치게 되므로 보모에게 자녀를 맡길 때 신중해야 함을 경고하였다(pp.212~213).

어머니로부터 안정된 사랑의 양육을 받은 유아는 아버지의 영향권 아래로 옮겨지게 되며, 이때 유아는 가정의 대기를 숨 쉬며 부모의 눈을 통해 세상을 본다. 이제 부모의 목표가 자녀의 목표가 되며, 부모의 삶과 영이 자녀의 모습을 만든다. 이와 같이 부모의 그리스도적 삶과 영혼은 자녀 안에서 유기적 결합을 이루어 성장하게 되므로 가장 어린 시절부터 어린이는 원칙적으로 그리스도인이라는 것이 부쉬넬(1888)의 견해이다(p.23).

(2) 유아의 신앙형성과 경건교육

코메니우스(1636/1956)에게 있어서 경건교육은 도덕교육이나 기술교육보다 더 중요하다. "신앙과 하나님 경외, 예절과 덕, 언어 학문과 모든 종류의 기술(p.66)"은 순서의 뒤바뀜이 없이 우선순위에 따라 교육되어야 한다. "하나님을 경외하는 마음이 없다면, 미친 사람 손에 칼이나 검이나 도끼가 들려 있는 것과 같기 때문에, 모든 기술과 도덕은 오히려 해로울 뿐(p.111)"이기 때문이다.

코메니우스(1636/1956)는 유아기 학교에서 어린이의 신체와 성품과 그리고 영혼에 관한 교육을 강조하면서 사람의 가장 중요한 부분인 영혼을 가장 먼저 돌봐야 한다고 교육의 우선순위를 영혼을 위한 경건교육에 두었다(p.64). 그러므로 부모들은 무엇보다도 내적이고 투명하게 하나님 경외하는 모습을 먼저 가르칠 수 있도록 유아가 태중에 있을 때부터 노력해야 한다고 강조하였다(pp.83~84). 유아의 경건교육은 본격적으로 만 2세가 지나서 시작할 수 있는데, 이 시기는 "작은 사랑스러운 꽃봉오리처럼 유아의 이성이 피어나기 시작하여 사물을 구분하기 시작하는 때이고, 유아의 혀가 풀려 단어들을 똑똑하게 발음하기 시작하고, 발에 힘이 생겨 걸으려고 할 때(p.112)"라고 하였다. 이와 같이 코메니우스(1666/1991)는 "유아들이 경건성을 지니도록 지도하는 것이 필수적이다(p.184)", "유아들은 부모의 모습을 보고 배워야 한다(p.184)", "기회가 있을 때마다 유아들에게 하나님에 관해서 말해주어야 한다(p.185)"고 강조하면서 최우선 순위로서 유아의 신앙형성과 경건교육을 중요시하였다. 물론 코메니우스는 의도적인 경건교육을 더 많이 언급했지만 어머니 자신이 겸비해야 할 경건의 모습, 자녀에게 훌륭한 모범을 보여야 할 모습을 통해서 자녀에게 비의도적인 경건교육을 하도록 권하였다(p.183).

부쉬넬도 유아의 신앙형성이 언어발달 이전에 시작됨을 말하였다. 하나님이라는 존재에 대한 개념이 생겨서 그 소리와 결합되기 전까지 하나님이라는 단어는 하나님에 대한 어떤 개념도 제기하지 않기 때문이라는 것이다. 그렇다면 어린이가 배울 수 있을 만큼 충분히 언어적으로 발달하기 전에는 어린이에 대한 어떤 종교적인 작용도 있을 수 없다고 생각하는 것은 사실에 대한 바른 이해와는 거리가 멀다. 부쉬넬(1888)은 언어의 의미가 그의 경험에서 나온 각인에 의해 어린이 안에서 처음 시작되지 않는다면 그 어린이의 언어 발달은 있을 수 없다고 단언하였다(p.204).

슬픔을 억누른 어머니의 뺨을 조용히 타고 내리는 눈물은 작은 아기의 얼굴에서 흐느낌으로 표현이 된다. 아기는 경이로운 침묵으로 기도하는 어머니를 관찰하며, 그 관찰 속에서 어머니와 함께 경건하게 위를 바라는데 이것은 말로 표현되지 않은 기도를 나타낸다. 이와 같이 부모가 경건 속에 더욱 원숙하고 순수한 그리스도인의 삶을 살 때 그들의 자녀가 언제나 하나님을 향한 경건 속에서 자라는 것을 볼 수 있다(Bushnell, 1888, p.13).

부쉬넬(1888)은 자녀의 신앙형성과 경건교육을 위한 방법을 다음과 같이 제시하였다: 가능하면 자주 자녀들을 더 나은 영이 지배하는 곳으로 보내라. 기회가 있다면 자녀들을 그리스도 가정과 함께 거주하게 만들라. 기도를 들을 수 있고 그리스도인의 안식일을 볼 수 있는 곳으로 자녀들이 가게 하라. 하나님의 교회와 안식일을 준수하는 학교에 자녀들을 보내거나 데려다 주라. 자녀들에게 자신의 가정을 지배하는 비종교적인 영과 유기적 법칙에서 자주 벗어나게 하라(p.101).

(3) 유아의 신체적 섭생과 양육이 갖는 종교적 중요성

코메니우스는 유아기 학교에서 어린이의 신체와 성품에 관한 교육을 강조하였다. 특별히 어머니가 자신의 균형 잡힌 몸매의 우아함을 잃을까 봐 두려워하여 자신의 젖을 자녀에게 먹이지 않으면 자녀의 도덕성이나 성품에 치명적인 결함을 끼칠 것이라고 경고하였다. 모유 수유가 끝날 때쯤에는 젖처럼 부드럽고 달고 소화되기 쉬운 자연식품을 조심스럽게 주어야 하며, 약은 습관이 되기도 하고 효능도 떨어지게 되므로 꼭 필요한 경우 외에는 복용시키지 말 것을 권하였다. 자극적이고 몸에 해로운 음식을 금해야 하는데 그렇지 않으면 어린아이는 뿌리부터 썩는 식물과 같이 될 것이라는 것이다. 이러한 신체적 섭생과 더불어 규칙적으로 자게 하고, 재미있는 놀이를 하게 하고, 충분한 신체운동을 하게 하면 어린이의 영혼은 시냇가에 심겨진 식물처럼 잘 자라날 것을 확신하였다(Comenius, 1636/1956, pp.81~83).

부쉬넬(1888)도 유아의 성품의 양육은 신체의 양육과 더불어 시작되는 것이라고 강조하였다(p.198). 따라서 어린이가 자신의 신체가 감각적 쾌락의 풍미에 길들여지는 것이 존재의 주된 축복이라고 생각하여 모든 병적인 동경과 갈망으로 그의 관능적 이기심을 가득 채우는 것을 경계해야 함을 경고하였다(p.240). 신체는 정신의 집이라고 말할 수 있듯이, 정신과 신체의 연결이 매우 밀접하기 때문에 정신으로는 그리스도인이나 신체로는 그리스도인이 아닐 가능성은 전혀 없다고 부쉬넬(1888)은 단정했다. 즉, 유아의 영혼이 성령의 성전이라면 그의 몸도 성령의 성전이라는 것이다(pp.232~233). 이것은 부쉬넬(1888)이 어린이의 신체적 섭생과 양육이 갖는 종교적 중요성을 강조한 것이고, 어린이의 건강한 신체적 훈련은 건강한 성품과 신앙과 깊은 관계가 있음을 밝혀낸 것이다(pp.243~244).

또한 부쉬넬(1888)은 신체적 양육에 있어서 청결과 의복의 훈련이 중요함을 역설하였다. 신체적 청결은 일종의 외면적 종교가 되기 때문에 어머니가 자녀들에게 청결함과 질서의 필요성을 느끼도록 훈련하면 자녀들이 모든 고귀한 성품에 대해 소망하고 선호하는 길에 세워주게 된다는 것이다. 반면, 어머니가 자녀들을 위한 기도와 금식에서 그 영혼을 쏟는다고 해도 그들을 더럽고 산만한 습관 속에서 자라도록 내버려두면 자녀들을 영혼의 오염과 무질서 속에서 계속 살아가도록 한다는 것이다(pp.247~248). 그러므로 그리스도인 부모가 자녀를 그리스도인으로 기르려고 한다면 그리스도인의 신체에 그리스도인의 영혼이 깃들도록 해야 한다고 하였다(p.251).

3. 전인교육을 위한 기독교 가정교육의 재구성

1) 교육목적의 재구성-'부모와 자녀의 그리스도적 삶과 영혼의 유기적 일치를 통한 전인격적 성장'

코메니우스(1636/1956)는 『유아기학교』 제3장에서 "어린이들은 혼자 스스로 자신을 교육할 수 없다. 어린 묘목이 나무가 되려면 누군가가 묘목을 심어주고 물을 주고 울타리를 쳐서 받쳐주어야 하는 것처럼 끊임없이 노력하는 어른의 도움을 받아야 한다(p.67)"면서 자녀의 교육을 위해서는 부모의 도움이 반드시 있어야 함을 역설하였다. 더 나아가 코메니우스는 부모들은 현명하고 부지런하게 지식과 관련된 모든 것과 덕스러운 성품과 하나님을 두려워하는 마음을 자녀들의 부드러운 마음에 스며들게 해야 한다고 강조하였다. 이것은 전인성을 실현하기 위한 가정교육이 되기 위해서는 부모와 자녀의 마음과 영이 소통이 되어야 한다는 것으로 이해할 수 있다.

부쉬넬도 부모와 자녀의 유기적 소통을 강조하였다. 즉, 부모는 하나님의 영 안에 있어야 하고, 하나님의 영에 의해 존재하는 부모의 그리스도적 삶과 영혼이 자녀의 마음으로 흘러 들어가게 하여서 부모와 자녀가 유기적 일치를 이루게 하려는 교육적 의도를 지녀야 한다는 것이다(p.21). 그러기 위해 부모는 자녀들을 하나의 사랑스럽고 즐거운 존재로 마음에 받아들여야 하며, 자녀들의 마음에 그리스도인 부모의 마음의 영이 새겨지게 해야 한다. 부쉬넬은 이러한 것이 기독교 양육의 목적이 되어야 한다고 강조하였다.

기독교적 가르침은 말로만 가르치는 것이 아니라 우리의 삶이 그리스도에 대한 해석이 됨으로써 그리스도를 가르치는 것이어야 한다. 부모의 행위와 인격적 분위기에서 그리스도의 향기가 나는 것보다 더 나은 자녀를 위한 기독교적 가르침은 없기 때문이다. 가정 안에서의 부모와 자녀의 유기적 일치란 자녀들은 가정의 믿음 안에 있으며, 그들의 성장도 가정의 믿음 안에 있음을 의미한다(Bushnell, 1888, pp.327~328). 그럴 때 비로소 진정한 기독교교육이 행해질 수 있으므로 전인교육을 지향하는 기독교 가정교육을 위해 '부모와 자녀의 그리스도적 삶과 영혼의 유기적 일치를 통한 전인격적 성장'을 교육목적으로 재구성할 필요가 있다.

2) 교육과제와 내용의 재구성 - '건강한 신체와 덕성과 경건성을 함양하는 전인교육'

본고 제2장에서 살펴보았듯이 코메니우스(1657/1993)는 하나님의 형상 회복이라는 교육적 과제를 실천하기 위해 지성과 덕성과 경건성을 함양해야 할 것을 제시하였다(p.29). 그런데 『유아기학교』에서 코메니우스(1636/1956)는 유아의 교육을 언급할 때 지성교육에 대한 강조점보다는 평생을 통해 중요성을 지니게 되는 것들, 즉 경건과 도덕, 신체적 건강 등에 대해 강조점을 두었다. 예를 들어 『유아기학교』 제4장에서는 유아기 동안 반드시 배워야 할 내용으로 경건, 도덕과 덕목, 존경심, 공손, 공정함, 친절, 노동 등에 관한 것들을 제시하며 상세히 설명하였다(pp.69~75). 제5장에서는 부모들의 첫 번째 관심은 어린이들의 신체적 건강을 돌보는 일이 되어야 한다고 하면서 "어떻게 어린이들을 신체적으로 건강하고 강하게 훈련시킬 수 있겠는가?"에 대해 자세히 언급하였다(pp.76~84). 그런 다음 제6장부터 시각과 청각에 의한 학습, 행함에 의한 학습, 언어에 의한 학습 등 학습에 관한 내용들을 언급하였다(pp.85~90).

부쉬넬은 그의 『기독교적 양육』에서 '은혜의 수단이 되는 신체적 양육'을 다룸으로써 신체의 건강이 사고력과 상상력, 정서와 기질과 성품, 정신과 영혼에 지대한 영향을 미치고 있음을 보여주었다. 그

(1888)는 "신체의 심연에서 검은 구름이 피어올라 영혼의 방으로 스며들어오고······ 영혼의 평화를 쫓아내기 위해 소화불량의 악마가 영혼의 방에서 떠돌고 있다(p.271)"고 표현하면서 신체가 영혼에 미치는 영향에 대해 경각심을 갖게 하였다. 이것은 코메니우스가 『유아기학교』 제5장에서 인용한 "건전한 신체 안에 건전한 영혼이 거하도록 기도해야 한다(p.76)"는 인용구를 생각나게 하며, 기독교 가정에서 무엇을 내용으로 전인교육을 실천해야 하는지 각성하게 한다. 이것은 또한 한 개인의 인격과 신앙이 건전하게 형성되기 위해서는 어릴 때부터 가정에서의 신체의 돌봄과 성품의 훈련이 필수적임을 코메니우스와 부쉬넬이 일치된 견해로 강조하고 있음을 알 수 있다.

오늘날 행해지고 있는 교육 전반의 문제이기도 한 '지식전수' 중심의 폐해는 가정 안에도 파고들고 있다. 부모는 자녀들이 더 많은 지식을 쌓게 하기 위해 어린 시기부터 자녀들을 학원으로 내몰고 있으며, 그들의 신체적·정서적 욕구는 무시한 채 부모 중심적인 일방적 양육을 행하고 있다. 이러한 양육 환경에서 어린이들은 비뚤어지고 거친 성품으로 자라나기 쉽고 하나님의 은총에서 멀리 떨어져 생활하게 될 우려가 있음을 부인할 수 없다. 따라서 전인교육을 위한 기독교적 가정교육은 '건강한 신체와 덕성과 경건성을 함양하는 교육'을 그 내용으로 하여 이루어져야 할 것이다.

3) 교육방법의 재구성—'삶의 모범과 놀이의 방법'

코메니우스(1666/1991)는 자녀들이 행복하게 살고, 칭찬받을 만하며, 명예롭게 살게 하기 위해 뛰어난 교육방법이 필요하며, 이것은 자녀의 일차적 교사인 부모가 해야 할 일로써 부모는 교육적인 효과를 높이는 모범의 방법을 통해 자녀의 덕성과 바른 습관을 훈련할 것을 권하였다(p.169). 하나님께서는 유아들에게 타인의 행위를 무엇이든지 보는 대로 모방하고자 하는 열망을 심어놓으셨기 때문에 특별히 유아의 성품을 교육할 때 말을 많이 하거나 강압적인 방법을 쓸 필요가 없다는 것이다. 가족 전체가 절제와 청결함, 윗사람에 대한 예의, 상호배려를 늘 준수하는 모범을 보임으로써 유아의 좋은 성품과 버릇을 형성하게 하는 것이 바람직하다는 것이다(Comenius, 1636/1956, pp.159~160).

그리스도에게서 벗어나게 하는 수많은 학대와 잘못된 지도 방법이 자녀들로 하여금 그리스도의 부르심에 신실하게 응답하지 못하게 하고, 그리스도가 부여하는 특권에 대해 책임을 지는 성품을 지니지 못하게 한 것을 안타깝게 본 부쉬넬(1888)은 부모들이 먼저 스스로 참된 종교적 삶을 삶으로써 자녀들에게 자연스럽게 그 삶을 가르칠 것을 요구하였다(p.268). 그 방법이 아니면 참된 종교적 삶을 가르칠 수 없기 때문이다. 부모 스스로가 그리스도인이 되면 자녀들에게 참된 부모의 의무를 행하는 것은 어렵지 않다(p.71). 참된 그리스도인 아버지와 어머니가 하나님에 대해 자신들이 배운 대로 가르치며, 그 부모의 기도가 삶에 들어오며, 그들의 삶이 그들의 교리에 들어올 때, 그들의 선함이 기억에 녹아 들어가며, 관련된 사고와 정서에 하나님의 나라가 숨을 쉼으로써 부모가 가르치는 모든 것이 축복된 기억이 될 때 부모의 직무가 아름답게 성취된다(p.316).

모든 교육은 '즐겁게' 행해져야 한다는 교수방법을 강조한 코메니우스(1636/1956)는 자녀에게 즐거움을 줄 것으로 판단되는 어느 활동이든지 자녀가 원한다면 거절하지 말고 하게 할 것을 권고하였다. 또한 가르치고 배우는 것 자체가 "즐겁고 유쾌한 것이고 단순한 놀이이자 기쁨(p.68)"이 되어야 함을 강조하였다. 경건교육의 방법에 대해서도 자세히 언급한 코메니우스는 경건교육도 놀이를 통해 이루어져야 함을 권하였다. 유아의 경건교육은 경건한 어머니의 기도와 조심성 있고 사려 깊은 행동으로 이루어지고, 가정의 신앙분위기 속에서 자연스럽게 놀이처럼 이루어져야 한다는 것이다(p.84).

기독교적 양육의 방법으로 놀이를 강조했던 부쉬넬(1888)은 벌을 주고 훈육하는 과정에서도 부모의 사랑을 표현해야 하며, 함께 자녀와 놀아주어야 한다고 하였다. 더 나아가 자녀를 지혜롭게 용서하고 그리스도인의 자애로움이 흐르게 하며 전체적으로 다정하게 관리하여 길들이는 그리스도인의 방법을 사용하여야 한다고 하였다(p.288).

오늘날 가정에서 온전한 교육이 이루어지지 않고 있는 이유 중 하나가 자녀교육방법에 문제가 많아서일 것이다. 기독교 가정에서는 덕이 있는 행동과 그리스도의 향기의 모습을 끊임없이 모범으로 보여줄 부모의 삶의 모범을 필요로 하고, 자녀로 하여금 즐겁게 모든 것을 배우고 익히게 하는 놀이의 방법을 필요로 한다. 따라서 전인교육을 기독교 가정에서 효과적으로 실천하기 위해서는 '삶의 모범과 놀이의 방법'이 절실하게 요청되고 있음을 알 수 있다.

4) 전인적 기독교 가정교육을 위한 새로운 가능성 모색을 위한 제언

본 연구는 우리의 가정에 대한 현실인식과 위기의식에 기초하여, 코메니우스의 『유아기학교』와 부쉬넬의 『기독교적 양육』을 중심으로 전인적 기독교 가정교육의 가능성을 탐구하는 데 그 목적을 두었다. 이러한 작업은 현대사회에서 가정교육의 어려움을 호소하고 있는 기독교인 부모들과 자녀들에게 전인교육적 관점에서 기독교적 가정교육의 새로운 가능성을 제시한 유의미한 작업이었다고 본다.

연구자가 전인적 기독교 가정교육의 사상적 기초로서의 코메니우스와 부쉬넬을 이해하기 위해 시도한 것은 첫째로, 현대교육학의 아버지라 불리는 코메니우스의 교육사상과 미국 종교교육운동의 아버지라 불리는 부쉬넬의 교육사상의 공통된 관점을 고찰해보는 것이었다. 이러한 작업을 통해 코메니우스와 부쉬넬에게 있어서 아동관과 가정관이 매우 유사하며, 그 교육적 목적과 과제 및 내용, 그리고 교육방법에 있어서 놀라울 정도로 유사한 강조점을 가지고 있음을 발견하게 되었다. 특별히 가정 안에서 행해지는 경건(신앙)교육과 덕성(성품)교육, 그리고 신체의 건강 및 돌봄에 관한 전인교육적 내용들은 그 차이점을 발견할 수 없을 정도였으며, 부모와 자녀의 긴밀한 유기적 관계 및 일치성에 대해서도 약간의 용어 차이만 있을 뿐 근본적 입장에서는 상이점을 찾을 수 없었다. 두 번째로, 연구자는 이러한 두 기독교 교육학자의 공통적 교육관을 중심으로 현대사회의 기독교 가정을 위한 전인교육의 모델을 제시하고자 가정교육의 목적, 과제 및 내용, 그리고 교육방법 등을 전인적 교육 모델로 재구성하여 보았다. 아쉬운 점은 논문 분량의 한계로 재구성의 내용들을 더 상세하게 제시하지 못했다는 점이다. 차후에 구체적인 내용이 보완되어 가정에서 실제적으로 활용될 수 있는 전인교육을 위한 기독교적 가정교육의 프로그램이 제시되기를 기대한다.

포스트모던 시대에서 코메니우스의 교육사상의
현대적 해석과 적용[101)]

1. 포스트모던 시대에서 왜 코메니우스인가?

20세기 후반부터 시작된 포스트모더니즘(postmodernism) 사회의
도래는 건축, 문학, 예술, 철학 분야뿐만 아니라 교육 및 학문연구 분
야에도 변화의 바람을 일으키고 있다. 즉, 포스트모더니즘 사회가 도
래하면서 모더니즘 사회에서의 교육에 대한 재고의 필요성이 요구되
고, 교육의 변화를 꾀하려는 움직임이 일어나고 있다. 거시적 권력주
체에 의해 획일화되고 통제되던 '일방적 교육'에서 다양성과 차이를
존중하는 '상호 교환적이고 평등한 교육'에로의 변화가 이루어지고
있으며, 학습자가 자기 자신과 타인의 경험을 재구성하여 사물, 자연
등과 적극적인 대화의 관계를 가지도록 '학습자 중심의 교육'에로의
변화가 이루어지고 있다. 또한 학문의 아성을 허물고 경계선을 넘나
드는 간 학문적 연구 방법이 시도되고 있다(강선보, 1999; 고형일,
1996; 강인애, 2001; 김영천 외, 2011).

기독교교육도 예외 없이 포스트모더니즘의 영향권 안에 놓여 있
다. 그런데 기독교의 신앙을 전수하는 교육으로서의 교육적 정체성
을 가지고 있는 기독교교육은 일반교육이 받고 있는 긍정적인 도전
외에 신앙적·학문적 정체성에 대한 도전을 받고 있다. 절대적인 진
리, 보편적인 진리란 허구이고, 어떤 사람이나 특정 사회 집단의 욕

---

101) 이 글은 필자가 2012년, 한국기독교교육 정보학회 추계학술대회에서 발표한 논문이다.

구를 위한 상대적인 진리만 있을 뿐이라고 주장하면서 '신의 죽음'을 선언한 니체(F. Nietzsche, 1844~1900)[102]의 철학에 뿌리를 둔 포스트모더니티(post modernity)[103]의 사유양식인 '해체'와 '파편화', '탈중심', '다원성'과 '상대성' 논리 앞에 기독교 신앙교육은 설자리를 잃고 있다.

포스트모더니티의 사유양식을 근간으로 하는 오늘날의 포스트모던 시대는 기독교교육의 이론과 실천에 대해 비판적 성찰을 하게 하며, 기독교교육이 당면한 위기적 상황을 극복하기 위한 대안을 모색하게 한다(강희천, 1999, 2000; 김선아, 2008a, 2008b, 2009, 2010a). 연구자는 그 대안을 코메니우스(J. A. Comenius, 1592~1670)의 범교육(pampaedia)[104]에서 모색하고자 한다.

코메니우스의 교육사상은 신구교 간의 갈등으로 발발한 30년 전쟁이 진행되고, 르네상스 인문주의 시대가 시작된 17세기 유럽의 시대적 상황에서 기독교적 세계관에 근거한 범교육의 교육목적과 이상을 실현하고자 형성되었다. 범교육은 교육을 통한 모든 인간 사물의 개선과 영적 성장, 그리고 세계의 개혁에 목적을 두고 있다. 이것은 코메니우스가 희랍의 '파이데이아(Paideia)' 교육을 '팜파이디아

---

102) 포스트모던 철학의 수호성인으로 추앙받고 있는 니체는 모더니즘의 사상적 기초가 되는 진리의 절대성, 지식의 합리성, 가치의 초월성을 부정하고 진리와 지식, 가치는 '권력을 향한 의지'에 의해 상대적으로 얻어지는 산물에 불과할 뿐이라고 설파하였다.

103) 일반적으로 포스트모더니즘이라는 용어가 탈중심화되고 유희적이며 다원적인 시대적 변화를 반영하는 현대문화의 한 양식을 지칭한다면, 포스트모더니티는 진리와 이성과 정체성과 객관성, 보편적 진보나 해방, 그리고 단일한 틀이나 거대담론과 같은 근대적인 개념들을 의심하는 사유양식이다.

104) 코메니우스의 교육적 노력은 범교육으로 나타났다. "만일 교육이 개인으로 하여금 하나님의 형상 안에서 완전성과 자유에 접근하게 한다면, 모든 인류를 위한 범교육은 모든 인간과 사회가 하나님을 향하여 더욱 가까이 나아가게 하는 것을 촉진시킬 것(p.214)"이라는 것이 코메니우스의 교육적 입장이다.

(Pampaedia)'로 재구성한 것에서 드러난다.

본 연구에서는 21세기 현대사회의 보편적 시대정신이 된 포스트모더니즘과 '현대교육학의 아버지'라 불리는 코메니우스와의 만남과 대화의 장을 마련하여 포스트모던 시대에서 왜 코메니우스의 교육론이 현대적으로 해석되어야 하고 적용되어야 하는지, 코메니우스의 교육론 가운데 무엇을 어떻게 재해석하고 적용하려고 하는지 논의하고자 한다. 이러한 논의는 포스트모던 시대에서의 새로운 교육 패러다임 형성의 여정에로 이끌 것이며, 이 여정은 전인성을 위한 기독교교육의 새로운 전망에로 인도할 것이다. 궁극적으로 이러한 연구 작업은 '해체'와 '파편화', '탈중심', '다원성'과 '상대성'의 논리로 도전하고 있는 포스트모던 시대에서 신앙적 위기와 교육적 위기를 겪고 있는 기독교인들에게 새로운 대안을 제시해주는 기독교 교육적 응답이 될 것이다.

2. 코메니우스와 포스트모더니즘과의 대화가 가능한가?

코메니우스의 교육사상을 포스트모더니즘 시대에 적용할 수 있는 새로운 교육 패러다임으로 자리매김하기 위해서는 포스트모더니즘이 가지고 있는 특성과 대화를 모색하여야 한다. 여기서 첫 번째로 부닥치는 문제는 "과연, 코메니우스의 교육사상과 포스트모더니즘과 대화가 가능하겠는가?"이다. 두 번째 문제는 "코메니우스와 포스트모더니즘이 대화를 할 수 있다면, 어떤 방법론을 가지고 대화하겠는가?"이다.

필자는 이러한 문제를 해결하기 위해 첫째로, 코메니우스의 '이성' 및 '전인성'이 관계구조 안에서 설명되고 있는 특징에 착안하여 포스트모더니즘의 '관계망'을 상호 대화할 수 있는 연결고리로 사용하고자 한다. 둘째로, 코메니우스와 포스트모더니즘이 대화를 할 수 있는 연구 방법론으로, 인간경험을 중시하여 심리학적 연구를 신학과 기독교교육학에 접목하여 연구하는 학제 간 연구방법론을 제안하고자 한다.

1) 코메니우스와 포스트모더니즘과의 대화

(1) 관계구조로 설명되는 코메니우스의 이성 및 전인성 이해

코메니우스 교육사상의 특징은 관계구조로 설명되는 이성 및 전인성 이해에 잘 드러나 있다. 코메니우스는 비록 모던 시대가 태동하는 시기에 생존하였으나 그의 교육사상에는 '이성 절대주의', '위계적 권위주의', '거대담론', '닫힌 세계'로 특징지어지는 모더니즘적 관점이 코메니우스의 교육론에는 나타나 있지 않다. 오히려 포스트모던 시대의 화두가 되고 있는 '다양성', '차이', '탈권위주의', '관계망', '열린 세계' 등과 대화할 수 있는 요소들이 코메니우스의 교육론에 나타나 있다.

코메니우스는 근대철학의 초석을 놓은 데카르트(R. Descartes, 1596～1650)와 동시대의 사람이었고, 그의 교육사상은 중세를 마감하고 인문주의와 르네상스가 무르익어가던 17세기에 형성되었으나, 그의 교육사상은 근대를 특징짓는 인간을 주체로 하는 이성 중심의 사상에 기초해 있지 않았다. 이성은 인간에 내재하고 있는 신령한 빛이며, 이 빛에 의해 인간은 인간 자신과 자연의 모든 사물을 관찰하여 숙고하며 이해하여 판단한다는 코메니우스의 이성 이해는 그의 교육사상의 형성과 깊은 관련이 있다(양금희, 2001, pp.48~86). 다시 말해, 그의 이성 이해는 인간은 모든 사물을 현명하게 관찰할 수 있는 마음과 그 마음이 인지한 모든 것을 다른 사람들에게 전달하는 언어와 그 인지된 것들을 수행하는 능률적인 손의 기능을 소유하고 있기 때문에 필연적으로 교육받을 수 있는 존재, 곧 교육 가능한 존재(animal disciplinabile)로 살아가게 되어 있다는 교육 필연성에로 자연스럽게 연결된다. 즉, 모든 사람이 교육을 받을 수 있는 실제적인 이유는 눈으로 봄으로써 모든 사물의 지식을 터득할 수 있는 마음의 세계인 이성(ratio)과 이것을 말함으로써 혀를 통하여 전달하는 언어(oratio), 그리고 손을 놀림으로써 이것을 실천할 수 있는 행위(operatio)의 세 기능을 소유하고 있기 때문이라는 것이다(Comenius, 1657/1993, pp.41~42).

이와 같은 이성 이해를 기초로 코메니우스는 희랍철학에 기초를 둔 인간 중심적 교육론을 극복하여 지성과 덕성뿐 아니라 경건성이 통합된 전인교육을 지향하는 범교육을 새롭게 제시하였다. 전인적 인간성 교육을 위해 인간은 다른 사물세계(자연)와의 관계개선을 위해 '지성'을 연마해야 하고, 인간과의 관계개선을 위해서는 '덕성'을 훈련해야 하고, 하나님과의 관계개선을 위해서는 '경건성'을 함양해야 한다는 코메니우스의 범교육적 입장은 하나님과 인간, 그리고 세계와의 관계를 개선하여 하나님의 구원사역에 참여케 하는 총체적 전인적 교육행위를 의미한다. 이러한 교육행위는 세계를 개선하는 결정적인 통로로 간주되어 불후의 명저 『인간 사물 개선을 위한 포괄적 제언』(*De rerum humanarum emendatione consultatio catholica*)이라
는 위대한 저작을 탄생시켰다. 코메니우스에게 있어서 범교육은 모든
사람의 전인적 인간성의 회복과 세계의 개혁을 지향하고 있었던 것
이다.

(2) 관계망 속에서 파악하는 포스트모더니즘의 인간 이해

인간 이성에 대한 모던적 개념들에 대한 다양한 비판들을 망라하
는 하나의 우산운동(an umbrella movement)으로 묘사되고 있는 포
스트모더니즘의 특징(Enoch Stump 외/이광래 역, 2005, p.753)은 인
간의 이성을 모던적 개념들로 이해하지 않은 코메니우스의 독특한
이성 이해와 대화할 수 있다. 포스트모더니즘은 인간이 주체가 된 이
성 자체에 대해 근본적인 회의를 표시하기 때문이며, 모더니티의 해
부학이라 명명할 수 있는 포스트구조주의의 사유에 기반을 두고 있
기 때문이다(Eagleton, 1997). 따라서 사물을 파악하고(ratio), 파악된
사물을 언어로 재현하고(oratio), 그 사물을 실행하는(operatio) 관계
구조 속에서 온전하게 이성을 이해해야 하고, 범학교를 통해 인간의
'지성'과 '덕성', '경건성' 모두를 자연과의 관계에서, 인간과의 관계
에서, 하나님과의 관계에서 전인적으로 개발하여 완성에 이르도록
해야 한다는 코메니우스의 이성 및 전인성 이해는 인간을 관계망 속
에서 이해하고 파악하고자 하는 포스트모더니즘 사유의 특징과 대화
할 수 있다.

포스트모더니즘의 특성을 잘 알기 위해서는 포스트모던 시대의
전제가 되는 모던의 특징을 알아봐야 할 것이다. 모던 시대는 르네

상스에서 준비되고 계몽주의에서 시작되었다고 볼 수 있다. 계몽주의 시기에 일어난 두 가지 혁명은 데카르트(R. Descartes, 1596~1650)와 칸트(I. Kant, 1724~1804)를 중심으로 일어난 철학혁명과 코페르니쿠스(Copernicus, 1473~1543), 갈릴레오(G. Galileo, 1564~1642), 뉴턴(I. Newton, 1643~1727)을 중심으로 하는 과학혁명이었다. 철학과 과학혁명의 영향을 받은 모더니즘의 특징은 '이성중심주의', '이성에 의한 방법론적 회의', '개인주의', '합리주의', '산업화 시대' 등으로 요약해서 말할 수 있다(손성수, 2000; 이문균, 2000; 이형기, 2003; 황윤세 외, 2002; 양승희 외, 2002).

16세기에서 18세기에 이르는 르네상스와 계몽주의 시기 동안 철학자들은 인간존재와 세계가 어떻게 더 큰 기계적 자연론에 들어맞는가를, 자연세계를 지배하는 통합된 물리적 법칙의 체계를 발견하고자 한 과학자들의 과학적 기획에 맞추어 인간 사고의 메커니즘을 기술하였다. 즉, 사물과 인간을 거대한 세계의 기계적 틀 속에 갇힌 소외의 개념으로 이해하였다(Enoch Stump 외/이광래 역, 2005, p.752).

포스트모더니즘은 인간을 선험적인 존재가 아니라, 한 개인의 경험 및 경험의 관계망 속에서 구성되는 존재라고 본다. 따라서 교육을 함에 있어, 전 생애적인 교육이 필요하고 인간이 하는 모든 경험과 인간이 지니고 있는 모든 특성은 조화롭게 발달되어야 하며, 개인의 삶이 형성되는 공간인 공동체에 관심을 가져야 한다는 관점을 가지고 있다.[105] 이러한 관점은 코메니우스의 범교육 사상이 하나님

---

[105] 이러한 관점은 모더니즘 시대의 특징인 '산업화 시대'에서 인간은 거대한 산업사회의 부속품처럼 되어 비인간적인 삶을 살게 되었고, 결국 공동체 부재와 인간소외 현상을 초래하게 된 역사적 현실을 비판적으로 성찰하게 한다.

과의 관계, 관계, 자연과의 관계, 인간과의 관계구조를 중시하여 전인교육을 강조하는 것과 경향을 같이한다.

그런데 여기서 다음과 같은 질문이 생기게 된다. 즉, "포스트모더니즘의 종교다원주의적 특징과, 코메니우스의 범교육의 구도에서 핵심적인 위치를 차지하고 있는 기독교적 세계관이 과연 접촉점을 찾을 수 있겠는가?"이다. 이것은 포스트모던 시대에서 기독교교육이 직면한 정체성의 문제와 직결된 질문이자 딜레마이기도 하다. 그러나 이것에 관한 논의는 본 연구에서 깊이 있게 다룰 주제가 아니므로 다른 연구과제로 넘기고, 포스트모더니즘의 시대정신에서 생겨난 학문적 연구풍토로서, 코메니우스와 포스트모더니즘이 대화를 할 수 있는 학제 간 연구방법론을 제안하고자 한다. 이를 통해 포스트모던 시대에서의 전인성을 위한 새로운 교육 패러다임 형성이라는 본 연구의 목적을 이루고자 한다.

2) 코메니우스와 포스트모더니즘과의 대화에로의 열린 문
─학제 간 연구방법론

최근 지식정보 사회의 도래로 신학과 심리학도 학제 간 대화가 활발히 일어나고 있다. 다원화되고 정보화된 현대사회는 학문 사이의 견고한 벽을 뛰어넘어 학문적으로 서로 소통하고 폭넓게 대화할 수 있는 학문적 연구 풍토를 요구하고 있기 때문이다. 이러한 학문적 연구풍토는 기독교의 전통과 인간의 경험을 함께 연결하여 비판적으로 성찰, 분석하려는 학문적 시도들을 가능하게 하였다. 그중에서도 신학과 심리학, 특별히 정신분석학, 종교 심리학, 상담 심리학 등과의 활발한 학제 간 대화는 기독교교육의 비판적 성찰을 위한 학제 간 대화의 필요성을 재고하게 하였다.106) 이것은 포스트모더니즘의 시대정신에서 생겨난 학문적 연구풍토로서, 학문이 견고한 벽을 스스로 허물고 보다 폭넓게 인식하고 해석할 수 있는 길을 모색하고 있음을 보여주고 있다.

성서의 권위 및 기독교의 전통과 인간의 경험을 비판적 성찰의 방법으로 학제 간 대화를 시도한 대표적인 신학자로 트레이시(D. Tracy)107)를 들 수 있다. 트레이시는 신정통주의 신학에서 강조해온 성서의 권위와 자유주의 신학에서 중요시했던 인간의 경험을 모두 함께 연결시키려는 '수정주의(revisionist) 신학'을 제시하고 있다. 그의 '수정주의 신학'은 과거로부터 전해 내려온 성서 및 기독교의 전통과 현재 인간들의 경험을 함께 중시하면서 그 둘 사이의 비판적 상관관계(critical correlation)를 강조하려는 특징이 있다.

일찍이 틸리히(P. Tillich)는 '대비를 통한 명료화(clarification through contrast)'라는 상관관계 방법을 주장하여 인간의 상황에서 철학적 질문을 도출하고 성서에서 신학적 대답을 구하는 방법론을 주장하였다. 그러나 틸리히의 상관관계 방법은 성서 이외에도 현대의 여러 방면의 학문들이 제공하는 이론이나 지식으로부터 도움을 얻을 수 있음을 비판적으로 살펴보지 못한 한계점을 지니고 있다고 트레이시는 비판한다. 틸리히의 상관관계 방법은 자료나 출처가 서로 다른 질문과 대답을 단지 병립(juxtaposition)시켜 놓았을 따름이며, 인간

---

106) 사미자, 2001, p.32. 이에 대한 자세한 논의는 김선아, 2010, pp.7~45 참조.

107) Tracy는 "하나님은 진정한 자아(the authentic self)의 하나님, 곧 심리학의 하나님"이라고 하면서 신학의 영역을 심리학적인 인간 경험의 영역에로 확장시켰다. Tracy, 1994, 제3부 Contemporary Theological Issues 참조.

의 경험을 단지 성서를 연결시키는 매체로서만 보고 그 경험을 통해 얻게 된 지식을 신학연구의 주요 자료로 보지 못했다는 것이다.[108] 트레이시의 이러한 관점을 통해 인간의 현재 경험 속에서 드러나는 하나님의 활동을 보다 정확하게 판별하기 위해서는 성서나 기독교 적 전통에 관한 이해뿐 아니라 인간의 일반적인 경험까지도 정확히 이해해야 한다는 것을 알 수 있다. 즉, 인간의 현재 경험 속에서 드 러나는 하나님의 활동에 대한 정확한 이해를 위해서는 성서 이외에 도 현대의 일반 학문들도 주요 자료로 취급될 수 있음을 알 수 있다.

3. 코메니우스 교육론의 현대적 해석

17세기 유럽의 시대적 상황에서 형성된 코메니우스의 교육사상을 21세기 포스트모더니즘 시대의 기독교교육 현장에서 효과적으로 실 천할 수 있는 새로운 교육 패러다임으로 자리매김하기 위해서는 학 제 간 연구방법론에 따라 코메니우스의 교육론을 현대적으로 해석 하여야 할 필요성이 있다. 그렇다면 코메니우스 교육론에서 무엇이 현대적으로 해석되어야 하는가?

첫째, 코메니우스의 유아와 어머니 이해가 현대적으로 해석되어 야 한다. 범지학과 범교육 사상에 기초한 코메니우스의 교육사상의 중심에는 유아와 어머니가 놓여 있다. 코메니우스는 근대의 시대적 정신사적 상황에서 역사의 중심에서 밀려난 존재였던 유아와 어머 니를 그의 교육사상에서 중요한 교육적 위치를 차지하는 중심 존재

---

108) Tracy, 1975, 제4장 참조.

로 부각시켰던 것이다(김선아, 2008, p.4). 따라서 코메니우스의 교육사상의 중심에 놓여 있는 유아와 어머니를 유아와 어머니와의 관계경험의 질에 의해 개인의 발달과 성숙과정이 깊은 영향을 받는다고 주장하는 대상관계이론적 관점에서 재해석할 필요가 있다.

둘째, 코메니우스의 범교육 사상을 토대로 한 범학교론이 현대적으로 해석되어야 한다. 코메니우스는 전인적 인간성 회복을 위한 교육을 실천하기 위해 인간의 삶 전체를 여덟 단계의 학교로 나누고 각 단계의 특성을 자연의 원리에 입각하여 서술하였다.[109] 코메니우스의 생의 주기에 따른 여덟 단계의 범학교론은 에릭슨의 여덟 단계의 자아발달론과 연계하여 현대적으로 해석할 수 있다.

1) 코메니우스의 '유아와 어머니' 이해의 현대적 해석
   －대상관계이론적 관점에서

대사상가이자 신학자, 교육학자인 코메니우스가 유아교육 분야에서도 그 이론적 기초를 확립하고, 바람직한 유아교육을 실천하는 데 큰 공헌을 하였음은 주지의 사실이다. 코메니우스의 유아교육론은 다음과 같은 특징을 지닌다:

첫째, 그의 범교육적 구상과 범주 안에서 형성되었다. 즉, 그의 유아교육론은 그의 범교육의 목적과 방법, 그리고 내용이 유아기라는 특수한 시기의 교육에 맞게 체계적으로 정리된 교육이론이다. 둘째,

---

109) 코메니우스의 8단계의 범학교는 다음과 같다: 1. 탄생학교. 1월, 자궁, 2. 유아학교. 2월과 3월, 가정, 3. 소년학교. 4월, 마을, 4. 청소년학교. 5월, 도시, 5. 청년학교. 6월, 지방 혹은 국가, 6. 장년학교. 7월~11월, 전 세계, 7. 노년학교. 12월, 노인이 사는 곳, 8. 죽음의 학교.

그의 유아교육론은 유아만 따로 분리된 별개의 유아교육론이 아니라 어머니와 유아가 밀접하게 연결되어 있는 교육론이다. 셋째, 그의 유아교육론은 인간에 대한 이해, 유아와 어머니에 대한 이해를 기초로 정립되어 있다.

세상에 태어난 모든 인간은 하나님의 형상으로 지음 받은 존재이었으나 타락으로 말미암아 하나님의 형상이 깨어지게 되었다. 이 깨어진 하나님의 형상을 회복하는 일이 교육의 과제이다. 이러한 교육적 과제를 실천하기 위해서는 어릴 때부터의 교육이 매우 중요하다고 판단한 코메니우스는 유아교육을 위한 지침서로『범교육학』에서 '유아기 학교'와『대교수학』에서 '어머니 학교', 그리고 소책자인『어머니 학교의 소식』을 저술하였다.[110] 코메니우스의 유아와 어머니 이해를 요약하면 다음과 같다:

첫째, "어린아이는 아직 성장하지 않은 그리고 세상에 갓 태어난 인간이며, 모든 부분에서 인격이 형성되지 않았고 전체와 관련된 인격형성이 필요하다(Comenius, 1666/1991, p.162)." 둘째, "어머니와 격리된 자녀들은 예의 바름을 배울 수 없다(Comenius, 1633/2001, p.82)." 셋째, "유아기에 충분히 개선될 수 있는 것도 나이가 들면 다시는 고칠 수 없게 된다(Comenius, 1666/1991, p.172)."

코메니우스(1666/1991)는 어머니들이 아주 이른 시기부터 자녀에

---

110) 코메니우스는 1628년과 1632년 사이에 체코어로 완성된『교수학』(Didactica) 초고와 1636년에 라틴어로 저술되어 1657년에『교수학 전집』(Opera didactica omnia)에 포함된『대교수학』(Didactica magna)에서 유아교육에 관한 내용을 부분적으로 다루었다. 코메니우스의『교수학』체코어판 원본 제27장에는 출생 직후부터 6세까지의 유아들의 교육의 장으로 어머니 학교가 제시되었다.『교수학 전집』가운데 인쇄된 라틴어『대교수학』에는 어머니 학교가 28장에 포함되었다. 그는『어머니 학교의 소식』(Informatorium der mutterschul, 체코어판 1628, 독일어판 1633)이란 소책자를 만들어 유아교육에 대해 보다 더 상세하게 다루면서『대교수학』에서 생각한 교육의 방향과 무엇 때문에 대교수학이 필요한 것인지 그 적절한 근거를 제시하고 밝혔다. Comenius/정일웅 역, 2001, pp.13~14(독일어 역자의 머리말) 참조.

게 미치는 자신의 영향과 역할의 중요성을 각성해야 함을 강조하였다. 어머니는 자신의 품 안에 안긴 자녀의 인격을 형성하는 최초의 인격 형성자임을 잊지 말아야 한다는 것이다. 이를 위해 어머니는 어린 자녀에게 세심한 관심을 끊임없이 기울여서 자녀로 하여금 "맑은 거울처럼 빛나고 어둠 속에서도 온 세상을 보여주는 정신의 소유자(p.163)"가 되게 해야 한다고 하였다. 즉, 말이 아닌 행동을 앞세우고, 바람직한 습관을 형성하고, 어느 누구에게도 해를 끼치지 않고 오히려 모든 이에게 봉사하는 생각만을 하는 사람으로 교육해야 한다는 것이다.

유아의 최초의 환경이라고 볼 수 있는 가정 안에서 발생하는 유아와 어머니와의 긴밀한 유대감과 유아에게 미치는 어머니의 영향에 대한 코메니우스의 견해는 현대의 정신분석학적 대상관계 이론의 관점과 맥을 같이한다. 중요한 대상관계 이론가들 가운데 말러(M. Mahler, 1897~1985)와 위니캇(D. W. Winnicott, 1896~1971), 그리고 리주토(Ana-Maria Rizzuto)는 다음과 같은 맥락에서 코메니우스의 유아와 어머니 이해와 만날 수 있다:

첫째로, 갓 태어난 아이를 생물학적인 무의 상태 또는 미결정의 상태로 규정하고 유아는 모든 것을 배우고 받아들일 수 있으며, 변화될 수 있는 무한한 가능성을 가지고 태어난다는 코메니우스(1666/1991, p.269)의 언급은 말러의 유아의 심리적 탄생 이론과 연결하여 재해석될 수 있는 여지가 있다. 말러는 신생아의 마음은 조직화되지 않고 형체가 없는 한 개의 덩어리에서 분리-개별화(Separation-Individuation)의 단계를 거쳐 자아가 형성된다고 하는 하트만(H. Hartmann, 1894~1970)의 가설을 바탕으로 자신의 이론을 세웠다.

즉, 유아의 자아 발달은 어머니와 유아의 하나가 된 감정 덩어리에서 분리와 개별화 과정을 거쳐 안정된 자아 주체성 및 정체감을 형성한다는 것이다.

둘째로, "초기에 저질러진 오류는 거의 개선될 수 없기 때문(1666/1991, p.246)"에 아주 어릴 때부터 자녀를 신중하게 돌봐야 하는 어머니의 역할의 중요성도 코메니우스의 중요한 교육적 관점이다. 이러한 관점은 위니캇의 관점과 매우 유사하다. 위니캇(1984, p.221)은 정신신경증을 제외한 모든 정신적 질병을 유아기와 초기 유년기 동안에 개인의 성숙과정을 촉진시키는 환경의 기능이 실패한 데 따른 것으로 보면서, 개인의 정신건강의 토대는 유아의 성장과 돌봄의 초기 단계에서 유아와 어머니에 의해서 형성된다고 말하였다. "유아는 돌봄을 받는 의존적인 존재이며, 처음에는 절대적으로 의존하는 존재이기 때문에 유아의 돌봄과 어머니에 관해 동시에 말하지 않고서는 유아에 관해 말할 수 없다(p.233)"는 말은 그의 관점을 잘 드러내준다.

셋째로, 코메니우스는 유아의 신앙 교육에 있어서도 어릴 때부터 교육시킬 것을 강조하였다. 모든 사람은 하나님의 진리를 알고 그 뜻을 발견하기 위해 마음속에 내재하고 있는 경건의 씨를 배양해야 하는데 경건으로 인도하는 노력은 모태에서부터 시작해야 한다는 것이다.

코메니우스의 유아의 신앙교육에 대한 이러한 관점은 유아가 어머니와 맺게 되는 관계 경험이 유아의 하나님 이미지를 결정한다는 리주토의 이론과 만날 수 있다.

리주토는 전-오이디푸스기 유아가 일차적 대상표상들과 자기감

사이의 끊임없는 변증법적 과정들을 통해서 누구보다도 크고 강한 부모를 '닮은' 존재에 대한 표상을 형성하게 된다고 추정한다. 이 존재는 유아의 마음속에서 보이지는 않지만 살아 있는 실재가 된다. 또한 부모가 유아에게 하나님에 관해 자주 언급해주고 유아를 주일학교에 보내며 그뿐만 아니라 부모 자신이 예배에 참석한다는 사실은 유아에게 깊은 인상을 심어준다. 왜냐하면 유아에게 있어서 부모는 눈으로 볼 수 있는 가장 위대한 존재들이기 때문이다(1979, p.50).

코메니우스의 유아와 어머니 이해를 대상관계 이론으로 재해석함으로써 포스트모더니즘 시대에서의 유아와 어머니 교육에 적용할 수 있는 코메니우스의 중요한 교육적 관점으로는 다음과 같은 것들이 있다(김선아, 2008, p.9):

첫째, 유아기는 인생의 가장 중요한 시기이다. 이 시기에 유아는 어머니 품 안에서 좋은 돌봄을 받고 교육을 받아야 한다. 이 시기는 어머니와의 관계 안에서 인격과 신앙 형성의 기초를 이루는 시기이므로 유아교육은 자녀의 나이가 이른 시기에 이루어져야 한다는 중요성을 알게 한다. 둘째, 어머니의 교육적 위치와 역할은 유아와의 관계 중심으로 이해해야 한다. 이것은 어머니로 하여금 유아에게 미치는 어머니 자신의 영향과 역할의 중요성을 각성하게 한다. 셋째, 유아기에 전인적 인격형성을 이루는 기초를 마련할 수 있어야 한다. 이것은 유아와 어머니의 관계 경험의 질을 향상시키는 프로그램을 실제적으로 훈련받음으로써 더욱 효과가 있을 것으로 기대된다.

2) 코메니우스의 '범학교론'의 현대적 해석
   ─생의 주기에 따른 자아발달론적 관점에서

모든 인간은 인간의 내면에 내재해 있는 발달의 법칙에 따라 전인성을 향해 성장해가야 한다는 코메니우스의 범학교론은─시대와 학문의 차이점에도 불구하고─전 생애를 통한 인간발달의 과제를 제시한 에릭슨의 자아발달론과 대화하여 발달과제에 따른 범학교로 재구성할 수 있는 가능성을 가지고 있다.

코메니우스는 인간을 평생에 걸쳐 자신의 바른 자리를 찾아가는 학생으로서의 삶, 도상에서의 삶을 사는 존재로 이해하면서 인간의 성장단계에 따라 이루어져야 할 교육의 장으로서 학교를 지칭하였다. 그런데 그의 학교 개념은 단순한 공교육 장으로서의 학교가 아닌 교육이 일어나는 모든 장소로서의 학교이다. 세상에서의 삶 자체는 하나님의 계획에 의해 인간이 배워나가는 유용한 교육 과정이므로 세상에서의 삶이 곧 학교라는 것이다. 따라서 코메니우스는 '지성'과 '덕성'과 '경건성'을 모두 포함하는 전인적 범교육을 실천하기 위한 범학교를 모두 여덟 단계의 학교로 나누었다. 이렇게 여러 단계의 학교가 있어야 하는 이유는 인간이 태어나서 성장하면서 단계마다 독특한 삶의 과제가 있고, 그에 따른 발달적 특징이 있기 때문이라는 것이 코메니우스(1666/1991)의 입장이다. 즉, "한 사람의 인생이 완성되기까지는 각 단계에서 이루어져야 할 과제들이 적절히 수행될 것이 요청(p.85)" 되고, "인간이 시기를 놓치지 않고 각 단계에 알맞게 적합한 것을 하려고 한다면, 각 단계에서 인생의 열매를 맺어갈 수 있게 될 것(p.87)"이기 때문이라는 것이다.

인간 삶에서 자아가 중심적인 역할을 한다고 주장하는 자아 심리학에 기초하여 자신의 이론을 발전시킨 에릭슨은 자아의 발달이 일생을 통해 계속되는 과정임을 강조하였다. 개인은 그의 발달과정에서 일생을 통해 여덟 단계에 걸쳐서 나타나는 여덟 가지의 위기(또는 갈등상황)111)를 적절하게 해결해야 하는데, 발달 단계마다 나름대로의 갈등이 있으나 갈등의 성공적인 해결이 반드시 긍정적인 측면만을 의미하는 것은 아니며, 최상의 해결책은 긍정적인 측면과 부정적인 측면이 균형을 이루는 것이다.

에릭슨은 건강한 자아 발달의 기초가 되는 신뢰감 형성의 첫 단계는 유아와 어머니 사이에 존재하는 최초의 내적인 신뢰 경험에로 되돌아가기 원하는 종교적 바람이 표현된 것으로 간주한다. 이러한 신뢰감 형성이라는 발달과제는 전인성 형성이라는 발달과제와 이념의 맥락과 연결시켜 종교를 이해하게 한다. 에릭슨은 이념은 정체성 형성을 위한 제도적인 지원체계로서 그 역할이 중요하며, 종교는 일종의 신념체계로서 이념의 역할을 한다고 보았다. 신뢰감은 이념의 정서적 측면으로서 밀접하게 연결되어 있다. 이념은 세계관인 동시에 종교적·과학적·정치적인 사고의 근본이 되는 무의식적인 경향으로서 세상에 대한 신뢰와 논리적 근거를 이념이 제공해주기 때문이다. 그러므로 이성적이고 지적인 측면과 함께 정서적인 측면을 내포하고 있는 종교는 죽음 앞에서도 삶을 관조할 수 있는 자기 초월도 가능하게 한다. 이것은 에릭슨(1995)이 죽음과 삶을 두려워하지 않

---

111) 각 단계에서 경험되는 독특한 위기인 심리사회적 위기는 에릭슨의 이론의 핵심에 자리한다. 심리사회적 위기는 인간이 발달해가는 과정에서 경험하게 되는 정상적인 위기이므로 발달적 위기라고도 불린다.

는 '성인의 자아 통합'과 '유아의 신뢰감'의 관계를 표현한 데서 더욱 잘 드러난다(p.314).

에릭슨은 또한 '그리움(nostalgia)'과 관련하여 종교를 이해하고 있다. 종교가 그리움으로 이해될 때, 종교는 어머니와의 일체감을 원하는 강한 바람과 인간의 양심을 인도해주는 아버지의 음성에 대한 일깨움, 그리고 순수한 자아 그 자체에 대한 그리움을 의미한다. 신뢰감의 원천으로서의 어머니와의 일체감과 지배적인 아버지의 음성, 그리고 부모의 지배로부터 벗어나 자기 자신에게로 돌아옴으로써 찾게 되는 자기 초월은 순수한 자아가 자리하는 곳, 곧 종교의 자리이며, 이것은 종교의 첫 번째 주제와 다시 연결된다.112)

여기서 우리는 경건성 교육을 통해 영적인 통찰력과 가치 판단력을 겸비하게 되면 하나님의 형상을 회복하여 세계를 개혁하려는 영적인 비전을 가지게 된다는 코메니우스의 교육적 관점에 주의를 기울일 필요가 있다. 코메니우스가 강조한 경건성 교육은 첫째, 인간으로 하여금 '하나님의 형상'을 닮게 해야 하고, 둘째, 다원화된 현대 기계기술 사회에서 사람마다 인간성을 회복하는 일에 목적을 두어야 하고, 셋째, 궁극적으로 사람들에게 세상에서 근본적이며 수단적인, 영속적이며 일시적인, 그리고 영적이며 물질적인 모든 것을 분명하게 분별하는 신령한 지혜를 부여하는 데 목적을 두어야 한다는 것이다. 즉, 모든 인간은 몸과 영과 혼이 건강하고 건전하게 활동할 수 있도록 좋은 지식을 갖추고, 덕스럽게 되고, 경건하게 될 특별한 책무와 책임성을 수행해야 하지만 지성적 학문과 도덕적 행위보

---

112) 에릭슨의 이와 같은 종교 및 인간 발달 과정 이해는 탄생의 학교와 죽음의 학교가 서로 상응한다는 코메니우스의 견해와 일맥상통한다.

다 더욱 중요한 것은 하나님을 경외하는 경건성임을 코메니우스는 강조하였던 것이다. 이와 같이 경건성의 영역을 강조한 코메니우스의 생의 주기 8단계에 따른 '학교론'은 종교이해에 기초한 에릭슨의 '자아발달론'적 관점과 대화하여 현대적으로 해석될 수 있다.

4. 코메니우스 교육론의 현대적 적용

연구자는 기독교교육과 심리학과의 학제 간 연구를 통해 코메니우스의 유아와 어머니 이해 및 범학교론을 현대적으로 해석한 작업을 토대로 하여 '가정'과 '교회', 그리고 '학교' 현장에서 적용할 수 있는 21세기 포스트모더니즘 시대에서의 전인성을 위한 기독교교육의 새로운 패러다임을 제시하고자 한다.

1) 가정에서 유아와 어머니와의 관계성 속에서 이루어지는 전인성 교육

가정을 어머니 학교로 표현한 코메니우스(1657/1993)는 어머니 학교를 "싹이 터서 향기를 발하는 다양한 꽃들로 꾸며진 봄과 같다 (p.192)"고 하였다. 이러한 비유는, 어머니 학교로 표현된 가정은 정원처럼 아름답고 다양하고 싱그러운 모습이어야 한다는 것으로 이해할 수 있다. 코메니우스(1633/2001)는 정원과 같은 아름다운 가정에서 그리스도인 부모들은 자녀들의 신앙뿐 아니라, 도덕, 교양 및 다른 필요한 것들을 훈련하여 그들이 성장했을 때 종교, 정치, 시민의식, 사회적 관계 등 삶의 다양한 측면에서 일어나는 자신의 문제를 다양하게 처리하는 사람이 되게 해야 함을 일찍부터 제시하였다 (p.131). 더 나아가 코메니우스(1666/1991)는 가정에서의 교육이 제대로 수행되지 못할 때 "인간, 가족, 세계 전체가 멸망하고, 잘못된 가정교육은 학교, 교회, 국가를 곤경과 어려움에 처하게 한다(p.190)"고 경고하였다.

대상관계론적인 관점에서 재해석한 코메니우스의 유아와 어머니 이해를 기초로 한 가정에서 실천할 수 있는 전인성을 위한 기독교교육의 새로운 패러다임에서는 첫째, 가정교육에서 유아기와 초기교육의 중요성이 강조되어야 한다. 둘째, 어머니와의 관계경험을 통해 맺게 되는 유아의 초기 경험의 중요성이 강조되어야 한다. 셋째, 유아의 일차적 환경이 되는 가정환경이 유아의 참자기가 형성될 수 있는 촉진적 환경이 되어야 한다. 넷째, 교육목적을 '부모와 자녀의 그리스도적 삶과 영혼의 유기적 일치를 통한 전인격적 성장'으로 재구성할 필요가 있다. 전인성을 실현하기 위한 가정교육이 되기 위해서는 부모와 자녀의 마음과 영이 유기적으로 소통이 되어야 하기 때문이다. 다섯째, 교육의 과제 및 내용을 '건강한 신체와 덕성과 경건성을 함양하는 전인교육'으로 재구성해야 한다. 한 개인의 인격과 신앙이 건전하게 형성되기 위해서는 어릴 때부터 가정에서의 신체의 돌봄과 성품의 훈련이 필수적이기 때문이다. 여섯째, 교육방법을 '삶의 모범과 놀이의 방법'으로 재구성할 필요가 있다. 기독교 가정에서는 덕이 있는 행동과 그리스도의 향기의 모습을 끊임없이 모범으로 보여줄 부모의 삶의 모범을 필요로 하고, 자녀로 하여금 즐겁게 모든 것을 배우고 익히게 하는 놀이의 방법을 필요로 하기 때문이다.

이러한 요소들은 포스트모더니즘 시대에서 가정에서 신앙을 전수

해야 하는 종교적 책임과 더불어 자녀를 전인적으로 양육해야 하는 교육적 책임이라는 이중적 책임을 갖고 있는 그리스도인 부모들을 위한 가정교육의 새로운 패러다임을 형성하는 데 중요한 준거가 될 것이다.

2) 범학교에서 발달과제에 따라 이루어지는 전인성 교육

인간의 삶 자체를 교육의 과정으로 본 코메니우스에게 있어서 학교는 좁게는 어머니의 배 속으로부터 넓게는 세상에 이르기까지 인간이 형성되는 모든 형태의 교육의 장이다. 즉, 이 세상 학교는 인간이 이 세상에 사는 한 생의 주기 여덟 단계에 이르기까지 지속되는 학교이며, 심지어 죽음 이후에도 계속되는 학교, 즉 하늘나라 대학의 준비과정이다.

코메니우스의 생의 주기 여덟 단계에 따른 '학교론'은 에릭슨의 여덟 단계의 '자아 발달론'적 관점에서 재해석한 것을 기초로 하여 다음과 같이 전인성 교육을 위한 학교론의 모델로 재구성할 수 있다.113)

(1) 존중받는 생명의 학교

전인성 형성을 위해 첫 출발부터 잘 태어나야 한다는 과제를 가지고 있는 태아 학교는 태아가 '존중받는 아이'로 태어나기 위해서 산모의 정상적인 성관계, 건강한 육체, 건강한 감각, 건전한 정신을 가르쳐야 한다. 이를 위해 아기의 부모는 생명을 잉태함에 있어서 분

---

113) 김선아, 2009, pp.187~195 참조.

별 있게 하나로 연합되어야 하며, 자신들의 후손이 출생하게 되는 것을 염려하여 건강에 힘써야 하며, 교회 공동체에 속해 있는 경건한 부모가 되어야 하는 것이 요구된다.

(2) 신뢰와 탐색의 학교

출생에서 6세까지의 유아의 전인적 인격형성을 위한 학교로서 이를 위해 제일 먼저 어머니와 유아와의 관계경험을 통한 신뢰감 형성의 중요성이 가르쳐져야 한다. 이러한 신뢰감 형성을 기초로 하여 유아는 이 시기에 자율성과 자발성의 발달과제를 성취하여야 한다. 이것은 유아로 하여금 자신과 주변 환경의 모든 것을 탐색하고자 활발하게 활동하게 한다.

(3) 근면성과 유능감의 학교

6세에서 12세까지의 아동을 위한 학교로서 아동기 학교의 궁극 목표는 신체와 감각과 선천적인 정신 능력을 가동시켜 주는 것이다. 이것은 이 시기에 아동으로 하여금 근면성과 유능감을 성취해야 하는 발달과제를 제공한다. 따라서 첫째, 아동은 그들의 상상력을 마음껏 발휘하는 법을 배워야 한다. 둘째, 온 세상에 덮여 있는 사물들을 알기 위해서 모든 내적·외적 감각과 상상력과 기억력을 대상물들로 가득 채워야 한다. 셋째, 이 시기는 학교교육이 시작되는 시기로 읽기, 쓰기, 셈하기 등 가장 중요한 인지적 기술과 사회적 기술을 습득해야 한다.

(4) 자아 정체감의 학교

12세에서 18세에 해당하는 이 단계의 학교는 급속한 신체성장과 생식기관의 성숙을 이룬 청소년으로 하여금 자신의 내부에서 일어나고 있는 생리적 혁명과 더불어 자신 앞에 놓여 있는 확실한 성인으로서의 과제에 직면하게 한다. 청소년기의 가장 중요한 발달과제는 자아 정체감의 확립이다. 정체감 확립은 청소년이 자신의 성에 대한 정체감과 관련하여 생겨난 강력한 의심에 근거를 둔 역할혼란의 위험을 극복할 수 있게 해준다.

(5) 친밀감과 사랑의 학교

18세에서 30세에 이르는 성인 초기의 이 학교의 주요 발달과제는 청년들로 하여금 타인과의 관계에서 상호 헌신할 수 있는 친밀감을 이룩하게 하는 것이다. 자신의 정체감과 타인의 정체감을 융합시키는 능력인 친밀감은 청년으로 하여금 자신의 정체감을 추구하고 유지하면서 자신의 정체와 타인의 정체를 융합시키려는 태세를 갖추게 한다. 이때 필요한 것은 상호 헌신의 관계에서 자연스럽게 우러나오는 사랑이라는 미덕이다.

(6) 생산성과 돌봄의 학교

이 단계의 학교는 성숙한 성인이 다음 세대를 구축하고 이끄는 데 관심을 기울이는 생산성을 요구한다. 성인들의 삶 속에 이러한 생산성의 풍요가 전혀 없는 경우에 자주 거짓 친밀감이라는 강박적 욕구에로의 퇴행이 생겨나며, 이것은 침체성과 신체적 위축감을 가져오기도 한다. 이러한 심리적 침체성과 신체적 위축감이라는 발달적 위기를 극복하기 위해서는 보살핌과 배려, 즉 돌봄이 필요하다. 이 단계에서의 생산성이라는 발달과제는 진정한 행위를 통해 배워야 하며, 일을 통해서 비로소 생산성의 주인공이 된다. 각자의 천직이 자신에게는 하나의 학교가 되는 장년기 학교에서는 자기 자신의 더 나은 진보를 위해, 공동체 내에서의 공공의 복지를 위해, 경건성의 돈독함을 위해 더욱 힘을 써서 자기 자신과 주변 사람들에게 교사와 책과 학교가 되는 것, 즉 모범이 되는 것이 필요하다. 이것은 자신의 삶에서 획득한 경험과 지혜를 세대 간 교류를 통해 다음 세대들과 나눌 때 더욱 그 가치가 드러난다.

(7) 자아 통합과 지혜의 학교

노인들은 자신의 삶을 되돌아보게 될 때 자신의 삶을 의미 있고 만족스러운 것으로 인식하고 지금까지 살아온 인생을 별다른 후회 없이 있는 그대로 받아들일 수 있는 통합감이라는 발달과제를 이루어야 한다. 그렇게 되지 않으면, 자신의 삶이 무의미한 것이었다고 후회하고 이제는 다시 새롭게 살아볼 기회가 전혀 주어지지 않는다는 느낌에 직면하게 된다. 이것은 절망감이라는 발달 위기에 빠지게 한다. 노년기 학교에서는 지나온 여정의 삶을 만족스럽게 받아들이고, 여생을 의미 있게 완성하고, 현세의 전 생애를 바르게 종결짓고 기쁘게 영생에 들어가는 것이 목표이다. 이것을 위해 인생 후반기의 과제인 인생의 유한성을 받아들이는 지혜가 필요하다.

(8) 그리움과 영원한 생명의 학교

출생과 함께 죽음도 인간의 능력 밖에 존재한다. 이런 의미에서 탄생의 학교와 죽음의 학교가 서로 상응한다는 코메니우스의 통찰은 올바르다. 이 죽음의 학교는 모든 연령층에 해당한다. 그러므로 모든 연령층의 학교에서는 언제든 죽음의 문턱에 서게 될 때 죽음의 두려움을 극복할 수 있도록 영원한 생명과 본향에 대한 기대와 그리움을 갖도록 도와야 한다.

이와 같이 코메니우스의 생의 주기 여덟 단계 '학교론'을 에릭슨의 '자아발달론'적 관점에서 재해석하여 재구성한 범학교는 포스트모던 시대에서 가정과 교회, 특별히 교회의 교회학교 및 평생교육 등에서 적용할 수 있는 전인성을 위한 새로운 교육 패러다임이 될 수 있을 것이다.

5. 포스트모던 시대에서의 전인성을 위한 새로운 교육 패러다임 형성을 위한 제언

그 누구도 제외되거나 소외됨이 없이 모든 것을 모든 방법으로 교육받아 사물세계와 조화를 이루고, 그럼으로써 인간 사물세계의 개선을 이루어야 한다는 범교육을 주장한 코메니우스는 범학교를 통해 인간의 '지성'과 '덕성', '경건성' 모두를 자연과의 관계에서, 인간과의 관계에서, 하나님과의 관계에서 전인적으로 계발하여 완성에 이르도록 해야 한다고 촉구하였다. 이성(ratio)과 언어능력(oratio), 행위능력(operatio) 모두를 연결하여 전인성을 계발하는 것은 그의 범교육의 핵심적인 과제이자 내용이다.

본 연구는 코메니우스 교육론의 이러한 특징이 인간을 관계망 속에서 이해하고 파악하고자 하는 포스트모더니즘 사유의 특징과 대화할 수 있는가를 탐색하였다. 이러한 탐색과 더불어, 인간 내면의 경험에 관심을 가지고 학제 간 연구를 활발히 하고 있는 신학과 기독교교육의 연구방법론의 최근 동향에 힘입어 코메니우스의 교육론을 현대적으로 해석하는 작업들을 하였다. 이러한 작업들을 통해 코메니우스의 교육론을 '가정'과 '교회', 그리고 '학교'에서 적용할 수 있는 전인성을 위한 새로운 교육 패러다임으로 재구성하고자 한 본 연구는 포스트모더니즘의 또 다른 얼굴인 '해체'와 '탈중심', '파편화'로 도전받고 있는 기독교교육의 위기를 극복하기 위한 유용한 교육적 작업이었다고 자부한다. 이를 통해 코메니우스의 교육론은 포스트모던 시대에서의 전인성을 위한 새로운 교육 패러다임으로 자리매김할 것이며, 포스트모더니즘의 도전을 받고 있는 현대사회에서 기독교교육 학습자를 전인적 발달을 이루는 성숙한 신앙인으로 성장시키는 데 공헌할 것이다.

참고문헌

강선보(1999). "포스트모더니즘의 교육적 이해." 『사대논집』, 23집. 고려대학교 사범대학. 15-34.

강인애(2001). 『왜 구성주의인가? – 정보화 시대와 학습자 중심의 교육환경』. 서울: 문음사.

강희천(1999). 『기독교교육의 비판적 성찰』. 서울: 대한기독교서회.

_____ (2000). 『종교심리와 기독교 교육』. 서울: 대한기독교서회.

고형일(1996). 『근대화, 정보화 그리고 한국교육: 모더니즘과 포스트모더니즘의 관점에서』. 서울: 교육과학사.

김기숙(2001). "정보화 사회와 인간성 교육 – 코메니우스의 교육사상을 중심으로." 『기독교교육 정보』, 제3집, 한국기독교교육정보학회. 72-101.

_____ (2003). 『코메니우스의 인간성 교육론과 기독교 대학』. 서울: 한들 출판사.

_____ (2008). "코메니우스의 Pansophie 사상에서 본 기독교대학 교양교육의 방향." 『기독교교육정보』, 제21집, 한국기독교교육정보학회. 135-163.

김선아(2007). "코메니우스의 유아와 어머니 이해의 대상관계이론적 재해석." 『기독교교육정보』, 제16집, 한국기독교교육정보학회. 181-205.

_____(2008a). 『대상관계이론적 관점에서 본 코메니우스의 교육사상』. 파주: 한국학술정보.

_____(2008b). "대상관계이론적 관점에서 재구성한 기독교 신앙교육 목표." 『기독교교육정보』, 제20집, 한국기독교교육정보학회. 391-424.

_____(2009). "전인성 계발을 위한 기독교교육의 가능성 모색." 『기독교교육정보』, 제23집. 한국기독교교육정보학회. 163-200.

_____(2010a). "종교교과에서의 기독교적 종교교육 실천을 위한 교육모형 연구." 『종교교육연구』, 제32권. 한국종교교육학회. 85-107.

_____(2010b). "이숙종의 기독교교육 사상 이해." 『기독교교육정보』, 제27집. 한국기독교교육정보학회. 97-127.

_____(2011). "전인적 기독교 가정교육의 사상적 기초로서의 Comenius와

Bushnell 이해." 『기독교교육정보』, 제31집. 한국기독교교육정보학회. 163-200.

_____(2013). "포스트모던 시대에서의 코메니우스 교육사상의 현대적 해석과 적용." 『기독교교육정보』, 제36집. 한국기독교교육정보학회. 97-126.

김순자(2000). "유아의 초기 환경이 공격성 행동에 미치는 영향에 관한 연구- Winnicott의 대상관계이론을 중심으로-." 『일립논총』, 제6집. 131-157.

김영천 외(2011). 『포스트모던 패러다임과 교육학/교육과정 연구』. 서울: 아카데미 프레스.

김희자(2006). "이숙종의 '복지 공동체의 유형과 교육적 과제'에 대한 논찬." 『춘계학술대회 자료집』, 한국기독교교육정보학회. 16-18.

백영규 외(2012). 『유비쿼터스 시대의 교육방법 및 교육공학』. 서울: 학지사.

마송희(2001). "코메니우스, 페스탈로치의 교육사상과 기독교 유아교육." 『유아교육논집』, 제5권 제1호. 한국유아교육학회. 77-95.

사미자(2001). 『종교심리학』. 서울: 장로회신학대학교출판부.

손성수(2000). "포스트모더니즘 시대의 기독교 세계관의 이해." 『협성논총』, 제12집. 협성대학교 출판부. 195-210.

손원영(2009). 『한국문화와 영성의 기독교교육』. 서울: 대한기독교서회.

새뮤얼 이녹 스텀프 외(1999)/이광래 역(2005). 『소크라테스에서 포스트모더니즘까지(Socrates to Sartre and beyond)』. 서울: 열린 책들.

안영혁(2005). 「개혁교회 영성신학으로서 코메니우스 영성사상의 실천적 해석」. 박사학위 청구논문, 총신대학교 대학원.

_____ (2008). "개혁교회 영성으로서 코메니우스 영성사상의 실천적 해석." 『코메니우스 연구』, 제2집, 한국-체코 코메니우스연구소. 65-92.

_____ (2009). "코메니우스의 교육학적 영성." 『신학지남』, 76(4), 240-263.

양금희(2001). 『근대 기독교교육사상』. 서울: 한국장로교출판사.

양승희, 이순영(2002). "포스트모더니즘 시대의 유아교육." 『한국보육학회지』, 제2권 제2호. 한국보육학회. 139-156.

오인탁(2001). 『파이데이아-고대 그리스의 교육사상-』, 서울: 학지사.

오춘희(1997). 「요한 아모스 코메니우스에 관한 전기적 연구」. 박사학위 청구논문, 연세대학교 대학원.

_____ (2007). "제1종교개혁과 코메니우스." 『코메니우스 국내학술대회 자료집』, 한국-체코 코메니우스 연구소. 7-21.

유장춘(2006). "기독교교육을 위한 기독교적 복지공동체의 특성과 실천과제." 『춘계학술대회 자료집』, 한국기독교교육정보학회. 125-144.

은준관(1997). 『교육신학』. 서울: 대한기독교서회.

이문균(2000). 『포스트모더니즘과 기독교 신학』. 서울: 대한기독교서회.

이상욱(1996). 『프뢰벨과 기독교유아교육』. 서울: 양서원.

이숙종(1996). 『코메니우스의 교육사상』. 서울: 교육과학사.

_____ (1998). "현대사회에서 코메니우스의 재해석과 새 교육의 정립을 위한 연구." 『강남대학교 인문과학논집』, 제5집, 69-98.

_____ (2001a). 『현대사회와 기독교 교육』. 서울: 대한기독교서회.

_____ (2001b). "평화를 위한 코메니우스의 신학과 교육사상과의 관계성." 『한국 코메니우스 연구소 심포지엄 자료집』, 20-32.

_____ (2001c). "인간교육에서 영성교육의 중요성." 『강남대학교 인문과학연구소 국제 학술대회 자료집』, 285-312.

_____ (2002). "정보화 사회에서 신학교육의 방향과 전망." 『기독교교육정보』, 제4집, 한국기독교교육정보학회. 7-31.

_____ (2004). "The Peace Education of Comenius." 『한국-체코 코메니우스 연구소 학술대회 자료집』, 41-57.

_____ (2006). "복지 공동체의 유형과 교육적 과제." 『춘계학술대회 자료집』, 한국기독교교육정보학회. 1-15.

_____ (2007a). 『기독교 대학과 교육』, 서울: 예영.

_____ (2007b). "코메니우스의 평화교육사상", 『제2회 코메니우스 학술대회 자료집』, 한국-체코 코메니우스 연구소. 41-57.

_____ (2008). "The Modernity of Comenius." *Korean Journal of Comenian Studies*, Korea-Czech Comenius Society. 45-67.

이원영(2007). "코메니우스와 현대 유아교육." 『제2회 코메니우스 학술대회 자료집』, 한국-체코 코메니우스 연구소. 22-29.

이형기(2003). 『모더니즘과 포스트모더니즘, 그리고 기독교 신학』. 서울: 장로회신학대학교 출판부.

장일조(1979). 『사회운동이념사』. 서울: 전망사.

정병훈(2007). "코메니우스와 실물교육론." 『코메니우스 국내학술대회 자료집』, 한국-체코 코메니우스 연구소. 30-42.

정옥분(2007). 『전 생애 인간발달의 이론』. 서울: 학지사.

정일웅(2001). "코메니우스의 교육신학사상의 현대적 의미." 『한국 코메니우스 연구소 심포지엄 자료집』, 한국코메니우스 연구소. 4-19.

최진경(2012). 『기독교교육학의 아버지 코메니우스』. 용인: 킹덤북스.

한미라 (2004). "디지털 문화와 인간화-기독교교육학적 관점에서." 『기독교

교육 정보』, 제8집, 한국기독교교육정보학회. 55-101.

_____ (2005). "공교육의 위기와 기독교교육학의 역할 재정립."『기독교교육 정보』, 제12집, 한국기독교교육정보학회. 11-47.

_____ (2010a). "권두언－한기정 이야기."『기독교교육 정보』, 제26집, 한국 기독교교육정보학회. 1-4.

_____ 편(2010b).『'빛'의 신학과 '마음'의 교육－고 이숙종 교수 논문집－』. 도서출판 한기정.

황윤세, 양옥승(2002). "포스트모더니즘 관점에서 유아교육에 대한 함의." 『열린유아교육연구』, 제7권 2호. 열린유아교육학회. 335-355.

Adamson, William R.(1966). *Bushnell Rediscovered*. United Church Press, Philadelphia · Boston.

Allen, Siegel(1996)/권명수 역(2002).『하인츠 코헛과 자기 심리학(*Heinz Kohut and the psychology of the self*)』. 서울: 한국심리치료 연구소.

Allport, Gordon(1960)/박근원 역(1985).『인간과 종교(*The Individual and his Religion*)』. 서울: 양서각.

Anzieu, Didier(1995)/권정아, 안석 역(2008).『피부자아(*Le Moi-peau*)』. 서울: 인간희극.

Becker, Ernest(1973)/김재영 역(2008).『죽음의 부정－프로이트의 인간 이해 를 넘어서(*The Denial of Death*)』. 서울: 인간사랑.

Beckett, C.(2002). *Human Growth and Development*. London: Sage Publications.

Bushnell, H.(1888). *Christian Nurture*. Yale University Press, New Haven.

Clair, M.(1994). *Human Relations and the Experience of God: Object Relations and Religion*. Paulist Press/New York/Mahwah.

Comenius, J. A.(1623)/최진경 역(2013).『세상의 미로와 마음의 천국』(*Das Labyrinth der Welt und Paradies des Herzens*, trans. by Pavel Kohout, 1970). 서울: 지식을 만드는 지식.

_____ (1633). *The Angel of Peace*. ed. by Milles Safranek, intro. by Matthew Spinka(1944). N.Y.: Pantheon Book.

_____ (1633). *The School of Infancy*. ed. by E. M. Eller(1956). Chapel Hill: The University of North Carolina Press.

_____ (1633)/정일웅 역(2001).『어머니 학교의 소식』(*Informatorim der Mutterschule,* trans. by Franz Hoffmann, 1987). 서울: 이레서원.

_____ (1649)/이숙종 역(1995).『분석교수학』(*The Analitic Didactic of comenius*, trans. by Vladimir Jelineck, 1953). 서울: 교육과학사.

_____ (1657). *Grosse Didaktik.* in deutcher Übersezung herausgegeben von Flitner A.(1993). Klett-Cotta.

_____ (1658). *Orbis Sensualium Pictus*: *A World of Things Obvious to the Senses, drawn in Pictures*, trans. by Charles Hoole(1777). London: printed for S. Leacroft.

_____ (1666). *Pampaedia Allerziehung.* in deutcher Übersezung herausgegeben von Shaller, K (1991). Academia Verlag.

_____ (1668). *The Way of Light*, trans. by E. T. Campagnc(1938). London: Hodder & Stoughton, Ltd.

_____ (1668). *Das einzig Notwendige*(1964). Hg. von J. Seeger und L. Keller.

Dieterich, Veit-Jakobus(1991). *Johann Amos Comenius*, Rowohlt Taschenbuch Verlag GmbH, Reinbeck bei Hamburg.

Dupre, Louis(1958). *Kierkegaard as Theologian.* New York: Sheed & Ward.

Eagleton, Terry(1997). *The Illusions of postmodernism.* Blackwell Publishers Ltd.

Erikson, Erik E.(1959). *Identity and the life cycle: Vol 1. selected papers, Psychological issues.* New York: International Universities Press.

_____ (1968). *Identity: Youth and crisis.* New York: Norton.

_____ (1995). *Childhood and Society.* 『아동기와 사회』. (윤진, 김인경 역). 서울: 중앙적성출판사.

_____ (1983). *Young Man Luther.* 『청년 루터』. (최연석 역) 서울: 인간사.

Gossmann, K./H. Schröer(1992). *Auf den Spuren des Comenius: Texte zu Leben, Werk und Wirkung.* Götingen: Vandenhoeck und Ruprecht.

Halama, J.(2005). "Comenius' Theology and the Labyrinths of Education." The Spirituality and Education of Comenius. 『코메니우스 연구소 국제학술대회 자료집』, 한국―체코 코메니우스 연구소. 13-24.

Hofmann, F.(1971). "Das Werk Jan Amos Komenskys im Entwicklungsprozeses des pädagogischen Denkens(Ein Beitrag zur Problemgeschichte der Pädagogigik)." *Acta Comeniana, 2.* 5-22.

_____ (1972). "Über die Modernität des pädagogischen Vermächtisses J. A. Komenskys." *Acta Comeniana, 3-1.* 39-43.

James, William(1902). *The varieties of Religious Experience - A Study in Human Nature.* New York: New American Library.

Kišš, Igor (2013a). "Die Besonderheiten in der Theologie von Comenius als Quelle seiner Bemühungen um die Alverbesserung", A. Comenius의 신학과 세계 개혁.『코메니우스 국제 학술 대회 자료집』, 한국코메니우스연구소. 5-15.

_____ (2013b). "Jan Amos Comenius - sein Leben und seine Spiritualitat", A. Comenius의 신학과 세계 개혁.『코메니우스 국제 학술 대회 자료집』, 한국코메니우스연구소. 51-57.

_____(2013c). "Jan Amos Comenius' Vorstellungen über die Einheit Europas und der Welt", A. Comenius의 신학과 세계 개혁.『코메니우스 국제 학술 대회 자료집』, 한국코메니우스연구소. 67-74.

Mahler, M., Fred, F. and Bergman, A.(1975). *The Psychological birth of the human infant.* New York: Basic Books.

Meissner, W.W.(1984). *Psychoanalysis and Religious Experience.* New Haven: Yale University Press.

Laurie, S. S. & Bardeen C. W.(1892). *John Amos Comenius: Bishop of the Moravians: His Life and Educational works.* Syracuse, N. Y.

Moltman, W.(1987)/김균진 역(1996).『창조 안에 계신 하느님(Gott in der Shöpfung)』. 서울: 한국신학 연구소.

Monroe, Will S.(1900). *Comenius and The Beginnings of Educational Reform.* N.Y.: Charles Scribner.

Novotný, Josef und Milan Kopecký und Josef Polišenký, Hrsg. Acta Comeniana. Internationale Revue für Studien über J. A. Comenius. Praha: Academia.

Band 1(1970)
Band 2(1971)
Band 3(1973)
Band 4(1979)
Band 5(1983)
Band 6(1985)
Band 7(1987)
Band 8(1989)
Band 9(1991)

Panek, Jaroslav(1991). *Comenius: Teacher of Nations.* Prague: Košice, Orbis.

Pešková, Jaroslava/Josef Cach, ed.(1991). *Homage to J. A. Comenius.*

Prague: Karolinum in Charles University.

Piaget, J.(1957). *Comenius.* New York: Columbia University Press.

Rizzuto, Ana-Maria(1979). *The Birth of the Living God.* Chicago and London: The University of Chicago Press.

Shaller, K.(1967). *Die Pädagogik des Johann Amos Comenius und die Anfänge des pädagogischen Realismus im 17. Jahrhundert.* Heidelberg.

Schröer, H.(1992). "Panorthosia: Comenius Entwurf einer praktischen Theologie." Gossmann, K./C. T. Scheike, Hrsg. *Jan Amos Comenius 1992: Theologische und Pädagogische Deutungen.* Gütersloh: Gütersloh Verl.

_____ (2001). "Die Zukunft der christlichen Pädagogik und Comenius." John Amos Comenius와 21세기 교육.『한국 코메니우스 연구소 심포지엄 자료집』. 한국 코메니우스 연구소. 40-47.

Spinka, M.(1943). John Amos Comenius that Incomparable Moravian. Chicago: The University of Chicago Press.

Tracy, D.(1975). *Rage for Order.* Minneapolis: Winston Seabury.

_____ (1981). *The analogical Imagination: Christian Theology and the Culture of Pluralism.* London: SCM Press.

_____ (1994). *On naming the Present.* Maryknoll, N.Y.: Orbis Books.

Tuttle, M. H. ed(1987). *Christian History Magazine.* N.J.: Christian History Institute.

Willy, B.(1952). *The Seventeenth Century Background.* New York: Columbia Press.

Winnicott, D. W.(1965). *The Maturational Processes and the Facilitating Environment: Studies in the Theory of Emotional Development.* New York: International Universities Press, Inc.

_____ (1971). *Playing and Reality.* Tavistock/Routledge publication.

김선아 ————————————————

　한신대학교 신학과 기독교교육 전공(B.A.)
　한신대학교 대학원 신학과 기독교교육 전공(M.A.)
　강남대학교 일반대학원 신학과 기독교교육 전공(Ph.D.)

　전) 한국신학연구소(아우내 재단) 연구원
　　　한국기독교장로회 교회학교 교재 집필위원
　현) 한국정신역동치료학회 이사
　　　한국기독교교육정보학회 감사
　　　국립중앙도서관 외국자료 추천위원
　　　기흥장로교회 교육목사
　　　강남대학교 겸임교수

강의경력
한신대학교, 강남대학교, 성결대학교, 한세대학교, 서울특별시 학교보건진흥원 등에서 강의

주요 논저
『대상관계이론적 관점에서 본 코메니우스의 교육사상』
「코메니우스의 유아와 어머니 이해의 현대적 해석」
「전인성 계발을 위한 기독교교육의 가능성 모색」
「대상관계이론적 관점에서 재구성한 기독교 신앙교육 목표」
「전인적 기독교 가정교육의 사상적 기초로서의 Comenius와 Bushnell 이해」
「포스트모던시대에서의 코메니우스 교육사상의 현대적 해석과 적용」
「J. H. Westerhoff 기독교교육론 연구」
「종교교과에서의 기독교적 종교교육 실천을 위한 교육모형 연구」
「종교교과를 위한 새로운 교수·학습 설계 모형 탐구」 외 다수

한 권으로 읽는
코메니우스

초 판 인 쇄 | 2013년 11월 5일
초 판 발 행 | 2013년 11월 5일

지 은 이 | 김선아
펴 낸 이 | 채종준
펴 낸 곳 | 한국학술정보㈜
주   소 | 경기도 파주시 문발동 파주출판문화정보산업단지 513-5
전   화 | 031) 908-3181(대표)
팩   스 | 031) 908-3189
홈 페 이 지 | http://ebook.kstudy.com
E - m a i l | 출판사업부 publish@kstudy.com
등   록 | 제일산-115호(2000. 6. 19)

ISBN   978-89-268-5330-6 93370